KB274334

붓다와 함께하는
초기불교 산책 1

붓다와 함께하는 초기불교 산책 1

펴 냄 2010년 3월 15일 1판 1쇄 박음/ 2014년 1월 10일 1판 2쇄 펴냄
지은이 김재성
펴낸이 김철종
펴낸곳 (주)한언
　　　등록번호 제1-128호 / 등록일자 1983. 9. 30
주 소 서울시 종로구 삼일대로 453(경운동) KAFFE빌딩 2층(우 110-310)
　　　전화 02)701-6616(대) / 팩스 02)701-4449
책임편집 한재희
디자인 정현영, 양미정, 백은미
홈페이지 www.haneon.com
이메일 haneon@haneon.com

ISBN 978-89-5596-567-4 03220

붓다와 함께하는
초기불교 산책 1

한글

나모 따싸 바가와또 아라하또 삼마삼붓다싸

(Namo Tassa Bhagavato Arahato Sammāsambuddhassa)

존귀한 분, 공양 받을 만한 분, 완전한 깨달음을 이루신 부처님께 경배합니다.

　우리가 불교를 배우는 이유를 한마디로 이야기하자면, 인생의 온갖 괴로움을 없애고 진정한 행복을 얻기 위해서입니다. 그리고 불교를 알기 위해서는 불교의 창시자이신 붓다께서 어떠한 일생을 보내셨는지 개관할 필요가 있습니다. 부처님의 생애에서 우리는 불교가 지향하는 이상적인 인간의 모습과 인생의 궁극적 목적을 확인할 수 있을 것입니다. 그리고 초기불교를 이해하기 위해서 무엇보다 초기경전을 보아야 합니다. 초기불교는 초기경전을 통해서 이해할 수 있기 때문입니다.

　초기불교의 4가지 고귀한 진리, 사성제라는 가르침은 사실 부처님의 모든 가르침을 다 포섭하는 것입니다. 뭇 짐승들의 발자국이 코끼리 발자국 안에 다 들어오듯, 부처님이 가르치신 진리는 사성제에 모두 포섭됩니다. 따라서 사성제를 이해하는 것은 바로 불교 초기경전에 나타난 부처님의 가르침을 전체적으로 이해하는 것이라고 할 수 있습니다.

　초기경전에는 팔리어로 쓰인 디가 니카야, 맛지마 니카야, 상윳타 니카야, 앙굿타라 니카야, 쿳타카 니카야 등 5니카야 및 한역된 아함경(장아함경, 중아함경, 잡아함경, 증일아함경)이 있습니다. 그중 5니카야는 스리랑카, 태국, 미얀마 등지에서 전해져 내려온 것으로, 팔리어라는 인도 고대 언어로 쓰여 있으며 약 2,300년의 역사를 지닙니다. 또 아함경은 우리들에게 친숙한 경전이기도 하지요.

앞으로 우리는 니카야와 아함경, 그중에서도 팔리 문헌에 초점을 맞춰 부처님의 삶과 가르침을 살펴보겠습니다. 말씀드렸다시피 아함경보다 팔리 문헌이 우리에겐 새로운 문헌이라는 이유도 있고 시대적 흐름에 부합하다 생각하기 때문입니다.

부처님께서는 아주 간단하게 이렇게 말씀하셨습니다.

"내가 가르치는 것은 괴로움과 괴로움의 소멸뿐이다."

부처님은 괴로움이 무엇인지 분명히 밝히셨고, 그 괴로움은 올바른 수행을 통해서 반드시 사라질 수 있음을 강조하십니다. 따라서 지금부터 초기경전에 나타난 부처님의 생애를 먼저 살펴본 후, 사성제를 중심으로 부처님이 가르치신 진리에 대해 알아보도록 하겠습니다.

부처님의 발자취

2,600년 전, 고타마 부처님은 우리가 사는 이 세상에 오셨습니다. 불교는 실제로 역사적인 인물이었던 석가족의 성자, 석가모니인 고타마 붓다께서 창시하신 종교입니다. 고타마 붓다라는 말에서 '고타마'는 성을 일컬으며 '붓다'는 깨달은 분이란 뜻입니다. 또 석가모니에서 '모니'란 침묵을 지킨다는 뜻이므로 석가모니란 석가족의 침묵의 성자라는 뜻이 됩니다. 모니는 보통 때 말씀을 잘 하지 않습니다. 그렇지만 일단 말을 하면 진실만 말씀하시지요. 그래서 침묵을 통해서 여과된 진실만 말씀하는 성자를 모니라고 합니다. 법정 스님은 《말과 침묵》에서 "침묵이 없는 말은 소음에 불과하다"고 말씀하셨습니다. 부처님은 오랜 수행과 침묵을 통해 내

면적인 행복과 완성을 이루시고, 모든 사람들에게 가장 알맞은 방법으로 그 행복과 완성을 이루는 길에 대해 말씀해주셨지요. 그처럼 진실한 말씀만 하시는 분이라는 뜻에서 석가모니라는 칭호는 고타마 부처님께 적합하다고 봅니다.

이러한 부처님의 가르침인 불교를 이해하기 위해서는 부처님의 삶에 대해 어느 정도 알고 있어야 합니다. 부처님의 삶을 모른다면 불교를 이해한다고 해도 사상누각에 불과합니다. 부처님이 80년 동안 어떻게 사셨는지 살펴보는 일은 불교의 본질을 이해하는 데 직결됩니다.

1. 전생에 수메다라는 바라문으로 태어나

불교에서는 한 사람의 인생이 지금 이 생에만 국한된 것이 아니라 수많은 세월 동안 반복해오면서 쌓아온 삶의 연장이라고 봅니다. 부처님도 아주 오랜 옛날, 붓다가 되리라는 예언을 받습니다. 그런 후, 지금으로부터 약 2,600년 전에 인도에서 태어나 29살의 나이로 출가해 35세에 깨달음에 이르고 80세에 완전한 열반에 이르게 됩니다. 하지만 부처님의 삶을 초기 경전이나 율장 또는 부처님의 전기를 기록해놓은 불전 문헌을 통해 파악하기란 상당히 어렵습니다. 인도 사람들은 어떤 사실을 기록할 때 사건이 일어난 시간보다 그 내용을 중시했기 때문이지요.

서양의 서기처럼 불교에는 불기(佛紀)라는 것이 있습니다. 불기로 따질 때 올해는 2554년(2010년)입니다. 이것은 남방 상좌불교 전통에서 사용하는 연대에서 유래합니다. 요즘 연도로 하면 2,554년 전에 부처님께서 완전한 열반에 드셨다는 뜻이니까 실제로 부처님께서 탄생한 해는 2,634년 전이 됩니다. 즉 불기란 부처님이 탄생하신 연도가 아니라는 점을 염두에 두시고, 불기 2554년이라는 것은 부처님이 열반에 드신 지 2,554년이 됐다는 뜻이라고 이해하시길 바랍니다.

그런데 부처님께서 이처럼 우리 역사 속으로 들어오신 배경을 살펴보면 부처님의 기나긴 전생 이야기가 있음을 발견하게 됩니다. 부처님께서는 아주 오랜 옛날(남방 전통에 의하면 4아승지 10만 겁 전, 북방 전통에 의하면 3아승지 10만 겁 전), 연등불이라는 부처님이 계셨을 때 수메다라고 하는 바라문으로 태어나셨습니다. 연등불은 팔리어로 디팡카라(Dipankara)라고 하는데, 우리가 독송하는 《금강경》에 나오는 그 연등불입니다.

그처럼 우리가 헤아릴 수 없이 오랜 시간 전에 수메다는 바라문이라는 사제 계급에 속하는 가문에 태어났습니다. 부모로부터 엄청나게 많은 유산을 물려받았지만 재산에 의해서는 인간이 지닌 근본적인 괴로움, 즉 생로병사에서 벗어날 수 없다는 사실을 분명히 자각한 후 재산을 걸인들이나 지나가는 사람들에게 나누어줍니다. 이 이야기는 부처님께서 출가하시기 전에 이미 물질로 하는 보시행을 거의 완성했다는 뜻이기도 합니다.

수메다는 그처럼 세속적인 욕망을 버리고 출가를 합니다. 물론 당시는 불교나 승단이 있었던 것이 아니기 때문에 인도인들의 전통에 의해서 출가를 합니다. 집을 떠나서 출가를 한 수메다는 히말라야 산기슭에서 정진한 지 일주일 만에 선정을 이루지요. 그리고 선정을 완성한 후에 신족통, 천안통, 천이통, 타심통, 숙명통이라는 5가지 신통력을 얻게 되고 이러한 신통력을 바탕으로 계속해서 혼자 수행을 해나갑니다. 연등불에게 특별한 가르침을 받아서 붓다가 되리라는 예언을 받은 것이 아니라, 이미 부처님을 만나기 전에 수행, 즉 선정 수행을 완성했고 5가지 신통력을 얻었던 것입니다.

불기

테라와다(남방 상좌불교)에서는 1957년을 불기 2500년으로 정했습니다. 1957년이 불기 2500년이라고 한다면 올해는 2554년이 됩니다. 그런데 우리나라에서는 1956년을 불기 2500년이라고 쓰고 있지요. 어찌 됐든 우리나라가 현재 사용하는 불기는 남방 상좌불교에서 유래한 것입니다. 남방 상좌불교 국가에서는 1956년이나 1957년을 '붓다자얀티'라 해서 대대적인 행사를 치렀습니다. 불기는 부처님이 완전한 열반에 드신 해를 기념하는 것이므로, 1957년(혹은 1956년)으로부터 2,500년 전에 부처님께서 열반에 드셨다는 뜻이 됩니다. 이처럼 남방불교에선 2,500년이라는 해가 굉장히 중요한 의미를 갖습니다. 부처님의 가르침이 2,500년 동안 하향곡선을 그리다가 2,500년 되던 해부터 다시 상향곡선을 그리며 사람들에게 많이 알려진다는 전설이 있기 때문이지요. 실제로도 부처님 열반 후 2,500년 되던 해, 즉 1950년대 중반부터 남방 상좌불교는 교학적 측면 및 수행의 측면에서 전 세계적으로 알려지기 시작합니다. 그런 의미에서 2,500년은 태국이나 스리랑카, 미얀마에서는 아주 중요한 기점이 되는 해라고 할 수 있습니다. 그래서 남방불교 국가에서는 부처님의 열반 2,500년을 기념하며 경전들을 결집하는 행사를 하는데, 이때 결집된 경전들이 우리에게 중요한 자료로 전해지고 있습니다.

6가지 신통을 얻다

선정(禪定)을 수행해서 얻을 수 있는 신통력에는 신족통(神足通), 천안통

(天眼通), 천이통(天耳通), 타심통(他心通), 숙명통(宿命通), 누진통(漏盡通) 등 모두 6가지가 있습니다.

그중 신족통이 생기면 물 위를 걷기도 하고 땅속으로 들어가기도 합니다. 그리고 하늘을 날기도 하고 손오공처럼 몸을 여럿으로 나타내기도 하지요. 또 여럿으로 된 몸이 하나로 돌아오기도 합니다. 수메다 행자는 신족통으로 하늘을 날아다니는 능력이 있어서 공간이동을 자유롭게 했다고 합니다.

그 다음 두 번째 신통력은 천안통입니다. 우리 눈으로는 보이지 않는 것을 보고 확인할 수 있는 능력을 말합니다. 천안통이 있으면 집안에 있으면서도 국회의사당에서 무슨 일이 일어나는지 훤히 볼 수 있습니다. 또 중생들이 죽은 후 다른 곳에 태어나는 것을 볼 수 있다고 하지요.

천이통은 하늘사람들이 가지고 있는 귀라는 뜻인데, 이 능력이 있으면 별다른 도청장치 없이도 옆방의 얘기나 심지어는 천상의 이야기까지 옆에서 듣듯 들을 수 있습니다.

그 다음 중요한 신통력 중에 하나가 타심통입니다. 타심통은 마치 자기 마음에서 일어나는 일을 알듯이 다른 사람의 마음에서 일어나는 일을 그대로 알아내는 능력입니다. 쉽지 않은 능력이지요. 남의 마음을 읽는 정도가 아니라 그 마음에서 일어나는 현상이 그대로 자기 마음처럼 직접 경험되는 것을 타심통이라고 합니다. 사실 이 능력은 스승이 되려고 하는 자가 지녀야 하는 덕목 가운데 하나입니다. 물론 타심통이 있어야만 스승이 되는 것은 아니지만, 그런 능력이 있는 사람이 스승이 될 때 제자들의 마음을 그대로 알고서 제자들의 능력과 수준에 맞는 가르침을 펼 수 있지 않겠습니까. 그런 뜻에서 중생 교화에 가장 중요한 능력 가운데 하나라고 볼 수 있습니다.

그 다음에는 숙명통입니다. 숙명통은 자기 전생을 뒤돌아보는 신통력을 말합니다. 이 생 전의 생에서는 어떤 존재였고 10생 전에는 무엇이었으며 1,000생 전에는 누구였는지, 그때 누구를 만났고 어떤 일을 했는지 등을 아는 신통력을 숙명통이라고 합니다.

이러한 5가지 신통력은 사실 불교를 믿지 않더라도 얻을 수 있습니다. 고도의 집중력으로 마음을 정화하면 얻을 수 있는 능력들이니까요. 그러니 주변에 신통력 있는 사람이 있다고 해도 그다지 놀랄 일은 아닙니다. 하지만 신통력을 지녔다 해도 아직 범부인 사람들이 많습니다. 데바닷타는 부처님이 연로하시자 자기에게 승단을 지도할 수 있는 권한을 넘겨 달라고 주장한 제자입니다. 당시 데바닷타가 가지고 있던 신통력 역시 5가지 신통력입니다. 성자의 깨달음을 얻지 못했는데도 5가지 신통력만 갖고서 자기가 마치 성자가 됐다고 착각에 빠져 그처럼 과욕을 부린 것이지요.

수메다 행자는 그러한 5가지 신통력을 선정 수행의 힘에 의해서 스스로 얻습니다. 여러분 역시 마음을 집중하는 수행을 열심히 하다 보면 특별한 스승이 없다 하더라도 그런 신통력이 열릴 수 있습니다. 하지만 신통력은 양날의 칼과 같아서 신중하게 사용할 때는 유용한 능력으로 작용하지만, 잘못 쓰면 그 능력이 스스로를 해치게 됩니다.

이 5가지 신통력에 이어 중요한 게 누진통입니다. 누진통은 번뇌를 모두 없애는 신통력으로, 번뇌를 없애버린 지혜라고 합니다. 누진통을 얻지 못하면 불교의 성자가 될 수 없습니다.

부처가 되리라는 예언을 받고

선정의 즐거움을 마음껏 누리고 있던 수메다 행자는 마을사람들로부터 부처님이 세상에 출현하셨다는 소식을 듣게 됩니다. 그래서 부처님께 가르침을 듣고자 마을로 내려가지요. 그때 마을사람들은 부처님을 맞이하기 위해 갖가지 준비를 하고 있었습니다. 그러면서 수메다 행자에겐 진흙 탕물이 잔뜩 고여서 손대기 어려운 길을 다듬어 달라 부탁합니다. 수메다 행자는 신통력이 있었음에도 부처님을 존경하는 뜻에서 직접 자기의 손과 발을 이용해 길을 다듬기 시작하지요. 그런데 미처 일을 다 끝내지도 못했는데 부처님께서 마을에 도착하시지 않았겠습니까. 그러자 수메다는 부처님께서 진흙을 밟지 않도록 하기 위해 자기 몸과 머리카락을 던집니다. 타심통으로 수메다 행자의 마음을 살펴본 부처님은 이 수행자가 먼 훗날 당신과 같은 붓다가 되리라는 것을 아십니다. 그래서 4아승지 10만 겁이라는 오랜 시간 후에 고타마라는 성을 가진 붓다가 되리라고 예언하시지요. 보통 사람 같으면 이런 이야기를 듣고 나면 마냥 들떠서 수행을 게을리 할 텐데, 수메다 행자는 붓다가 되리라는 강한 원력으로 열심히 정진에 들어갑니다. 이때 정진했던 것이 바로 대승불교에서 보살들이 닦는다는 바라밀 수행입니다.

바라밀

대승불교에서는 육바라밀(六波羅蜜)을 말하지만 초기불교의 가르침을 원형에 가깝게 전하는 남방불교에서는 육바라밀에 4가지를 더해 십바라밀(十波羅蜜)을 이야기합니다. 바라밀에는 2가지 뜻이 있습니다. 하나는

'파람-이타(param-ita)'로, '저쪽 언덕(파람)으로 가버리는 것', 즉 '도피안(到彼岸)'이라는 뜻입니다. 또 하나는 '빠라마-타(parama-ta)' 혹은 '빠라마-이타(parama-ita)'라고 해서 '빠라마', 즉 '완성된 상태에 도달한 것'을 말하기도 합니다. 서양 사람들은 산스크리트어나 팔리어라는 인도 고전어에 입각해 '완성'이라는 번역을 더 즐겨 쓰고, 한자권의 우리나라 불교에서는 '도피안', 즉 피안에 건너갔다는 뜻으로 사용하기도 합니다. 피안에 건너갔다는 것도 결국은 완성을 이루었다는 뜻으로 해석할 수 있기에 이 2가지 의미에는 별 차이가 없지만, 어원에서는 차이가 있다는 점을 지적해두고 싶습니다.

육바라밀은 보시(布施), 지계(持戒), 인욕(忍辱), 정진(精進), 선정(禪定), 지혜(智慧)의 바라밀을 말합니다. 그중 보시란 베푸는 것, 나누는 것을 뜻하지요. 보시에는 2가지가 있는데 하나는 자기가 가지고 있는 물질적인 것을 사람들에게 베풀어서 나누는 것(財布施)이고, 또 하나는 자기가 알고 있는 진리를 사람들에게 알려주는 것(法布施)입니다. 대부분 초기경전에서는 이 2가지 보시를 말하는데, 부처님이나 부처님의 제자들은 법보시로써 재가의 신도들을 지도하고, 재가자들은 재보시를 통해 승단이나 부처님을 공경하고 공양하는 이야기가 나옵니다. 이 2가지 보시 말고도 무외시(無畏施)라는 보시가 있습니다. 무외시는 불안하고 두려워하는 상대방의 마음을 없애주는 따뜻한 미소와 같은 보시를 말합니다. 힘들어하고 어려워하는 사람, 불안에 떨고 있는 사람에게 따뜻한 미소를 보여주거나 따뜻한 말 한마디 해주는 것도 우리가 해줄 수 있는 중요한 보시 가운데 하나임을 알 수 있지요.

지계바라밀은 계를 지키는 것을 말합니다. 재가자로서 오계나 팔계를 지키거나, 출가자로서 비구계 혹은 비구니계[주1)]를 지키는 것을 지계바라밀이라고 합니다.

인욕바라밀에서 인욕이란 욕됨을 참는다는 뜻으로, 곤경에 처했을 때 그러한 상황을 참아내는 마음을 말합니다.

정진바라밀은 설명할 필요도 없이 열심히 노력하는 것을 말합니다. 물론 이때의 노력이란 올바른 방향으로 노력하는 것이지, 잘못된 방향으로 노력하는 것은 정진바라밀에 해당하지 않습니다. 《초발심자경문(初發心自警文)》을 보면 "모래를 쪄서 밥을 지으려는 것은 노력은 있되 아무런 성과는 없다"고 나옵니다. 이처럼 정진에는 반드시 올바른 방향성이 필요하다는 것을 지적하고 싶습니다.

선정바라밀은 수메다 행자가 익혔던 것과 같은 4가지 색계(色界)의 선정과 4가지 무색계(無色界) 선정을 말합니다. 색계 선정이라는 것은 미세한 물질로 이루어진 색계 천상에 사는 천인들이 지니고 있는 마음가짐과 같은 선정의 상태를 말합니다. 그처럼 욕망에 휘둘리는 마음이 다 가라앉고 빛과 같은 섬세한 물질로 이루어진 경험들을 하게 되면 깊은 마음의 평온과 평화를 경험하게 됩니다. 무색계 선정은 그러한 빛과 같은 섬세한 물질마저 완전히 소멸해서 순수한 정신만 남아 있는 선정의 상태입니다.

앞으로 살펴보겠지만, 지혜바라밀에서 지혜란 대승에서 볼 때 공(空)을 깨닫는 것, 오온(五蘊)이 비어 있음을 깨닫는 것이라고 이해하시면 됩니다. 초기불교식으로 말하자면 모든 것은 변한다는 사실(無常)을 알고, 그렇기 때문에 모든 것은 괴롭다는 사실(苦)을 알고, 그 다음에 그 어떤 것에도 영원불변한 실체는 없다는 사실(無我)을 이해하는 것을 지혜라고 합니다. 무아(無我)와 공의 가르침은 같은 맥락에서 이해할 수 있습니다.

이상이 육바라밀의 내용입니다. 그러면 지금부터 수메다 행자가 닦았던 십바라밀[주2]에 대해 자세히 살펴보겠습니다.

첫 번째는 보시(布施, dāna)바라밀입니다. 법보시와 재보시 그리고 무외시를 통해서 사람들에게 자신의 재물과 자기가 알고 있는 지혜, 자기의 편안한 마음을 나누는 보시입니다.

그 다음에는 지계(持戒, sīla)바라밀이 있습니다. 계를 지킴으로써 몸으로 짓는 악행과 입으로 짓는 악행을 깨끗이 하는 것, 신체적 행위와 언어적인 행위를 정화시키는 것입니다.

출리(出離, nekkhamma)바라밀이란 욕망을 멀리하는 바라밀입니다. 욕망을 멀리하기 위해 출가생활을 하거나, 출가를 하지 않더라도 감각적인 욕망을 멀리하는 것을 뜻합니다. 이것은 육바라밀에 포함되지 않습니다.

다음이 지혜(智慧, paññā)바라밀입니다. 이것은 위에서 설명한 육바라밀의 여섯 번째에 해당하는 내용과 같습니다.

십바라밀의 다섯 번째는 정진(精進, viriya)바라밀로 육바라밀의 네 번째와 같습니다.

여섯 번째는 인욕(忍辱, khanti)바라밀입니다. 이 역시 육바라밀 세 번째에서 설명한 것과 같습니다.

그 다음은 진실(眞實, sacca)바라밀로, 이것 역시 십바라밀에만 나옵니다. 남을 속이지 않는 진실함을 완성하는 것이지요.

결의(決意, adhiṭṭhāna)바라밀이란 보리심(菩提心 : 깨달음을 얻으려는 마음)을 버리지 않고 최상의 완전한 깨달음을 이루겠노라 굳게 결의하는 바라밀을 말합니다. 이 바라밀도 육바라밀에는 포함되어 있지 않습니다.

그 다음 아홉 번째가 우리가 흔히 말하는 자비관의 앞글자만 따서 자애(慈愛, mettā)바라밀이라고 합니다. 생명 있는 모든 존재들이 행복하고 잘되기를 바라는 마음을 의미하지요.

그리고 열 번째가 평온 또는 평정(平穩, upekkhā)바라밀입니다. 좋고 나쁜 것에 치우치지 않고 마음을 평온하게 지니면서 평정한 마음으로 대하는 것을 말합니다.

살펴보았듯이, 대승불교의 10가지 바라밀과 초기경전에 나타나는 육바라밀의 기본적인 의미는 같습니다. 대승불교에서 말하는 육바라밀의 사상이 초기경전이나 팔리 문헌 속에서도 충분히 나타나는 것을 확인할 수 있습니다.

다시 한 번 말하지만, 수메다 행자는 연등불에게 무슨 조언을 들어서 십바라밀을 닦은 것이 아닙니다. 선정 수행을 통해 5가지 신통력을 얻었고, 보살(菩薩 : 최상의 완전한 깨달음을 이루려는 마음을 일으킨 중생)이 되고난 후에 완전한 깨달음(아누다라삼먁삼보리)을 얻은 부처님이 되기 위해 스스로 십바라밀을 닦은 것입니다.

이상이 부처님의 전생 이야기를 담은 자타카나 팔리 문헌들이 전해주는 고타마 부처님의 전생 이야기입니다. 대승불교에서 흔히 말하는 부처님에 관한 내용도 이와 그다지 다르지 않습니다. 이렇게 오랜 세월 동안 닦아온 십바라밀의 수행은 2,600여 년 전, 이 세상에서의 마지막 삶에서 완성되어 최상의 깨달음을 이룬 붓다가 됩니다. 최상의 깨달음을 얻은 붓다가 되면서 부처님은 우리의 스승인 석가모니 부처님이 되시는 것입니다.

2. 고타마 부처님의 현생

탄생

인도 사회에는 4가지 신분계급이 있습니다. 맨 위에는 사제 계급인 바라문이, 그 아래로는 왕과 귀족의 무사 계급인 크샤트리아가 있습니다. 그 아래로는 평민 계급인 바이샤 계급이 있고, 그 밑으로 노예 계급인 수드라가 있습니다. 또 이 4가지 계급에 속하지 못하는 불가촉천민이 있습니다. 불가촉천민은 계급 밖에 존재하기 때문에 거의 짐승과 같은 취급을 받으며 도축이나 여러 가지 허드렛일을 합니다.

이러한 계급제도가 있었던 시절에 부처님은 무사 계급의 왕족으로 태어나십니다. 당시 힌두교에서는 신의 창조에 의해 사람의 신분계급이 나뉜다고 주장했습니다. 바라문들은 범천(梵天)의 머리에서 태어났고, 무사 계급은 옆구리에서 태어났으며, 평민 계급은 허벅지에서 태어났고, 노예 계급은 발바닥에서 태어났다는 식이었지요. 즉 태생에 의해 사람의 계급이 정해진다는 논리였습니다. 그러나 불교는 사람의 행위에 의해서 사회적 계층이나 직업이 정해진다고 봅니다. 즉 행위가 그 사람을 만든다는 거죠. 행위에는 마음에서 일으킨 행위가 있고 그것이 바탕이 되어 몸과 말로 하는 행위들이 나타납니다. 부처님은 엄격한 계급제도가 실존했던 2,600년 전에, 그처럼 행위에 의해서 사람이 결정되는 것이지 절대로 태생에 의해서 결정되지 않는다는 것을 강하게 설파하셨습니다.

이발사 우팔리가 왕자들의 사형이 된 이유는?

부처님은 승단 내에서도 계급의 존재를 완전히 무시하셨습니다. 즉 승단에 입단한 순서대로 서열을 매겼던 것이지요. 부처님의 승단에서는 세속의 나이나 지위는 중요하지 않았습니다. 계(戒)를 지니고 지키는 데 일인자(持戒第一)였던 우팔리 존자는 원래 궁내에서 왕자들의 머리를 깎아주던 이발사로 수드라 계급 출신이었습니다. 하지만 부처님의 사촌인 왕자들이 출가할 때 함께 출가하여 제일 먼저 비구계를 받았기 때문에 다른 왕자들의 사형(師兄)이 됩니다. 왕자들의 교만함을 다스리기 위해서 부처님께서 하신 일이지만, 중요한 것은 사회적인 지위나 나이는 상관없이 승단에 들어온 순서대로 서열이 정해졌다는 사실이랍니다.

부처님은 현재 네팔의 국경지역 근처에 있는 카필라바투(카필라성)라는 곳에서 숫도다나 왕(淨飯王)과 마하마야 왕비의 아들로 태어납니다. 이 생에 태어나기 전에는 도솔천이라는 천상에서 천인으로 지내셨다고 합니다. 도솔천(兜率天)은 현재 미륵보살이 살고 있다는 곳으로, 욕계 천상에 속합니다. 부처님께서는 욕계 천상에서도 높은 곳에 있는 지족천(知足天 : 모든 것이 갖춰져 있어 만족을 얻는다는 곳)의 천신이었다고 하지요.

자타카나 초기경전을 보면 부처님께서는 마야 부인의 옆구리에서 태어나자마자 북쪽으로 일곱 걸음을 걸었다고 합니다. 그리고 곧 이렇게 말씀하셨다고 하지요.

"나는 세상에서 가장 높은 자이다. 나는 세상에서 가장 연장자이다. 나는 세상에서 가장 뛰어난 자이다. 이것이 마지막 태어남이다. 다시 태어남이란 없다."

우리와 같은 범부로서는 이해하기 힘든 이야기이지요. 하지만 이러한 이야기를 우리의 경험 내에서만 파악한다면 불교 경전의 뜻을 상당 부분 훼손할 수 있습니다. 이런 내용들은 대승경전뿐 아니라 초기경전에도 서술되어 있기 때문에, 우리가 아직 경험하지 못했고 이해할 수 없다고 해서 단지 설화적이라든지 옛날이야기라고 치부할 순 없습니다. 부처님께서는 우리들이 이해하지 못하거나 경험해보지 못한 일들을 얼마든지 경험할 수 있는 분이라는 사실을 일단 받아들이고 있는 그대로 읽어내려 갔으면 합니다.

팔리어의 디가 니카야에 해당하는 한역의 《장아함경》을 보면 부처님께서는 태어나자마자 일곱 걸음을 걸은 후 이렇게 말씀하셨다고 나옵니다.

"천상천하 유아위존 요도중생 생로병사(天上天下 唯我爲尊 要度衆生 生老病死)."

즉 "하늘 위 하늘 아래 오직 내가 존귀하다. 요컨대 나는 중생들을 생로병사에서 건질 것이다"라는 뜻입니다. 《장아함경》과 디가 니카야는 유사한 내용을 포함한 경전의 다른 번역이지만 그 내용은 조금 다릅니다. 우리가 알고 있는 "천상천하 유아독존"이라는 말은 인도 부파 중에서 가장 세력이 강했던 설일체유부(說一切有部 : 인도에서 가장 큰 세력을 형성한 대표적인 상좌부의 한 부파) 문헌에도 나옵니다. 또 《대반야경(大般若經)》을 번역한 현장 삼장께서 쓰신 《대당서역기(大唐西域記)》에도 나옵니다. 설일체유부의 문헌이나 《대당서역기》에 나오는 "천상천하 유아독존"이라는 말을 초기경전의 맥락에서 찾는다면 "나는 세상에서 가장 높은 자이다. 나는 세상에서 가장 연장자이다. 나는 세상에서 가장 뛰어난 자이다"라는 부처님의 말씀을 한문 번역으로 축약한 것이라고 이해할 수 있습니다.

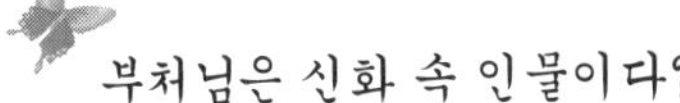

부처님은 신화 속 인물이다?

18~19세기 들어서 불교를 본격적으로 접하기 시작했던 서양인 중에는 부처님을 신화 속의 인물로 생각한 사람들이 있었습니다. 어떤 불교학자들은 부처님이 실재했던 인물이 아니라 인도 신화 속에 등장하는 인물(힌두교에서는 부처님을 비쉬누 신의 화신이라고 보기도 함), 그것도 태양신화를 바탕으로 한 이야기 속에 등장하는 인물이라고 주장했지요. 그러다 유럽의 고고학자들이 아소카 왕의 석주를 발견해내면서 그간의 학설들을 완전히 뒤집는 일이 일어납니다. 부처님이 역사적 인물이었다는 사실이 밝혀진 겁니다. 아소카 왕은 부처님께서 열반하신 후 대략 150~250년 뒤(기원전 3세기)에 최초로 인도를 통일했던 왕입니다. 인도를 통일한 아소카 왕은 부처님 열반 후 세워진 여덟 곳의 사리탑에 모셔진 부처님의 유골을 다시 모아, 인도 전역에 사리탑과 법에 의한 통치를 알리는 석주(石柱)나 마애법칙 등을 세웠다고 합니다. 이처럼 아소카 왕은 부처님의 가르침을 세상에 널리 알리고 법(dharma)에 의해 통치한 왕으로 유명하지요. 아소카 왕은 탑을 조성하면서 석주나 절벽에 여러 가지 문구들을 새겨 넣었는데, 부처님의 탄생지인 룸비니에서는 이런 말이 새겨진 석주가 발견되었습니다. "석가족의 성자 붓다, 여기서 탄생하셨도다." 이 비문이 새겨진 석주가 발견됨으로써 부처님은 역사적인 인물이었고 룸비니라는 곳에서 탄생하셨다는 사실이 인정받게 됩니다.

아시타 선인의 예언

부처님의 탄생과 얽힌 또 하나의 중요한 사건은 아시타 선인의 예언입니다. 아시타는 선정 수행에 능통하여 신통력을 갖춘 사람이었습니다. 어느 날 아시타는 천안통과 천이통으로, 하늘에서 천신들이 매우 기뻐하며 노래를 부르고 춤을 추고 있다는 사실을 알게 됩니다. 아시타는 이전까지 천신들이 그토록 환희에 찬 모습을 본 적이 없던 터라 무슨 일일까 궁금해졌습니다. 그리고 카필라 왕국에 부처가 될 분이 태어나셨다는 사실 때문에 천신들이 그토록 기뻐한다는 것을 알게 되지요.

아시타 선인은 곧바로 허공을 가로질러서 카필라성에 도착합니다. 훌륭한 신선이 도착했다는 소식에 숫도다나 왕이 반갑게 맞이하지요. 그런 후 아시타 선인으로부터 여러 이야기를 듣게 됩니다. 그런데 갑자기 아시타가 어린 왕자를 보고 눈물을 흘리는 게 아닙니까. 왕자의 탄생을 축복하러 온 사람이 느닷없이 눈물을 흘리니 모두 놀랄 수밖에요. 왕이 이유를 묻자 아시타 선인은 왕자를 가리키며 말합니다. "이분은 최상의 성군(轉輪聖王)이 되거나, 출가하면 완전한 깨달음을 얻으신 부처님이 되실 것입니다." 즉 왕자가 훗날 부처님이 되실 때쯤이면 이미 자기는 이 세상 사람이 아닐 것이기에, 부처님의 가르침을 들을 수 있는 기회가 없다는 것이 아쉬워 눈물을 흘린다는 말이었지요. 아시타는 머지않아 왕자가 최상의 깨달음을 얻을 것이라는 예언을 하고 돌아가면서 자기 조카한테 지금 당장 출가를 하라고 말합니다. 그리고 훗날 이 세상에 부처님이 출현할 때 그분의 제자가 되라고 당부합니다. 이 이야기는 《숫타니파타》에 나옵니다.

숫도다나 왕은 아시타의 예언을 들은 후 한편으로는 즐거워하면서도 한편으로는 걱정이 되었습니다. 그리고 곧 다른 현자들에게 왕자의 이름을 지어 달라 부탁하지요. 그리하여 '목적을 달성한 사람'이라는 뜻의 싯다르타(팔리어로는 '싯닷타')라는 이름을 받습니다.

7일 만에 어머니를 여의고

고타마 부처님의 왕자 시절에 대한 내용은 자타카를 제외한 초기경전과 율장에서는 별로 찾아볼 수가 없습니다. 부처님께서 법문하시다가 때때로 당신께서 출가하시기 전의 일들을 회고하면서 간단하게 말씀하시는 부분들이 경전에 나올 뿐입니다. 부처님의 회고록과 함께 자타카의 내용을 중심으로 부처님의 어린 시절을 살펴보겠습니다.

우선 특기할 만한 사건으로는 부처님의 모친인 마하마야 왕비의 죽음이 있습니다. 왕비는 아들을 낳고 7일 만에 숨을 거두고 맙니다. 그런 후 삼십삼천(三十三天 : 욕계, 색계, 무색계의 3가지 천상 가운데 욕계 천상의 한 곳)이라는 천상에서 천신으로 다시 태어납니다. 훗날 완전한 깨달음을 이루고 난 뒤 부처님은 삼십삼천에 올라가 3개월 동안 어머니와 천신들을 위해서 아비담마(abhidhamma)를 설하셨다고 합니다.

7일 만에 어머니를 여읜 싯다르타 왕자는 새어머니를 맞게 됩니다. 마하마야 왕비의 동생이자 왕자에게는 이모가 되는 마하파자파티가 새 왕비로 간택된 것이지요. 언니가 죽은 후 그 자리에 동생이 들어와 왕비가 되는 건 당시 인도사람들의 풍습이었던 듯합니다. 싯다르타 왕자의 새엄마가 된 마하파자파티 왕비는 훗날 최초의 비구니가 됩니다. 이처럼 싯다르타 왕자는 새엄마가 된 마하파자파티의 손에 양육되고, 머지않아 아버지 숫도다나 왕과 마하파자파티 왕비 사이에는 난다라는 왕자가 태어납니다.

싯다르타 왕자는 부친의 배려로 아무 부족함이 없는 어린 시절을 보냅니다. 당시 카필라바투는 그리 큰 나라도 아니었고 코살라국의 속국이었기 때문에, 숫도다나 왕은 아들이 잘 성장해서 강력한 왕이 되기를 바랐던 것이지요.

　왕자는 7살이 되었을 때 학문을 익히기 시작하고 무예도 익혔다고 합니다. 그래서 활쏘기나 검술 등 여러 가지 무예에 능통했다는 얘기가 있습니다. 또 당시의 베다나 여러 가지 학문들도 익혔다고 하지요. 오늘날 우리도 만 7살이 되면 초등학교를 가지 않습니까. 사회와 처음으로 부딪히는 7살의 나이일 때 싯다르타 왕자도 중요한 체험을 하게 됩니다.

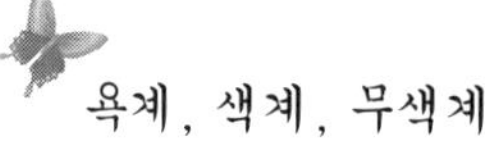

욕계, 색계, 무색계

불교는 이 세계에 대해 공간적으로 욕계(欲界), 색계(色界), 무색계(無色界)의 삼계로 설명합니다. 욕계란 욕망에 지배받는 세상으로, 지옥, 아귀, 축생, 아수라의 4가지 악도(惡道)와 인간계 및 욕계 천상으로 나뉩니다. 색계는 욕망이 가라앉고, 빛과 소리와 같은 섬세한 물질로 이루어진 천상 세계입니다. 색계 사선정을 닦은 후 죽으면 태어나게 되는 천상 세계입니다. 무색계는 물질이 없이 순수한 정신만 있는 천상 세계입니다. 사무색계 선정을 닦은 이들이 태어나는 천상입니다.

첫 번째 선정

　중요한 체험은 농경제가 있던 날 일어났습니다. 농경국가였던 카필라바투에서는 왕을 위시로 실제 농사를 지어보기도 하며 농경제를 지내는 날이 있었습니다. 그때 동행했던 싯다르타 왕자가 잠시 혼자 떨어진 채 나무 밑에 앉아서 명상에 잠기게 됩니다. 이때의 명상을 요즘 우리는 수식관(隨息觀)이라고 하는데, 들이쉬고 내쉬는 호흡에 마음을 집중하는 수행입니다. 왕자는 바로 이러한 수식관을 통해 첫 번째 선정(初禪)을 경험했다고 합니다. 첫 번째 선정이란 우리의 감각적 욕망들이 가라앉아서 강한 희열과 행복감을 느끼며 호흡이라는 현상에 마음이 집중되는 상태를 말합니다.

이 첫 번째 선정 체험은 왕자에게 앞으로의 수행법을 결정하는 중요한 계기가 됩니다. 나중에 왕자는 출가한 후 고행을 하게 되는데, 결국 고행을 통해서는 수행이 완성될 수 없음을 자각합니다. 그래서 6년간의 고행을 멈추고 깨달음에 이르는 길의 열쇠가 되는 첫 번째 선정을 떠올리지요. 이처럼 어렸을 때 겪은 체험들이 성인이 된 후 중요한 길잡이가 될 수 있습니다.

물론 그처럼 어린 나이에 누구나 선정 체험을 하는 것도 아니고, 초선에 이를 수 있는 것도 아닙니다. 더욱이 누구에게도 가르침을 받은 적이 없는 상황에서 그런 체험을 기대하기란 어려운 일이지요. 하지만 부처님의 이야기는 고요히 앉아 마음집중의 수행을 한다면 누구라도 그런 체험을 할 수 있다는 가능성을 보여줍니다. 그러니 어린아이들에게 너무 학교 공부만 강요하지 마시고, 자기 마음을 되돌아볼 수 있으며 집중력을 기를 수 있는 명상 수련을 경험하게 하는 것도 좋으리라 봅니다.

풍요로운 궁전 생활

숫도다나 왕은 아들이 궁전 생활에 만족하기만 바랐습니다. 그래서 겨울과 건기, 우기에 따로따로 지낼 수 있도록 세 곳에 궁전을 지어주었지요. 인도는 대략 음력 6월 보름에서 9월 보름까지 3개월간 쉴 새 없이 비가 내립니다. 그리고 우기가 지나면 겨울과 건기로 들어갑니다. 건기의 3, 4개월은 온도가 40~50도까지 올라갈 정도로 엄청나게 덥습니다. 그러나 왕자는 겨울과 여름, 우기를 보낼 수 있는 궁전에서 아버지의 바람대로 풍요로운 삶을 누립니다.

싯다르타 왕자는 16살이 되던 해에 야소다라라는 여인과 결혼을 합니다. 그 후로 아들이 태어날 때까지 13년 동안 결혼생활을 하게 되지요. 야소다라는 훗날 비구니 승단이 생길 때 마하파자파티와 함께 출가를 합니다.

사문유관

부왕이 마련해준 궁전에서 유복한 나날을 보내던 가운데 왕자는 중요한 체험들을 하게 됩니다. 사문유관(四門遊觀), 즉 4개의 문에서 노인과 병자, 죽은 사람과 출가자(사문)를 차례로 만나게 되면서 피할 수 없는 노병사의 현실을 마주하게 되지요. 이때 왕자는 3가지 도취를 버리게 됩니다. 하나는 '젊다'는 도취이고, 또 하나는 '건강하다'는 도취, 마지막으로 '살아있다'는 도취입니다. 나중에 부처님이 되어 그때를 회상하시며 "젊음의 도취, 건강의 도취, 살아있음의 도취를 완전히 벗어버렸다"고 말씀하십니다. 세상의 부와 영화를 마음껏 누릴 수 있으면서도 왕자가 출가를 하게 된 데는 그처럼 삶의 괴로움에 대한 근본적인 자각이 있었기 때문입니다. 늙음과 병, 죽음이라는 피할 수 없는 인간의 한계를 분명히 자각하면서 두려운 마음을 일으킨 것이지요.

이처럼 왕자는 29살의 나이에 인간의 근본적인 한계를 자각해서 출가에 대한 마음을 일으키게 됩니다. 당시 인도에는 출가한 사문(沙門)들이 많이 있었기 때문에, 왕자는 그러한 사문들을 만나면서 출가를 통해 죽음이 없는 열반의 경지를 얻으리라 결심합니다.

왕자가 이런 결심을 하게 되는 배경에 대해 초기경전은 재미있는 이야기를 전합니다. 왕자가 출가할 때가 되었기 때문에 천상의 천신들이 노인과 병자, 죽은 사람, 출가수행자의 모습으로 나타난 것이라고 말이지요. 이 내용이 사실이든 상징적인 표현이든 간에 우리에게 던지는 메시지는 아주 중요합니다. 노인이나 병자를 볼 때 또는 죽은 사람이나 깨달음을 얻기 위해 열심히 노력하는 출가수행자를 볼 때는 마치 천신을 보듯 하라는 뜻이 담겨 있지요. 노인을 볼 때 '나도 언젠가는 늙을 것이고, 늙으면 저와 같이 될 것이다'라고 생각한다면 내가 지금 해야 할 일과 늙은 후에 할 수 있는 일이 무엇인지 생각할 수 있습니다. 또 병자를 볼 때는 내가 건강할 때 해야 할 일과 병이 들었을 때 할 수 있는 일이 무엇인지 살펴볼 수 있지요. 장례식에 가서는 내가 죽기 전에 해야 하는 일에 대해 성찰할 수 있습니다. 또 출가수행자의 모습을 보면서는 '저들이 추구하는 가치는 과연 무엇이며 나는 그 가치를 제대로 이해하고 있는가', '비록 나는 출가할 수 없지만 그 가치에 따라서 내 삶을 살아낼 수 있는가' 하고 반성의 계기로 삼을 수도 있습니다.

이처럼 우리가 부딪히는 그 어떤 한계상황들 속에서도 그 경험을 스승으로 삼을 수 있습니다. 그런 경험을 통해서 자기 삶을 되돌아보며 더 열심히 살아야겠다는 반성과 각오를 하게 됩니다.

아들 라훌라의 탄생

사문유관을 통해서 네 부류의 사람들을 만난 후 성으로 돌아온 왕자는 아들이 태어났다는 소식을 듣습니다. 그러자 왕자는 "라훌라가 태어났다.

속박이 태어났다"고 외쳤다 합니다. 숫도다나 왕은 그 이야기를 듣고 손자의 이름을 라훌라라고 지어줍니다. '라훌라'라는 말은 흔히 '장애' 또는 '장애물'이라고 번역하는데, 사실은 달을 가려(月蝕) 세상을 깜깜하게 만드는 신이라고 합니다. 자식을 두고 속박이라고 한 것을 보면 자식에 대한 정이라는 것이 얼마나 끊기 어려운지 알 수 있습니다.

나중에 부처님은 깨달음을 얻은 후 2년 만에 고향으로 돌아오십니다. 그리고 당시 9살이었던 라훌라를 출가시키지요. 라훌라 존자는 어린 사미 시절부터 열심히 수행해서 20살의 나이로 아라한이 됩니다. 보통 우리는 라훌라 존자를 일러 밀행제일(密行第一)이라고 합니다. 말 그대로 남모르게 좋은 일을 하는 데 으뜸가는 제자라는 뜻입니다.

머리를 깎고 출가하다

싯다르타 왕자는 라훌라가 태어난 바로 그날 밤에 출가하기로 결심합니다. 자타카에 의하면 왕자는 라훌라가 태어난 바로 그날 밤이 아니라 7일 후에 출가했다고 하지만, 라훌라가 태어난 날 밤에 출가했다고 전하는 기록들도 있습니다. 갓 태어난 자식을 두고 출가하는 것이 언뜻 비정해 보일 수도 있습니다. 하지만 어린 시절 스승을 찾아가 열심히 공부한 후, 결혼해서 자식이 생기면 자신의 가계를 잇게 하고 다시 출가생활에 들어가는 것은 당시 힌두교의 전통적인 생활방식이었습니다. 그러한 관점에서 볼 때 싯다르타 왕자는 자신의 후손을 남겨놨기 때문에 더욱 출가에의 결심을 굳힐 수 있지 않았을까 합니다.

그렇게 왕자는 아내와 아들과 아버지, 세속적인 권력과 영화가 보장되어 있던 왕좌를 버리고 출가를 하게 됩니다. 디가 니카야나 맛지마 니카야 등 많은 경전들은 이때 부처님이 출가한 이유에 대해 "선(善)을 구하기 위해서 출가한다"라고 전합니다. 선이라는 것은 최상의 행복, 괴로움의 소멸인 열반을 가리키는 말로 이해할 수 있습니다. 왕자는 늙음과 병과 죽음으로부터, 즉 삶의 총체적인 괴로움으로부터 벗어난 완전한 행복을 찾고자 출가한 것입니다.

부처님이 늙음과 병듦 그리고 죽음으로부터 벗어나는 궁극적인 길을 찾아 나선 것은 남다른 지혜와 깊은 자비심이 있었기 때문입니다. 궁극적으로 최상의 깨달음을 이루겠다는 자신의 완성을 위한 지혜와, 모든 중생이 행복해지고 평안해지길 바라는 자비심이라는 2가지 덕목은 불교의 근본적인 가르침에 해당합니다. 이처럼 불교에서는 지혜와 자비가 새의 두 날개와 같이, 수레의 두 바퀴와 같이 함께 갖추어야 하는 덕목이라고 봅니다. 지혜로운 사람은 자비롭고 자비로운 사람은 지혜롭습니다. 거꾸로 보자면, 지혜롭지 못한 만큼 자비롭지 못하고 자비롭지 못한 만큼 지혜롭지 못하다고 말할 수 있겠지요. 부처님이 자기 자신뿐 아니라 사랑하는 가족과 일체 중생을 위해 세상의 부와 영화를 모두 버리고 떠난 것은 바로 그처럼 자비심을 완성하고 지혜를 이루기 위한 일이었다고 볼 수 있습니다.

자비

'자비'는 '자(慈)'와 '비(悲)'라는 말로 이루어진 말입니다. 여기서 자심(慈心)이라는 말은 자기 자신을 포함한 생명 있는 모든 존재들이 잘되고 행복하기를 바라는 마음입니다. 그리고 비심(悲心)은 고통 받고 어려움에 처해 있는 존재들이 그러한 고통과 어려움에서 벗어나기를 바라는 마음입니다. 보통은 자비라고 붙여 쓰지만 그렇듯 두 마음은 서로 다른 측면을 의미합니다. 자비는 부처님에서 시작해 대승불교에 이르기까지 불교를 관통하는 가장 근본적인 덕목 가운데 하나로, 불자들이 반드시 갖춰야 할 덕목이기도 합니다. 지혜가 계를 지키고 선정을 닦아서 마음이 안정될 때 나타나는 것이라고 한다면, 자비심은 언제 어느 순간에라도 자기 안에서 일으킬 수 있는 마음입니다. 설령 지혜가 아직 완성되지 않았다 하더라도 자비심을 일으키는 것만으로 크나큰 이익을 얻을 수 있습니다.

자비심 수행은 출가자는 물론 재가자도 언제든지 할 수 있습니다. 부처님을 향해 내게 자비를 내려 달라고 비는 것이 아니라, 세상의 모든 존재들이 진정으로 행복하고 잘되기를 바라는 마음을 계속해서 일으키는 겁니다. 방법은 아주 간단합니다. '모든 존재들이 행복하고 평화롭기를 기원합니다. 모든 존재들이 괴로움에서 벗어나기를 기원합니다'라는 문구를 마음속으로 반복하면서 진정으로 모든 존재들이 행복하고 평화롭기를 바라는 마음, 괴로움에서 벗어나기를 바라는 마음을 자꾸 일으킵니다. 내 마음속이 그러한 자비로 가득 차게 되면 진정으로 모든 존재들이 행복하고 잘되기를 바라는 말과 행동을 하게 됩니다. 부처님도 이러한 자비심을 바탕으로 출가한 것이지 자기 이익만을 위해서 출가한 것이 아닙니다. 또 그런 자비심은 연등불에게 수기를 받을 때인 수메다 행자 시절부터 일관되게 지니고 있었던 마음이기도 합니다.

싯다르타 왕자는 세속적인 모든 가치를 버리고 변하지 않는 최상의 가치를 추구하기 위해 출가했습니다. 이러한 출가를 우리는 위대한 버림, 위대한 포기(mahābhinikamaṇa)라고 말합니다. 우리는 작은 것도 참 버리기 어려워하지요? 보잘것없는 명예나 얼마 안 되는 재산이라도 부둥켜안고 조금이라도 더 보존하려는 욕심으로 하루하루를 살아갑니다. 하지만 왕자는 버림의 이유를 알고 모든 것을 놓아버린 후 최상의 것을 얻기 위해 출가하셨습니다. 이처럼 자비심과 지혜를 완성하기 위한 버림이기 때문에 위대한 버림이라고 합니다.

출가 후 보살[주3]은 손수 머리를 자릅니다. 그리고 지나가던 수행자의 남루한 옷과 자기 옷을 바꿔 입습니다. 그런 후 마가다국의 수도인 라자가하, 즉 왕사성으로 들어가시지요. 마가다국은 당시 문화와 종교의 중심지였고 코살라국과 더불어 2대 강대국 중 하나였습니다.

당시 마가다국의 국왕은 빔비사라 왕이었습니다. 하루는 빔비사라 왕이 왕궁에서 아래를 내려다보다 한 출가수행자를 발견하게 됩니다. 바로 고타마 보살이었습니다. 걸음걸이나 용모가 예사롭지 않은 보살의 모습에, 왕은 신하들에게 그 수행자가 어디서 지내는지 알아보라고 이릅니다. 신하들로부터 그 수행자가 동굴에서 지내고 있다는 말을 들은 왕은 몸소 보살을 찾아가지요. 그리고 보살에게 신분이 무엇인지 물어본 후 이렇게 제안합니다. "내가 왕국을 나눠줄 테니 나의 신하가 되어 왕국을 함께 다스려보지 않겠습니까?" 그러나 보살은 그런 세속적인 안락과 영화를 위해 출가한 것이 아니라 최상의 깨달음, 최상의 행복을 위해서 출가한 것이라 답하십니다. 그러자 빔비사라 왕이 다시금 보살에게 청하지요. "그렇다면 깨달음을 얻으면 제일 먼저 나에게 와서 당신이 얻은 깨달음을 가르쳐주십시오." 보살은 빔비사라 왕의 부탁에 약속을 하고, 훗날 부처님을 이룬 후에 그 약속을 지키십니다.

《숫타니파타》를 보면, 부처님은 당신의 출가에 대해 이렇게 말씀하십니다.

"번뇌라는 때가 쌓이는 재가생활을 떠나 홀가분하고 자유로운 출가생활에 들어섰다. 그리고 이러한 출가생활에 들어선 이후로 몸과 입으로 짓는 악행을 완전히 버렸다."

이처럼 몸과 입으로 짓는 악행을 완전히 멈추는 것은 모든 출가자에게 적용됩니다. 부처님 제자가 되기 위해 출가한 사람들은 모두 계를 받습니다. 비구는 250계, 비구니는 348계를 받으면서 부처님처럼 실천하겠다고 다짐합니다. 이처럼 불교는 출가자에게는 엄격한 율을 적용시키지만 재가자에게는 그렇지 않습니다. 율이 없는 반면 자율적으로 지켜야 할 규범으로 오계(五戒)를 제시해줍니다. 오계란 살생하지 말 것, 남의 물건을 취하지 말 것, 도둑질하지 말 것, 잘못된 음행을 하지 말 것, 거짓말하지 말 것, 정신을 혼미하게 하는 술을 먹지 말 것 등의 5가지입니다.

하지만 부처님은 누군가에게 계율을 받지 않았음에도 출가한 후로는 몸으로 짓는 악행인 살생, 도둑질, 음행을 완전히 멈추셨고, 입으로 짓는 악행인 거짓말, 거친 말, 이간질하는 말, 쓸모없는 말을 완전히 버렸다고 고백하고 있습니다. 이는 출가라는 사건이 자율적으로 계행을 지니면서 본격적으로 시작된다는 것을 보여줍니다.

이로부터 부처님과 빔비사라 왕의 관계는 40년 가까이 이어집니다. 그 오랜 세월 동안 빔비사라 왕은 부처님을 적극적으로 지원하고 부처님의 가르침에 따라 열심히 살면서 재가자의 모범이 됩니다.

보살은 나중에 깨달음을 얻은 후 다시 마가다국을 찾는데, 그때 빔비사라 왕과 두 번째 만남이 있게 됩니다. 이때 왕은 부처님에게 최초의 사원인 죽림정사를 기증해 스님들이 머물며 수행할 수 있는 터를 제공합니다.

이후로 죽림정사는 불교가 전파·확장되는 데 중심지가 되지요. 또 죽림정사는 불교사원이 위치해야 하는 곳에 대한 전형적인 예가 됩니다. 숲을 의미하는 '아란야'라는 수행에 적절한 장소는 마을에서 대략 2~3km 떨어진 곳으로, 세속의 번거로움에 방해받지 않으며 탁발을 나가기도 그리 멀지 않은 곳에 위치하게 됩니다. 마을로 탁발하러 가는 데 걸어서 30분쯤 걸리니 대략 한 시간 정도면 탁발해서 되돌아올 수 있는 거리지요. 연구결과에 의하면, 죽림정사가 만들어질 때만 해도 요즘처럼 대웅전이나 큰 요사채가 아니라 스님들이 혼자서 지낼 수 있는 간단한 움막 같은 모양의 건물들이었다고 합니다. 비나 바람을 막을 수 있을 정도의 시설에서 출가수행자들이 모여 우안거를 함께 지내거나, 오고가는 스님들이 머물면서 가르침을 받는 장소로 사용되었던 것입니다.

오계와 팔계 그리고 계와 율

오계와 더불어 재가자들이 지켜야 할 것으로 팔계(八戒)가 있습니다. 팔계는 예비 승려인 사미승들이 지켜야 하는 십계에서 '금은 등을 지니지 말라'는 계를 제외한 것입니다. 재가자들이 한 달에 네 번 있는 포살일(布薩日)에 절을 찾아 지키는 계이지요. 팔계의 처음 5가지는 오계와 같습니다. 다만 삿된 음행을 하지 말라는 것이 일체 음행을 하지 말라는 계로 바뀐 것이 다릅니다. 그 다음 여섯째는 오후가 지나서는 음식을 먹지 말라는 계입니다. 일곱째는 춤추고 노래하고 연극을 보는 일을 하지 말고 꽃다발이나 향수 같은 것으로 몸을 치장하지 말라는 계입니다. 마지막은 높고 큰 사치스런 침상이나 좌구를 사용하지 않겠다는 계가 들어갑니다. 그러니까 여섯 번째부터는 음식을 조절하고 일상생활에서 소박한 수행자의 모습으로 살겠다는 다짐인 셈이지요.

이것은 재가자들이 절에 가서 하루 종일 수행하고 법문을 들으며 그날 하루는 스님들처럼 실천하는 모습을 보여주는 계라고 할 수 있습니다.

우리나라에서는 팔계의 개념이 재가자들에게 잘 전달되지 않은 면이 있지만, 태국이나 미얀마에서는 재가자들이 포살일에 절에 가서 지켜야 할 계로 정착되어 있습니다. 이처럼 재가자들에게 제시된 계는 자율적인 반면 출가한 스님들의 율은 공동체의 질서 유지를 위해 강제적으로 지켜야 하는 것입니다. 계의 항목은 모두 출가한 스님들의 율에 포함되어 있으므로, 율을 지킨다는 것은 곧 계를 포함한 율을 지킨다는 것에 유의하세요.

2명의 스승

고타마 보살은 빔비사라 왕의 제안을 거절한 후 본격적인 수행을 하기 위해 스승을 찾아 갑니다. 그리고 당시 선정 수행의 대가라고 알려진 알라라 칼라마와 우타카 라마풋타에게 깊은 선정의 경지를 배우게 되지요. 알라라 칼라마는 무소유처 선정에 도달했고 웃다카 라마풋타는 비상비비상처라는 선정에 도달한 사람이었습니다. 무소유처(無所有處)라는 것은 아무것도 존재하지 않는다는 것을 의식에서 경험하는 선정의 상태를 말하며, 비상비비상처(非想非非想處)는 지각이 없는 것도 아니고 있는 것도 아닌 아주 깊은 단계의 선정을 의미합니다. 초기경전에서는 무소유처와 비상비비상처의 선정이 사무색계 선정에서 마지막 2단계를 의미하는 것으로 봅니다.

보살은 수행한 지 얼마 되지 않아 스승들이 경험한 그 모든 경지들을 완전하게 터득합니다. 그러나 보살은 이렇게 고백합니다.

“라마풋타에게만 믿음과 정진, 마음챙김과 마음집중 그리고 지혜가 있는 것이 아니다. 내게도 믿음과 정진, 마음챙김과 마음집중, 지혜가 있다.”

여기서 말하는 믿음, 정진, 마음챙김, 마음집중, 지혜라는 5가지 덕목은 수행자들이 갖춰야 하는 마음의 기능이자 능력입니다. 이것을 오근(五根)이라고 하지요. 그중 보살에게 믿음이 있다는 것은 자신의 수행을 통해 완전한 깨달음에 이를 수 있다는 자기 믿음이 확고하게 자리 잡았다는 뜻입니다. 정진이 있다는 것은 열심히 노력해서 수행하겠다는 뜻이며, 마음챙김(念, sati : 마음챙김이나 알아차림, 깨어있음으로 번역됨)이 있다는 것은 자신이 수행하는 주제에 대해서 한순간도 놓치지 않고 깨어있다는 뜻으로 이해할 수 있습니다. 마음집중이 있다는 말은 마음이 수행의 대상에 분명하게 모아져 있음을 의미합니다. 거기에 이어 보살은 어느 정도 지혜가 생겼다고 말합니다. 보살은 이처럼 오근을 갖춰 두 스승이 도달한 최고의 경지에 이르렀음에도 자신이 얻으려 했던 최상의 깨달음이 아니라는 것을 알았던 겁니다. 그래서 두 스승이 함께 교단을 이끌고 지도하자고 제의해 왔지만 거절합니다.

이렇게 보살처럼 당시에 유행하던 수행법을 완전하게 터득했지만 그것이 궁극에 이르는 길이 아니라는 사실을 확인하고 물러날 줄 아는 것도 굉장히 큰 지혜와 용기일 것입니다. 보살은 지혜와 용기를 지니고 새로운 수행법에 들어갑니다.

여기서 주목할 것은 선정 수행만으론 수행이 완성되지 않는다는 사실입니다. 선정이라는 것은 마음이 하나의 대상에 잘 집중되어 있는 상태를 말합니다. 선정에 들어 있을 때는 마음에서 여러 가지 번뇌들이 일어나지 않습니다. 하지만 선정에서 나오면 선정 상태에서 일시적으로 일어나지 않았던 번뇌 망상들이 또다시 일어나는 것을 경험할 수 있습니다. 보살 역시 선정의 경지에 들어갔을 때 얻었던 평온함이 그 경지에서 나왔을 때는 깨지는 것을 보고 '이것은 불안정한 경지구나'라고 깨달아 새로운 수행을 시작했던 것이지요.

팔다리는 시들어버린 갈대처럼 되어

보살이 마가다국에서 두 스승과 작별한 뒤 찾은 곳은 네란자라 강변의 우루벨라라는 마을이었습니다. 숲이 울창하고 맑은 강물이 흐르는 조용한 곳인데다 부근에는 순박한 사람들이 살고 있어서 탁발하기에도 아주 좋은 곳이었다고 합니다. 보살은 깨달음을 얻기에 가장 이상적인 장소라 생각해서 그곳에 머물기로 마음을 먹습니다. 당시 우루벨라에는 고행자들이 많이 모여서 살고 있었습니다. 자기 몸을 극도로 괴롭히면서 마음을 정화하는 사람들이었지요. 보살도 그곳에서 고행(苦行)에 들어갑니다.

이때 숫도다나 왕은 아들이 우루벨라에서 고행을 시작했음을 알고는 석가족 청년 5명을 보살에게 보냅니다. 아무래도 여럿이 함께 수행하면 위험한 상황이 닥쳤을 때 서로 도와줄 수 있을 테니 아들의 수행원 겸 해서 청년들을 보낸 것이겠지요.

그리하여 콘단냐, 바띠야, 와파, 마하나마, 아싸지라는 5명의 청년들이 보살과 함께 고행을 하게 됩니다. 이들 5명은 보살과 아주 평등한 관계를 유지했다고 합니다. 그리고 보살이 깨달음을 얻은 후엔 최초의 제자들이 됩니다.

보살의 고행은 매우 혹독했습니다. 당시 인도에서의 고행은 크게 2가지로 나눠볼 수 있습니다. 하나는 호흡을 멈추는 것이고 두 번째는 음식을 먹지 않는 것입니다. 우리 생명을 유지하는 데 절대적으로 필요한 것이 바로 공기와 음식 아닙니까. 호흡을 멈추는 것과 단식은 육체에 아주 극심한 고통을 불러일으킵니다. 경전에 따르면, 의도적으로 호흡을 멈추면 머리가 깨지는 듯한 경험들을 하게 됩니다. 극도로 음식을 줄이다가 급기야는 음식을 아예 끊는 수행 역시 말할 수 없는 고통을 야기합니다. 파키스탄의 라호르 박물관에 있는 부처님의 고행상을 보면 그 모습이 마치 해골 같지요? 그러면서도 눈빛은 혁혁하게 살아있습니다. 그 불상이 바로 보살이 6년간 고행하던 모습을 가장 생생하게 조각해놓은 것입니다.

그처럼 혹독한 고행을 6년간 한 뒤에 보살은 이렇게 말합니다.

"나는 고행을 철저히 했다. 그 누구도 따르지 못할 만큼 열심히 했다. 나의 사지는 말라 시들어버린 갈대처럼 되었다."

그러나 아무도 따르지 못할 정도로 고행했음에도 보살은 완전한 깨달음을 이룰 수는 없었습니다. 그렇다고 얻은 것이 전혀 없었던 것은 아닙니다. 고행만으로 깨달음을 이룰 수는 없었지만 그 고행을 통해서 엄청난 정진력을 얻었기 때문입니다. 요즘 말로 하자면 내공을 쌓았다고나 할까요? 그러한 정진력은 나중에 보살이 고행을 그만두고 올바른 수행법에 들어섰을 때 좋은 밑거름이 됩니다.

물론 보살은 나중에 부처님이 된 후에도 그런 고행을 제자들에게 권유한 적이 없습니다. 보살은 앞서 두 스승으로부터 선정을 배울 때도 믿음과 정진, 마음챙김과 마음집중, 지혜라는 5가지 마음의 기능을 갖췄다고 했는데, 고행을 할 때도 이 오근을 갖추고 있었다는 것을 확인할 수 있습니다.

그래서 부처님이 육체를 괴롭히는 고행을 비판하는 내용은 있지만 철저한 고행에 가까운 두타행(頭陀行)은 장려하는 듯한 기록들이 남아 있습니다.[주4] 또 두타행이 보이는 철저한 수행 생활의 전통은 초기불교 교단에서도 매우 중요시됩니다.

두타행은 모두 13가지로, 의식주 생활을 간소하고 수행자답게 하라는 내용으로 되어 있습니다. 첫 번째는 분소의(糞掃衣 : 주워 모은 헝겊들을 이어 만든 옷)를 입는 것입니다. 좋은 옷감을 쓰지 않고 길거리나 공동묘지, 쓰레기더미에 버려져 있는 옷감을 주워 옷을 만들어 입으라는 가르침이지요.

두 번째는 3가지 옷만을 수용하는 수행입니다. 3가지 옷, 즉 삼의(三衣)란 현대적으로 말하면 상의와 하의, 큰 가사를 말합니다. 이 3가지 옷은 전통적으로 스님들의 옷 한 벌을 가리킵니다. 분소의와 삼의만 입는다는 사실에서 의복에 대한 집착을 덜어내는 수행이란 점을 알 수 있습니다.

세 번째는 탁발한 음식만 수용하는 수행입니다. 부처님 시대부터 지금까지 전통적인 율장에 의하면 비구들은 음식을 요리해서 먹지 못하고 다른 사람이 제공한 음식만 먹게 되어 있습니다. 그 가운데서도 탁발한 음식만 먹는 수행을 하는 것이지요.

네 번째는 탁발하는 방법에 대한 수행입니다. 이에 따르면 재가자들의 집을 순서대로 지나가며 탁발하되 지나왔던 길을 다시 돌아가 음식을 받지 않습니다.

다섯 번째는 음식을 한자리에서만 먹는 수행입니다. 탁발한 음식을 가지고 자신의 거처로 돌아와서 밥을 먹을 때, 이쪽저쪽 옮겨 다니며 먹지 않고 한 번 앉은 자리에서 음식을 먹는 수행을 말합니다.

여섯 번째는 발우 하나로 탁발한 음식만 먹는 수행입니다. 즉 자기 발우 안에 담긴 음식만 먹지 다른 것을 더 추가해서 먹지 않는다는 뜻이지요. 요즘이야 음식이 풍족해져서 발우 안에 들어온 음식을 전부 다 먹기 힘들 때도 생기겠지만, 부처님 당시에는 기근이 들어 말먹이용 보리를 먹어야 하는 경우도 있었습니다. 그럴 때도 탁발해서 얻은 음식만 먹지 더 이상 먹지 않습니다.

일곱 번째는 나중에 얻은 밥을 먹지 않는 수행입니다. 자기가 탁발한 음식을 다 먹었다면 다른 누군가 탁발해온 것을 나누어준다고 해도 받지 않는다는 뜻입니다.

이처럼 두타행의 5가지가 음식에 대한 내용입니다. 이런 수행은 두타행을 하는 사람에게는 꼭 필요한 것이었습니다. 하지만 부처님은 재가자의 초대에 응해 음식을 드신 적도 있고, 어느 마을에 행사가 있을 때는 승단 전체가 식사에 초대받기도 합니다. 그럴 때 두타행을 하는 수행자들은 참석하지 않았겠지만 대부분의 스님들은 참석해서 사람들이 마련해준 음식을 공양 받습니다. 두타행이란 가장 적은 의식주로 가장 큰 만족을 얻고자 한 수행자들에게 어울렸던 삶의 방식임을 알 수 있습니다.

13가지 두타행 가운데 나머지 6가지는 주거생활에 대한 것입니다. 여덟 번째는 숲에서 머무는 수행입니다. 숲은 우리에게 수행할 공간과 조용한 환경을 제공해주기 때문이지요. 이때 숲은 큰 산속만 의미하는 것이 아니라 나무가 울창한 곳을 말한다고 볼 수 있습니다.

그 다음 아홉 번째는 나무 아래서 머무는 수행입니다. 숲속 나무 아래서 머문다는 뜻이지요.

열 번째는 지붕이 있는 집이 아닌 노천에서 머무는 수행입니다.

열한 번째는 공동묘지에서 머무는 수행입니다. 당시엔 사람이 죽으면 화장하는 풍습이 있었지만 화장을 못하는 사람들은 그냥 공동묘지에다 시신을 버렸습니다. 공동묘지는 사람들이 접근하지 않기 때문에 매우 조용할뿐더러, 시체들을 통해서 감각적 욕망을 극복하는 데 도움이 되는 부정관(不淨觀)을 할 수 있는 최적의 수행 장소입니다.

부정관을 하는 방법

우리 몸과 마음을 있는 그대로 바라보기 위해서는 특히 육체에 대한 집착을 어느 정도 다스려야 합니다. 그래서 부정관이 필요합니다. 부정관은 우리 육신이 깨끗하지 못하다는 것을 관찰하는 수행이지요. 부정관을 하는 방법에는 크게 2가지가 있습니다. 그 중 하나는 우리 몸을 구성하는 여러 가지 요소들, 즉 머리카락, 체모, 손발톱, 이, 피부 등을 생각하면서 몸이 얼마나 깨끗하지 못한 것인지 관찰하는 방법입니다. 또 하나는 우리가 죽어서 시체가 된 다음에 썩어가는 모습을 관찰하는 방법입니다. 우리 신체 내의 기관들을 몸 밖으로 빼냈다고 한번 생각해보십시오. 가령 자기가 죽어서 해부대 위에 놓여 있다고 상상해보세요. 배가 갈리고 간과 심장 등이 밖으로 나옵니다. 그 장기들이 보기에 어떻습니까? 정육점에 걸린 돼지나 소의 그것과 다를 바 있습니까? 아직도 그것들이 소중하게 보입니까? 우리가 그렇게 애지중지하며 가꿔오던 내 몸 속에는 바로 그런 것들로 꽉 차 있습니다. 살아서는 병이라도 들까봐 노심초사하고 조금이라도 멋지게 보이기 위해서 온갖 치장을 해대던 그 몸뚱이가 죽어버리면 사람들이 모두 역겨워하며 빨리 처리해버려야 할 물질로 바뀌고 맙니다. 이런 생각으로 부정관을 하면 감각적 쾌락의 욕망을 어느 정도 다스릴 수 있게 됩니다.

그 다음 열두 번째는 배정된 대로 머무는 수행입니다. 자신에게 배정된 거처에서만 머문다는 뜻입니다.

마지막으로 열세 번째는 눕지 않는 수행입니다. 우리나라에서도 성철 큰스님이나 선사스님들이 몇 십 년 동안 장좌불와(長坐不臥 : 오랫동안 눕지 않는 수행)를 했다고 하지요?

이처럼 주거생활에 대한 수행들은 기본적으로 인공적인 건축물이 아닌 조용한 곳에서 내면을 성찰하며 욕심 없이 지낸다는 의미를 지닙니다. 그 중에서도 눕지 않는 수행은 열심히 정진하는 수행자의 모습을 여실히 보여준다 하겠습니다.

부처님께서는 두타행처럼 자기의 몸과 목숨까지 돌보지 않는 수행의 길을 아주 칭송했습니다. 이러한 수행의 전통은 부처님이 보살 때 경험한 고행의 전통과 맞물려 있습니다. 다른 점이라면 고행은 몸을 괴롭혀서 정신적인 성숙을 얻으려고 하는 것인 반면, 부처님의 두타행은 몸을 괴롭힌다기보다 몸이나 의식주에 대한 욕망을 극복하면서 내적인 정화를 이루려는 수행법이라는 점입니다. 따라서 두타행은 스님들이 실천하는 자발적 가난의 생활방식이라고 생각할 수도 있습니다. 또 출가 제자들은 재산의 상속자가 아닌 법의 상속자가 되어야 한다는 부처님의 가르침을 가장 잘 실천하는 방법이라는 생각도 듭니다.

법구경을 보면, 부처님께서 정진의 한 방법으로 고행을 강조는 내용이 나옵니다. 부처님은 이렇게 말씀하셨지요.

"다 해진 누더기를 걸치고, 여의어 앙상하게 힘줄이 드러나 있고, 홀로 숲속에서 명상에 잠겨 있는 이, 나는 그를 수행자라 부른다."

부처님께서 13가지 두타행을 가장 간결한 말씀으로 전하신 가르침입니다.

우리는 보통 마하카샤파 존자를 일러 두타제일(頭陀第一)이라고 합니다. 마하카샤파 존자는 부유한 바라문 가문 출신이어서 아주 좋은 가사를 입고 출가했다고 합니다. 그런데 부처님이 이제 갓 출가한 카샤파에게 두타행을 권하시며 당신이 입고 있던 옷과 카샤파의 옷을 바꿔 입으시지요. 선(禪)에서는 이 일을 두고 카샤파 존자가 부처님의 가사를 물려받았다고 말하기도 하지만, 실은 두타행을 통해서 수행을 완성하라는 가르침을 주셨다는 것으로 이해할 만합니다.

이처럼 불교가 고행을 버렸다고는 하지만 열심히 노력하는 모습마저 버린 것은 아닙니다. 정진이 빠진 불교는 불교가 아닙니다. 무의미한 고행은 비판하지만 고행을 통해서 얻는 힘은 강조했기 때문에 정진으로서의 고행은 인정했다고 볼 수 있습니다.

고행을 멈추고

고행을 끝까지 해본 보살은 고행의 무의미함을 깨달았습니다. 그리하여 6년 만에 목욕을 한 후 수자타라고 하는 소녀가 제공한 우유죽을 공양 받지요. 6년 동안의 고행으로 해골과 같은 모습을 하게 된 보살이었지만 수자타가 바친 우유죽을 통해 기운을 완전히 회복합니다. 그런데 함께 수행하던 5명의 수행자가 이 광경을 보고는 보살이 타락했다고 비판하면서 그곳을 떠나버립니다. 그래서 보살은 깨달음을 이루기 위한 수행으로 정진에 들어가지요. 보살은 훗날 보리수라고 불리게 되는 핍팔라 나무 아래서 마지막 결심을 합니다. 앞서 십바라밀을 말하며 결의바라밀에 대해 설명했지요? 보살은 그처럼 마지막으로 결의를 하게 됩니다.

"이 몸이 가죽과 힘줄과 뼈만 남고 피와 살은 다 말라서 죽게 되는 한이 있더라도, 완전한 깨달음을 이루기 전까진 이 자리에서 일어나지 않겠노라."

수행이 무르익으면 엄청난 정진의 힘과 확고한 믿음, 지혜가 생기기 때문에 그러한 결심을 통해 수행의 마지막 단계에 들어갑니다. 이러한 결심은 보살의 수행이 거의 다 완성되었음을 보여주는 것이라 할 수 있습니다.

보살은 6년간의 고행을 통해 얻은 정진력을 바탕으로 4가지 선정을 이루게 됩니다. 맛지마 니카야 가운데 〈싸차카경〉의 주석서는 이 부분에 대해 자세히 설명합니다. 보살은 7살이었을 때 부왕을 따라나선 농경제에서 호흡에 대한 마음챙김을 경험하는데, 이 입출식념(入出息念)을 통해 얻은 초선을 바탕으로 해서 사선을 이루었다고 나와 있습니다. 초선이라고 하면 4가지 선정 가운데 첫 번째 선정입니다. 경전에 의하면, 첫 번째 선정에서는 모든 감각적인 욕망과 모든 좋지 않은 법들을 털어버리며, 마음집중의 대상을 향한 사유와 그 대상에 머무는 생각이 있고, 감각적 욕망에서 멀리 떠남을 통해 생겨난 기쁨과 행복감이 있다고 합니다. 여기서 중요한 것은 수행으로 괴로운 것이 아니라 기쁨과 행복감이 생겨난다는 사실입니다. 보살은 그와 같은 희열과 행복감을 7살의 어린 나이에 첫 번째 선정에서 경험한 것입니다. 그리고 고행의 무의미함을 깨달은 후에 어릴 적 경험했던 첫 번째 선정을 떠올리고는 그것이 깨달음에 이르는 길일 수도 있다고 생각하게 됩니다. 감각적 욕망에 의해 생기지 않은 기쁨과 행복감은 깨달음에 도움이 된다는 것입니다.

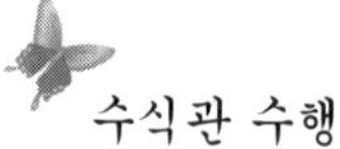

수식관 수행

고행을 그만둔 보살은 호흡을 관찰하는 수식관 또는 입출식념 수행을 하게 됩니다. 이것은 인위적인 호흡이 아니라 자연스런 호흡을 있는 그대로 알아차리고 관찰하는 수행입니다. 호흡과 우리의 마음상태는 밀접하게 관련돼 있어서 마음이 들뜨거나 불안하면 호흡이 빨라지고, 마음이 안정되면 호흡 또한 미세해지고 안정됩니다. 즉 호흡에 의해서 마음도 어느 정도 영향을 받는다는 말입니다. 그런데 보살은 호흡을 멈추는 고행을 해본 결과 자연스런 호흡을 있는 그대로 관찰하는 쪽으로 나아가게 됩니다. 어떤 수행을 하더라도 호흡은 자연스럽게 두는 것이 호흡에 대한 불교의 기본적인 입장입니다.

드디어 깨달은 분, 붓다가 되다

선정 수행을 통해 깊은 행복과 평온함을 얻은 보살은 네 번째 선정에서 모은 힘으로(특히 마음챙김의 힘) 자신의 전생을 아는 숙명지(宿命智)를 얻습니다. 앞서 말한 숙명통이죠. 자신이 전생에선 어떤 존재였고 언제 어느 때 태어나서 어떻게 살았는가 하는 것을 낱낱이 꿰뚫어 아는 지혜가 열린 겁니다. 그런 후 다른 중생들의 죽음과 태어남을 아는 지혜인 사생지(死生智)를 얻습니다. 사생지란 앞서 말한 천안통입니다. 그리고 새벽녘에 드디어 4가지 고귀한 진리인 사성제를 체득함으로써 모든 번뇌가 끊어져버린 누진지(漏盡智)를 얻게 됩니다. 그리하여 마침내 완전한 깨달음을 스스로 이루신 붓다가 되지요.

보살은 누진지에서 3가지 번뇌를 끊어버립니다. 그중 하나는 감각적 욕망의 번뇌(欲漏)이고 두 번째는 존재의 번뇌(有漏), 세 번째는 어리석음의 번뇌(無明漏)입니다. 감각적 욕망에 대한 번뇌란 눈(眼), 귀(耳), 코(鼻), 혀(舌), 몸(身)이라는 5가지 감각 기관으로 쾌락을 추구하는 번뇌를 말합니다. 존재에 대한 번뇌는 인간이나 인간보다 더 나은 존재를 이루고자 하는, 존재에 집착하는 번뇌입니다. 이때의 존재는 행복한 상태의 존재를 말합니다. 특히 색계와 무색계의 선정을 경험한 사람들이 그처럼 행복한 상태를 지속적으로 경험하려는 욕망을 존재의 번뇌라고 이해할 수 있습니다. 세 번째는 모든 중생에게 근본적으로 깔려 있는 어리석음(無明)이라는 번뇌가 있습니다. 보살은 누진통을 얻는 바로 그 순간 이 3가지 번뇌를 완전히 소멸해버렸습니다.

《숫타니파타》 대품 〈정진경(精進經)〉을 보면 보살이 3가지 깨달음을 얻은 대목에 대해 약간 다른 각도에서 설명합니다. 이 경전은 보살이 제거한 번뇌를 죽음을 관장하는 신인 악마(마라)의 군대라고 표현하면서 모두 10가지로 열거합니다. 10가지 번뇌란 감각적 쾌락, 불쾌, 배고픔과 목마름, 갈망, 혼침(昏沈)과 졸음, 공포, 회의적 의심, 자신의 잘못을 감추는 것과 고집부리는 것, 이익과 칭찬과 존경과 잘못 얻은 명성, 자신에 대한 칭찬과 타인에 대한 비방 등입니다. 보살이 깨달음을 얻으려는 순간 이 10가지 악마의 군대가 보살의 마음을 어지럽혔지만 보살은 그 모든 번뇌를 물리쳤다는 것입니다.

10가지 번뇌는 실제로 우리 마음속에서 늘 일어나고 있는 것들입니다. 그렇게 본다면 우린 악마의 손아귀에 사로잡혀 산다고도 말할 수 있지요. 이 10가지 악마의 군대는 깨달음을 얻기 전 보살이 수행하는 과정에서 부딪혔던 내면적인 번뇌이자 우리가 늘 부딪히는 번뇌라고 이해할 수 있을 것입니다. 이러한 번뇌들이 모두 사라지고 지혜가 열리면서 보살은 마침내 번뇌를 모두 소멸시킨 아라한이 됨과 동시에 완전한 깨달음을 얻은 붓다가 됩니다.

깨달음에도 차이가 있다?

부처님과 아라한은 공통점과 차이점이 있습니다. 우선 사성제의 진리를 깨달아서 번뇌를 완전히 없애버렸다는 점에서는 똑같습니다. 부처님의 말씀에 의하면 깨달음에도 차원이 서로 다른 3가지가 있습니다. 하나는 부처님의 깨달음으로, 최상의 바른 깨달음(無上正等正覺, 아누다라삼먁삼보리)이라고 합니다. 두 번째는 연각불(緣覺佛)의 깨달음입니다. 연각불은 또 다른 말로 벽지불이라고 하는데, 부처님의 말씀을 듣지 않고 혼자 연기의 이치를 깨달은 자라는 뜻입니다. 세 번째는 부처님의 가르침을 받아 수행을 함으로써 얻은 성문(聲聞, 아라한)의 깨달음이 있습니다.

이 3가지 깨달음은 사성제를 완전히 깨달아서 번뇌를 없앴다는 점, 탐진치 삼독을 완전히 없애버렸다는 점에서는 공통적입니다. 하지만 능력에 있어서는 차이를 보입니다. 성문과 연각과 부처님은 번뇌를 완전히 없애버리기 전까지 닦았던 수행의 깊이와 정도가 다르기 때문이지요. 아라한은 자기가 번뇌를 소멸한 방법에 대해서는 사람들에게 정확히 설명할 수 있어도, 자기가 경험하지 못한 수행에 대해서는 한계가 있습니다. 벽지불은 부처님이 없는 세상에 태어나서 스스로 깨달았기 때문에 고요히 자신의 깨달음만 즐기다 설법하지 않고 열반에 든다고 합니다. 오직 부처님만이 오랜 세월 동안 닦아온 보살행의 힘에 의해서 중생들의 능력(根機)과 번뇌, 업을 정확하게 꿰뚫어 각자에게 가장 효과적인 수행법과 가르침을 제시해주는 능력을 갖추고 계십니다.

부처님은 무엇을 깨달았나

부처님께서 깨달은 내용에 대한 경전들의 설명을 보면 대략 4가지로 요약해볼 수 있습니다. 첫 번째는 사성제와 십이연기를 깨달았다는 설명이고, 두 번째는 사념처에서 팔정도에 이르는 37가지 깨달음의 요인(三十七助道)을 통해서 수행의 길을 완성했다는 설명입니다. 세 번째 설명은 다섯 구성요소(五蘊)나 감관과 대상(十二處) 등과 같은 모든 법을 있는 그대로 관찰해서 깨달음을 이뤘다는 것이고, 네 번째는 사선과 삼명(숙명통, 천안통, 누진통)의 체득에 의해서 깨달음을 이루었다는 설명입니다. 자세한 내용은 차차 살펴보겠지만, 이 4가지는 전혀 다른 것들이 아니라 여러 각도에서 부처님의 깨달음을 설명하는 것입니다. 부처님께서는 듣는 이의 능력과 근기에 맞게끔 다양한 설법을 하셨기 때문에 깨달음의 내용에도 여러 가르침이 있었음을 이해할 수 있지요.

부처님께서는 이처럼 깨달음을 얻은 후에 더 이상 존경하고 의지할 다른 존재가 없다는 것을 아시고는 한 가지 확신에 이르게 됩니다. 부처님 스스로 발견한 법이 최상의 권위를 지닌다는 것이었지요. 진정으로 존경하고 의지할 것은 자신이 깨달은 법인 정법(正法)뿐이라는 확신을 하게 됩니다.

초기경전에서 확인할 수 있는 정법의 내용은 7가지가 있습니다. 첫 번째는 믿음입니다. 불법승 삼보에 대한 믿음이기도 하지만, 나 자신이 완전한 깨달음에 이를 수 있다는 확신이기도 합니다. 두 번째는 자기 잘못에 대해 자신에게 부끄러워하는 마음(慚)이고, 세 번째는 그러한 잘못에 대해 남에게 두려워하는 마음(愧)입니다. 네 번째는 가르침을 많이 듣는 것(多聞)으로서, 부처님의 가르침이나 올바른 길에 대해서 많이 들어 배우는 것을 말합니다. 다섯 번째는 노력(精進)으로, 열심히 정진해서 자기의 번뇌를 덜어내고 마음을 맑히려는 노력을 말합니다. 여섯 번째는 마음챙김을 말합니다. 우리 몸과 마음에서 일어나는 모든 현상에 대해 한순간도 마음을 놓치지 않고 분명하게 알아차리는 상태일 때만 수행이 가능하기 때문입니다. 마지막으로 가장 중요한 것은 지혜입니다. 머리로 아는 것이 분별식(分別識)으로 이해하는 것이라고 한다면, 지혜는 수행을 통해서 직접 체험하는 것을 말합니다. 마음챙김에 의해서 마음의 집중이 이루어질 때 우린 몸과 마음의 모든 현상들에 대해서 있는 그대로를 체험적으로 이해하게 됩니다. 우리의 몸과 마음이 끊임없이 변하고 있으며 거기에는 안정된 것도, 궁극적으로 나라고 할 만한 실체도 없다는 것을 알게 됩니다. 다시 말해 무상(無常), 고(苦), 무아(無我)를 분명히 꿰뚫어 알게 됩니다.

이처럼 믿음, 부끄러워함과 두려워함, 가르침을 많이 들음, 노력, 마음챙김, 지혜라는 7가지 덕목이 바로 정법을 이루고 있습니다. 부처님께서는 깨달은 후 이 법이 우리를 보호해주고 지켜준다는 사실을 확인하셨습니다. 단순히 법을 듣고 이해하는 데서 멈추는 것이 아니라 실제로 수행하고 체험할 때 그 법이 바로 우리의 은신처가 된다는 말이지요.

범천이 설법을 청하다

부처님께서는 깨달은 후 7주 동안 해탈의 행복을 맛보면서 지내십니다. 얼마나 안정되고 행복했으면 7주 동안이나 해탈의 맛을 보며 즐기셨겠습니까. 여기서 우린 불교가 결코 우울하거나 비활동적이지 않다는 것을 알 수 있습니다. 부처님께서 보여주셨듯이 깨달음의 과정도 행복하고, 깨달음은 가장 행복하며, 법을 나누는 일도 행복합니다.

깨달은 지 7주가 지난 후 부처님께서는 중생들의 근기를 살펴보십니다. 그리고 중생이 부처님의 법을 이해하기 어려울 것이라는 사실을 아시게 됩니다. 그래서 당신이 깨달은 내용을 사람들에게 설법하는 것을 주저하게 됩니다.

부처님은 탐욕, 분노, 무지, 즉 탐진치라는 번뇌를 완전히 없애버림으로써 아라한이 되는 순간 붓다가 되셨지만, 중생은 아직 탐진치 속에 빠져서는 사물과 현상을 있는 그대로 보지 못한 채 살고 있었습니다. 오늘날 우리만 보더라도 별 다르지 않지요. 감각적인 욕망에 사로잡혀 세속적인 행복을 찾으려 평생을 발버둥 칩니다. 우리는 하루하루 먹고살기 위해서, 원하는 것을 갖기 위해서 대부분의 시간을 써버립니다. 그리고 그렇게 해서 벌어들인 재물로 육체적인 삶을 안정시키며 살아가지요. 물론 부처님께서 이런 삶을 부정하신 건 아닙니다. 일상생활을 등한시하라는 것이 아니라, 열심히 살되 그 삶의 방향이 어디로 향하는지 확인해야 한다는 것입니다. 하루아침에 사라질 재물이나 권력, 명예에 의해서는 얻을 수 없는 순수한 행복을 얻겠다는 마음가짐, 올바른 가치관이 필요하다는 말입니다.

이렇듯 설법을 주저하고 있는 부처님께 범천이 나타납니다. 범천은 인도 전통 사회에서 창조주를 말합니다. 저는 물론 색계 천상에 사는 천신인 범천의 존재를 믿지만 상징적인 존재라고 보는 사람들도 있을 것입니다. 범천은 부처님께 이렇듯 설법을 권합니다. "이 세상에는 아직 번뇌의 때가 덜 묻은 존재들이 있습니다. 그들이 법을 들으면 그러한 번뇌에서 완전히 벗어날 것입니다. 법을 듣지 않으면 타락할 수도 있으니 그들을 위해서 법을 설해주십시오." 인도 전통에서 창조주라는 존재가 부처님께 설법을 권

했다는 이야기는 부처님의 깨달음을 가장 높은 권위로 받아들였음을 뜻한
다고 할 수 있습니다. 그러자 부처님께서는 이렇게 선언하십니다.

"내가 깨달은 이 법은 심오하여 알아차리기도 이해하기도 힘들며, 평화
롭고 숭고하며, 단순한 사유의 영역을 넘어서 있고 미묘하여 오로지 현자
들만 알아볼 수 있을 것이다. 요즘 사람들은 감각적 쾌락을 좋아하여 그
즐거움에만 탐닉하고 있다. 이런 사람들이 열반의 행복을 이해하기는 어
려우리라."

진정한 행복이란 흔들림 없는 열반의 행복임에도 중생은 잠시 맛보는 쾌
락에 젖어서 열반의 행복을 결코 이해하기가 어렵다는 말씀입니다. 부처님
의 말씀은 현대사회를 살아가는 우리들에게도 경종을 울립니다. 우린 부처
님께서 깨달은 법과는 반대 방향으로만 치달으며 살고 있습니다. 우리 사
회의 자본주의 문화가 감각적 욕망 충족이라는 구조를 만들어낸 것도 사실
이지만 그 체제 역시 인간의 기본적인 성향에 따른 것입니다. 이처럼 인간
은 욕망을 추구하기 위해서 살아가는 존재이기 때문에, 그 기본적인 성향
에 의해 끊임없이 자본과 물질을 생산해서 소비하는 삶을 살아갑니다.

이는 불교적인 가치관에서 보면 그다지 바람직하지 못합니다. 앞서 13가
지 두타행을 말씀드렸다시피, 최소한의 기본적인 의식주 생활을 하면서 가
장 큰 행복을 맛보는 것이 부처님께서 가르치신 생활 태도일 것입니다. 오
늘날 우리 곁에 부처님 같은 분이 오신다 하더라도, 그분이 우리들의 번뇌를
도려내는 법문을 해주신다 하더라도 우리 마음속이 물질적인 욕망과 분노
에 가득 차 있고 어리석음에 뒤덮여 있으면 아무런 도움도 받지 못합니다.

범천이 그처럼 설법해주시길 간청하자 부처님께서는 천안통으로 이 세

계를 둘러보십니다. 그리고 사람들 가운데는 선량한 자질을 지닌 사람, 나쁜 자질을 지닌 사람, 가르치기 쉬운 사람, 가르치기 어려운 사람, 현재의 그릇된 행동 때문에 위험에 직면해 있는 사람, 그렇지 않은 사람 등이 두루 섞여 있음을 아시게 됩니다. 그리고 이처럼 사람들 가운데는 부처님이 깨달은 법을 펴서 제도할 만한 사람이 있음을 보시고는 설법을 결심하게 됩니다. 부처님께서 설법을 결심하신 것은 불교가 탄생하게 되는 가장 근원적인 동기가 됩니다.

한순간 꿀맛에 도취되어

불교에는 안수정등(岸樹井藤)이라는 이야기가 있습니다. 한 나그네가 막막한 사막을 여행하고 있었습니다. 그런데 갑자기 어디선가 미친 코끼리가 나타나 이 나그네에게 달려듭니다. 코끼리를 피해 달아나던 나그네는 낡은 우물을 발견하게 되지요. 나그네는 그 밑으로 뻗은 넝쿨을 타고 우물 밑으로 내려갔습니다. 그런데 한참을 내려가다 보니 그 아래서 독사 5마리가 머리를 쳐들고 남자가 내려오기만 기다리고 있지 않겠습니까. 설상가상으로 남자가 잡고 있는 넝쿨은 검은 쥐와 흰 쥐가 갉아먹고 있었고요. 그야말로 진퇴양난이었습니다. 그런데 바로 그 순간 우물 위에 걸려 있던 작은 벌집에서 꿀이 한 방울씩 떨어져 나그네의 지친 입술을 적십니다. 남자는 그 꿀맛에 취해서는 잠시 동안 자기의 위험한 상황을 잊어버렸습니다….

정말 재밌는 이야기이지요? 톨스토이가 소설 속에서 인용했을 만큼 유명한 이야기이기도 합니다. 여기서 사막이란 우리가 살고 있는 윤회의 세계를 말하고, 미쳐 달려드는 코끼리는 끊임없이 변해가는 무상을 뜻합니다. 무상에 의해서 우리는 자꾸 죽음으로 내몰리고 있다는 것이지요. 그것을 피해 들어간 우물 속은 바로 자기 자신, 자신의 내면을 뜻합니다. 그 속에 들어가 마주친 5마리 뱀은 우리의 몸과 마음, 즉 다섯 구성 요소의 무더기(五蘊 : 色蘊, 受蘊, 想蘊, 行蘊, 識蘊)를 말하며, 그 오온에 대한 집착이 우리를 휘감고 있다는 뜻이 되지요. 검은 쥐와 흰 쥐는 밤과 낮을 이야기합니다. 흰 쥐와 검은 쥐가 넝쿨을 갉아먹는다는 것은 낮과 밤이 바뀌며 우리 목숨이 점점 줄어들고 있다는 뜻입니다. 그리고 벌꿀이란 눈, 귀, 코, 혀, 몸의 5가지 감각 기관으로 느끼는 쾌락을 뜻합니다. 눈으로 아름다운 것을 보고 귀로 좋은 소리를 듣고 코로 좋은 냄새를 맡고 혀로 맛있는 것을 맛보고 몸으로 상쾌한 감촉을 느끼면서 우린 자기가 놓인 위기 상황을 잊어버립니다. 순간적으로 한 방울 한 방울 떨어지는 꿀에 취해서 자기가 얼마나 위험한 상황에 직면했는지 잊어버린다는 이야기이지요. 이처럼 우리는 일시적인 무엇에 취해서 감각적 쾌락만 탐하며 살아가고 있습니다.

그렇다면 그처럼 위급한 상황에서 우리가 취해야 하는 태도는 무엇일까요? 부처님 법을 듣고서 그와 같은 위기상황을 있는 그대로 관찰해야 합니다. 그리고 열심히 마음을 닦아 오온에 대한 집착을 끊어버리고 탐진치를 완전히 소멸해야 합니다. 감각적 쾌락에 빠져 부처님의 가르침을 받아들이지 못하는 우리네 모습이 마치 안수정등 이야기에 나오는 나그네와 같지는 않은지요?

법의 바퀴를 굴리다

부처님께서는 누구에게 가장 먼저 법을 설해줄 것인지 고민하십니다. 그러다 출가 후 처음 가르침을 받았던 두 스승을 떠올리시지요. 그런데 이 두 사람은 이미 이 세상 사람이 아니었습니다. 게다가 두 사람 모두 자신들이 수행했던 선정의 결과로 더 이상 욕계에 머물지 않았기에 부처님의 법문을 들을 수 없었습니다. 부처님은 다시 고민한 끝에 6년간 함께 고행했던 5명의 수행자들을 떠올리십니다. 그리하여 천안통으로 살펴 그들이 지금은 바라나시(베나레스)의 사슴동산(鹿野園)에 머물고 있다는 것을 아시게 됩니다.

부처님은 깨달음을 얻은 마가다국에서 약 250km나 떨어져 있는 바라나시의 사슴동산을 향해 걸어가십니다. 그러던 도중 우파카라는 사명외도(邪命外道, 아지비카교도)를 만나게 됩니다. 우파카는 멀리서 보기에도 유달리 안정된 모습과 지혜에 빛나는 눈빛을 지닌 부처님을 대하고는 먼저 말을 건넵니다. "당신은 누구를 스승으로 해서 그러한 수행을 하고 있소? 지금은 어떤 상태에 이르렀소?" 부처님이 대답하십니다. "나는 스승 없이 혼자 깨달았습니다. 내가 얻은 이 진리는 가장 뛰어난 깨달음입니다." 하지만 우파카는 별 다른 감흥 없이 '그럴 수도 있겠지' 하며 고개를 흔들고는 그냥 지나쳐버립니다.

불교에서는 우파카를 일러 '인연이 없는 중생'이라고 말합니다. 어찌 보면 요즘의 우리 모습을 보는 듯도 합니다. 불교를 접하고서도 부처님의 가르침에 따라 제대로 살아가지 못하는 우리가 또 다른 우파카인지도 모르지요. 이처럼 우파카는 우리에게 '나도 우파카처럼 인연 없는 중생이 되지 않고 정말로 부처님 가르침을 잘 실천해서 진정한 행복을 얻어야겠다'고 반성하게끔 하는 반면교사로 삼을 만한 인물입니다.[주5]

부처님께서는 탁발을 하면서 맨발로 약 250km의 거리를 걸어 바라나시의 사슴동산에 도착하십니다. 부처님이 보살일 때 함께 고행한 5명의 수행자들은 멀리서 부처님이 걸어오시는 모습을 보았습니다. 그리고 서로 이렇게 다짐하지요. 고타마는 타락한 자이니 알은 척도 하지 말자고요. 그러나 다짐과는 달리 부처님께서 가까이 다가올수록 심정의 변화를 느끼게 됩니다. 그래서 어떤 사람은 부처님의 발우를 받아들고 또 한 사람은 부처님이 발 씻을 물을 준비하는 식으로 부처님을 맞이합니다. 5명의 수행자들이 옛날처럼 "벗이여" 하면서 부처님의 이름을 부르자 부처님께선 이렇게 말씀하십니다. "깨달음을 얻은 여래를 '벗이여'라거나 이름으로 불러서는 안 된다." 그러고선 당신이 깨달은 바를 가르치시기 시작합니다.

그날부터 부처님은 5명의 수행자들과 함께 지내며 가르침을 펴십니다. 부처님께서 2명을 지도할 때는 다른 셋이 탁발을 나가고 또 셋을 지도할 때는 나머지 둘이 탁발을 나갔으니, 요샛말로 하자면 집중적인 그룹지도를 하신 셈이지요. 아마도 명상 수행법을 집중적으로 지도하신 듯합니다. 이처럼 부처님은 5명의 수행자들이 깨달음을 얻을 때까지 집중적으로 법문을 설하고 수행을 지도하십니다. 이 시기의 법문이 첫 번째 설한 법이라는 뜻의 〈초전법륜경(初轉法輪經)〉 또는 〈전법륜경(轉法輪經)〉입니다. 그리고 다섯 비구가 수타원의 첫 번째 성인이 된 후에 부처님께서는 무아의 특징을 설하는 경전인 〈무아상경(無我相經)〉을 설하십니다. 부처님께서는 이러한 내용의 법문을 여러 차례 반복해서 가르치신 것으로 보입니다.

〈초전법륜경〉에 대해서는 상윳타 니카야나 율장에 자세히 나오는데, 부처님은 여기서 쾌락과 고행의 중도이자 여덟 갈래의 바른길인 팔정도(八正道)를 설하십니다. 그리고 괴로움과 괴로움의 발생, 괴로움의 소멸, 괴로움의 소멸에 이르는 길인 사성제(四聖諦)를 설명하시지요. 첫 번째 법문에서 제시한 중도(中道)의 가르침이란 출가자들이 가까이 해서는 안 되는 2가지 극단적인 생활을 버리고 바른 길을 가야 한다는 것입니다. 즉 감각적 쾌락에 빠지는 일은 저열하고 열등하며 천박하고 세속적이고 성스럽지 못하며 유익함이 없기 때문에 버려야 한다고 설하셨고, 고통스럽고 성스럽지 못하며 유익함이 없는 고행도 버려야 한다고 말씀하셨습니다. 이 2가지 극단은 바로 부처님께서 깨달음을 얻기 직전까지 걸었던 삶의 여정이기도 합니다.

부처님은 왕자 시절에 감각적 쾌락을 좇는 생활에 빠져 살았다고 볼 수 있습니다. 물론 그때도 부처님은 여러 가지 문제의식을 지니고 나름대로 옳은 길을 추구하셨지만, 기본적으로는 재가자로서 감각적 쾌락을 즐길 수 있는 환경 속에서 생활했습니다. 그리고 그로 인해 결국은 삶의 목적을 이루기 위해서 출가하셨기에, 매우 고통스럽고 무익했음에도 무언가를 찾기 위해 열심히 고행도 하신 것입니다. 그러다 고행 자체가 우리를 궁극적인 행복으로 이끌어주는 수행이 아니라 단순히 육체만 괴롭히는 것임을 깨달아 고행 위주의 삶도 버려야 한다고 말씀하셨습니다. 그리고 쾌락과 고행의 두 극단을 피해서 중도를 깨달았다고 말씀하십니다. 두 극단을 피해서 중도를 깨달았으니, 이 중도는 눈을 뜨게 하고 지혜를 가져오며 고요함과 신통지를 얻게 하고 깨달음과 열반으로 이끌어준다고 말씀하십니다.

중도는 정확하게 팔정도, 즉 성스런 여덟 갈래의 길을 뜻합니다. 일반인도 닦을 수는 있지만, 팔정도는 진정한 성인들이 가는 길, 성인이 되기 위해서 가는 길이기 때문에 '고귀하고 성스러운 여덟 갈래의 길'이라고 합니다. 팔정도에는 정견(正見 : 바른 견해), 정사(正思 : 바른 의도), 정어(正語 : 바른 말), 정업(正業 : 바른 행위), 정명(正命 : 바른 생계), 정정진(正精進 : 바른 노력), 정념(正念 : 바른 마음챙김), 정정(正定 : 바른 마음집중)이 있습니다.

첫 번째 제자들의 깨달음

부처님께서 팔정도를 설명자마자 5명의 제자 모두가 깨달음을 얻은 것은 아닙니다. 그들은 부처님의 법을 들으며 끊임없이 내면적인 수행을 하게 됩니다. 이러한 수행을 통해 최초로 법에 눈을 뜬 이는 콘단냐였습니다. 콘단냐가 깨달은 법의 내용을 경전에서는 이렇게 설명합니다.

"생겨나는 속성을 지닌 모든 것은 소멸하는 속성을 지닌다."

다시 말해 생겨나는 법들은 모두 소멸한다는 뜻입니다. 우리는 세상의 모든 것이 생겨났다가 사라지는 이치를 당연하게 생각하지만, 이것을 체험으로 깨닫는 것과 단순히 머릿속으로 생각하는 것은 완전히 다릅니다. 우리는 머릿속으로만 '모든 것은 생겨났다 사라진다'고 이해하기 때문에 좋은 것이 생겨나면 붙들려 하고 그것이 사라지면 애석해하고 더 지니려 하면서 애를 씁니다. 있는 그대로의 사실을 있는 그대로 이해하지 못하고, 생겨나고 사라지는 그 현상들에 끊임없이 집착하고 화를 내며 살아갑니다. 그러나 수행을 통해서 무상의 진리를 체득하면 끊임없이 변화하는 삶에 일희일비하지 않고 안정되게 살 수 있는 내면적인 힘을 갖출 수 있습니다. 이는 곧 조건에 의한 발생과 소멸을 말하는 연기(緣起)의 이법을 체험적으로 이해하는 것이 됩니다. 그냥 생겨나는 것이 아니라 조건이 있을 때 생겨나고, 그냥 사라지는 것이 아니라 조건이 사라지면 현상이나 사물도 사라지게 된다는 연기법을 체험적으로 이해하는 것이지요.

콘단냐는 법의 눈이 열리는 체험으로 첫 번째 성인의 깨달음인 예류과(수타원)를 얻습니다. 이때 부처님은 얼마나 기뻤던지 "콘단냐는 깨달았다. 콘단냐는 깨달았다"고 말씀했다 합니다. 콘단냐를 일러 '안냐 콘단냐'라고도 하는데, '안냐'가 바로 깨달았다는 뜻입니다.

성인(聖人)에게도 급이 있다

초기경전에 의하면 깨달음을 이룬 성인에는 4단계가 있습니다. 이를 일러 사향사과(四向四果) 또는 사쌍팔배(四雙八輩)의 성인이라고 하며 대략적인 내용은 다음과 같습니다.

(1) 수타원(Sotāpanna, 預流 : 흐름에 들어선 성인) : 중생들을 존재의 세계에 붙들어 매어놓는 10가지의 족쇄 가운데서 처음의 3가지 족쇄(오온을 영원한 자아라고 보는 견해[有身見], 회의적인 의심[疑心], 계율이나 금기에 대한 집착[戒禁取見])에서 벗어난 사람을 이름. 즉 열반에 이르는 흐름에 들어선 사람이라는 뜻.

(2) 사타함(Sakadāgāmi, 一來 : 한 번 되돌아오는 성인) : 10가지 족쇄 가운데 네 번째(감각적 쾌락에의 욕망)와 다섯 번째(악의) 족쇄를 약화시켜, 거친 형태의 탐욕과 성냄을 극복한 성자를 뜻함. 즉 죽은 후에 욕망의 세계(欲界)에 오직 한 번 더 태어나 그곳에서 아라한의 깨달음에 이르는 사람이라는 뜻.

(3) 아나함(Anāgāmi, 不還 : 되돌아오지 않는 성인) : 10가지 족쇄 가운데 욕망의 세계에 존재들을 묶어놓는 처음의 5가지 족쇄(五下分結 : 유신견, 의심, 계금취견, 욕망, 악의)에서 완전히 벗어난 성자를 일컬음. 죽은 후에 인간의 세계를 포함한 욕망이 지배하는 세계인 욕계에는 다시 태어나지 않고, 미세한 물질의 세계(色界)에 태어나서 그곳에서 최상의 목표인 아라한의 깨달음을 얻음.

(4) 아라한(Arahat, 應供 : 완전한 성인) : 10가지 족쇄에서 완전히 벗어난 성인을 말함. 아라한에게는 존재를 욕계에 묶어두는 번뇌인 오하분결뿐 아니라, 색계에 대한 욕망, 무색계에 대한 욕망, '나'라고 하는 마음(我慢), 들뜸, 어리석음(無明)이라는 오상

분결(五上分結 : 존재를 색계 내지는 무색계라는 보다 차원 높은 세계에 묶어두는 번뇌)마저 완전히 제거되어 있음.

이처럼 네 부류의 성인들은 각각 '도(道, Magga : 깨달음에 이르는 길)'와 '과(果, Phala : 깨달음)'로 나누어집니다. 즉 수타원의 경우엔 수타원도와 수타원과로 나뉘는 것이지요. 따라서 여덟 부류의 네 쌍의 성인(四雙八輩)들이 있게 됩니다. 여기서 도란 그에 상응하는 과에 들어서기 직전의 한순간의 체험을 말하고, 과는 도의 결과로 즉시 뒤따르는 의식의 순간을 의미합니다. 과의 체험은 상황에 따라서 살아있는 동안 수없이 반복되어 일어나기도 합니다.

부처님께서 직접 가르친 제자가 부처님의 법을 따라 수행해서 성자가 되었다는 사실은 부처님께 굉장히 중요한 의미를 갖습니다. 또 이전까진 불보(佛寶)와 법보(法寶)만 존재했지만 깨달음을 얻은 제자가 탄생함으로써 세상에는 승보(僧寶)가 생겨나게 되는 계기가 되지요. 이렇듯 콘단냐 존자가 먼저 깨달음을 얻은 후 나머지 4명의 수행자들도 차례차례 예류과의 깨달음을 얻습니다. 따라서 초전법륜을 들어서 얻는 깨달음은 예류과의 깨달음이라고 이해하시면 될 듯합니다.

부처님은 예류자가 된 5명의 비구들에게 무아의 특성에 대한 가르침인 〈무아상경〉이라는 경전을 설하십니다. 이 법문을 통해 비구들은 모든 존재를 구성하는 물질과 정신의 5가지 무더기인 오온이 끊임없이 변하고 괴로우며 실체가 없다는 가르침을 듣게 됩니다.

우리 역시 이런 가르침을 끊임없이 듣습니다. 우리 몸뚱어리는 무상하며 괴롭고 무아이다, 느낌도 지각도 의도도 의식도 모두 다 무상하고 괴롭고 실체로서의 자아가 없다는 가르침을 숱하게 듣습니다. 그럼에도 깨달음이 일어나지 않습니다. 왜냐하면 그러한 가르침이 우리의 수행을 통해서 내적으로 체험되지 못하기 때문입니다. 문자에 의한 이해는 깨달음으로 바로 연결되지 않습니다.

5명의 비구도 부처님께서 가르침을 베풀자마자 바로 깨달음을 얻은 것이 아닙니다. 부처님께서 반복적으로 가르치고 지도하시면서 비구들의 선정과 지혜의 체험이 계속 성숙되었던 것입니다. 그럼으로써 비구들은 오온이 무상, 고, 무아라는 사실을 체험적으로 깨닫게 되고, 모든 번뇌에서 마음이 해탈한 최고의 경지인 아라한에 도달하게 됩니다. 〈무아상경〉을 들은 후 5명의 비구들도 스스로의 수행을 통해서 누진지를 체험하게 된 것이지요.

5명의 비구들이 아라한을 이룬 것은 앞으로 불교가 퍼져나가는 데 아주 핵심적인 사건이라고 할 수 있습니다. 부처님의 제자들은 아라한이 되었다고 가만히 있지 않습니다. 부처님께서 완전한 깨달음을 얻은 후 45년간 수많은 중생들을 위해 설법하셨듯이, 부처님의 제자인 아라한들도 이 세상을 다니며 자기들이 깨달은 법을 전하게 됩니다. 그럼으로써 초기불교가 급속도로 퍼져나가게 되지요. 그런 분들이 있었기 때문에 오늘날 불교가 우리에게 전해질 수 있었던 겁니다.

이렇듯 5명의 제자들이 아라한이 되면서 비로소 불법승(佛法僧)의 삼보(三寶 : 부처님, 부처님의 가르침 혹은 법, 승단)가 완전히 갖추어지게 됩니다. 여기서 승단을 구성하는 스님이란 기본적으로 깨달음을 얻은 성인을 말하기 때문에, 다섯 비구가 깨달음을 얻었을 때 완벽한 삼보가 갖추어졌다고 볼 수 있습니다. 그리고 이로써 세상에는 6명의 아라한이 있게 됩니다.

어째서 부처님 제자들은 그렇게 빨리 깨달았을까?

우리는 절에도 자주 가고 스님들 법문도 많이 듣지만 여전히 많은 문제를 안고 살아갑니다. 부처님 제자들은 오랫동안 수행한 것도 아닌데 어떻게 부처님 법을 듣고서 금방 성인이 되었을까요? 출가수행자였던 만큼 모든 시간을 오로지 자기 변화에 투자할 수 있었고 더욱이 좋은 스승과 함께했기 때문에 그처럼 금방 깨달을 수 있었습니다. 그런데 제가 수행을 해보니, 보통 사람들도 자신에게 가장 적합하고 효과적인 방법으로 집중 수행을 한다면 그리 오랜 시간이 지나지 않아도 깨달을 수 있다는 체험적인 믿음이 생겼습니다. 그런 믿음을 바탕으로 일상 속에서도 열심히 수행해나간다면, 우리도 깨달음에 점점 가까워질 수 있고 궁극에는 깨달음을 경험할 수 있습니다.

재가자로 아라한이 된 야사의 출가

부처님께서는 아라한이 된 5명의 비구들과 함께 지내십니다. 그러다 야사라는 바라문 청년을 지도하시게 되지요. 야사는 굉장히 부유한 집안에서 자랐음에도 정신적인 길을 추구하던 청년이었습니다. 야사는 출가하지 않은 채 부처님의 지도로 아라한이 되었고, 아라한이 된 바로 그날 출가를 합니다.

이처럼 출가를 하지 않고도 아라한이 될 수 있습니다. 초기경전에 의하면, 재가자가 아라한이 되었을 경우 그날로 출가를 하든지 아니면 바로 그날 완전한 무여열반에 들어야 한다고 합니다. 물질적인 쾌락을 추구하며 재가자로 평생을 살고 싶다면 아라한이 될 수 없겠지요. 하지만 재가자로서 얻을 수 있는 삶의 행복은 아라한이 되어서 얻는 행복과는 비교조차 되지 않습니다. 우리가 세속에서 추구하는 가치는 결국 사라져버릴 무상한 것들이니까요.

야사가 아라한이 된 후, 야사의 친한 친구 4명도 부처님의 법을 듣고 아라한이 됩니다. 그리고 부처님의 제자가 되어 비구가 되지요. 그리하여 부처님 및 그 전에 먼저 아라한이 된 다섯 비구와 함께 야사와 그 친구 넷을 포함해 세상에는 모두 11명의 아라한이 있게 됩니다. 그 후로 야사의 친구 50명이 다시 출가를 합니다. 물론 부처님 이전부터 당시 인도에서는 출가 생활을 높이 평가하고 우러르는 인식이 있었던 까닭도 있지만, 가까운 친구가 출가해서 인생의 목적을 달성했다는 소식을 듣고는 출가를 결행한 것이겠지요. 야사의 친구 50명도 모두 아라한이 되어 이제 세상에는 부처님을 포함해 총 61명의 아라한이 있게 됩니다.

2가지 열반

열반 또는 소멸은 2가지 측면에서 살펴볼 수 있습니다. 그중 하나는 유여열반(有餘涅槃, 有餘依涅槃)으로, 아직 5가지 무더기(五蘊)가 남아 있는 열반이라는 뜻입니다. 아라한의 깨달음을 얻었을 때를 말하며 이 상태는 일반적으로 살아있을 때 체험됩니다. 또 다른 하나는 무여열반(無餘涅槃, 無餘依涅槃)으로, 5가지 무더기가 완전히 소멸된 열반을 말합니다. 아라한이 죽음의 순간에 얻는 열반입니다.

중생의 유익과 행복을 위해 법을 설하라

부처님께서는 60명의 제자들이 아라한이 되자 세상 사람들의 행복과 유익함을 위해 법을 전하라고 선언하십니다.

"비구들이여! 나는 인간계와 천상계의 모든 결박에서 해방되었다. 그대들도 역시 인간계와 천상계의 모든 결박으로부터 해방되었다. 비구들이여! 이제 나아가 많은 사람들의 유익과 행복을 위해, 이 세상에 대한 자비심으로 천신들과 인간들의 이익과 행복을 위해 편력하라. 두 사람이 한 방향으로 함께 가지 말라. 그래서 시작도 좋고 중간도 좋고 끝도 좋은 이 법을, 의미와 표현을 구족한 이 가르침을 설하라. 청정한 삶, 완전하고 순결한 이 성스러운 삶을 드러내라. 세상에는 더러움에 의해 눈이 그다지 때묻지 않은 사람들도 있나니, 이 법을 듣지 못하면 바른 길을 벗어나 타락하고 말 것이다. 그중엔 법을 들으면 법을 이해할 수 있는 사람들도 있을 것이다. 나는 법을 설하기 위하여 우루벨라의 세나 마을로 갈 것이다."

이 말씀에서 우리는 부처님께서 법을 펼치는 이유와 목적을 알 수 있습니다. 부처님은 자신의 모든 번뇌를 제거해서 자신의 행복을 완성하신 분입니다. 아라한이 된 제자들도 부처님의 가르침에 따라 열심히 수행해서 내적인 문제를 완전히 없애버린 자유인이 되었습니다. 이처럼 완전한 자유인이 된 분들에게 이제 남은 일이 있다면 혼자서 자신의 자유를 만끽하며 지내는 것이 아니라, 번뇌가 적어서 법을 들으면 궁극적인 행복을 얻을 수 있는 이들을 위해 법을 전하는 일이었습니다.

초기 교단이 급속도로 성장한 배경에는 이처럼 부처님과 아라한이 된 제자들의 적극적인 전도 활동이 있었기 때문이고, 그 뒤를 이어서 카샤파 삼형제 및 사리풋타와 목갈라나 등의 훌륭한 제자들이 승단에 들어왔기 때문입니다. 부처님과 그 제자들은 해야 할 일을 모두 마쳤고 끊어야 될 것은 모두 끊어서 더 이상 괴로운 생존이란 없다는 것을 확인한 후, 이제 발 벗고 나서서 세상 사람들에게 당신들이 체험한 그 행복을 전해주기 위해 전도의 길을 떠나십니다.

그런데 부처님께서 제자들에게 한 길을 둘이 가지 말라고 말씀하신 이유는 무엇일까요? 2명이 한곳에 간다면 한 사람이 법문할 때 다른 하나는 가만히 있어야 합니다. 그러면 사람들이 법을 들을 기회가 반으로 줄어들겠지요? 그래서 부처님은 제자들에게 각자 다른 길을 가면서 스스로 경험한 최상의 행복을 전하라는 뜻으로 한 길을 둘이 가지 말라고 말씀하셨습니다.

의미와 표현을 구족한 말을 쓰라는 것은 충분하고 분명한 의미를 전달할 수 있는 언어를 사용하라는 뜻입니다. 부처님께서는 탁월하게 어휘를 선별하면서 사람들에게 이해될 수 있는 말로 법을 설명하십니다. 당신이 알고 있는 것을 자기 입장에서 이야기하는 것이 아니라, 듣는 사람이 이해할 수 있도록 그 사람에게 적합한 언어로 정확한 문장과 어휘를 사용하며 설법하십니다. 여기서 부처님의 자비심을 엿볼 수 있지요. 법이라는 것이 아무리 좋아도 우리가 이해할 수 없는 말로 설명된다면 우리는 그 이익을 얻을 수 없습니다.

불교가 점점 전파됨에 따라 부처님께서는 인도의 동북부 전역을 다니시며 각 지역에 맞는 언어로 법을 설하십니다. 그러던 어느 날, 바라문 출신의 제자 둘이 찾아와 부처님께 이렇게 건의합니다. "여러 지역에서 온 제자들이 각각의 언어를 쓰면서 부처님의 고귀한 가르침을 전하기 때문에 혼란스러운 듯합니다. 그러니 고급스런 언어로 정리해 부처님의 말씀을 가르치게 하는 것이 어떻겠습니까?" 여기서 고급 언어란 '찬다(chanda)'라는 것으로, 당시 지식인들이 사용하던 산스크리트어, 베다어를 말합니다. 그러자 부처님께서는 "그럴 필요 없다. 각자 자기 지역의 언어로 정확하게 의미와 어휘를 갖춰서 표현하면 된다"고 말씀하십니다.

이렇게 볼 때 팔리어나 산스크리트어 또는 한문이나 티베트어로 남아 있는 부처님의 가르침을 지금 우리에게 필요한 언어로 되살려내지 못한 다면 부처님의 말씀을 따르는 것이라고 볼 수 없겠지요. 법을 전하는 데도 큰 문제가 생길 겁니다. 그래서 부처님의 말씀을 우리말로 되풀어내는 작업은 시대마다 고민해야 할 문제라고 생각합니다. 중국에서도 같은 경전이 여러 차례 번역되었습니다. 《반야심경》이나 《금강경》도 수차례 번역되었고, 《법화경》만 해도 완전한 번역본이 3가지나 됩니다. 그처럼 번역 작업이 올바로 이루어져야 부처님의 가르침을 제대로 실천하는 토대를 마련할 수 있습니다.

카샤파 삼형제의 귀의

이제 부처님께서는 마가다국으로 발길을 옮기십니다. 마가다국으로 향한 이유는 출가 후 빔비사라 왕과 했던 약속을 지키기 위해서였고, 또 마가다국이 당시 종교와 문화의 중심지였기 때문입니다. 부처님은 마가다국으로 가시던 도중 우루벨라에서 바라문교도인 카샤파 삼형제를 만나게 됩니다.

카샤파 삼형제는 당시 유명했던 배화교(拜火敎), 즉 불을 섬기던 종교집단의 지도자였습니다. 큰형인 우루벨라 카샤파와 둘째인 나디 카샤파, 셋째 가야 카샤파는 모두 합해 1,000명의 제자를 두고 있었습니다. 부처님은 이들 삼형제와 그 제자들을 신통력으로 교화해 승단에 받아들였다고 합니다. 부처님께서 그때 어떤 신통력으로 그들을 교화했는지에 대해 율장은 자세한 내용을 전합니다. 이 부분에 대한 기록이 자세한 이유는 1,000명이라는 사람들이 교단에 들어온 일이 초기 교단사상 가장 획기적인 사건 가운데 하나라고 볼 수 있기 때문입니다. 카샤파 삼형제는 당시 마가다국에서 중요한 종교인들이었고, 따라서 그들과 그 제자들에 대한 교화는 마가다국을 중심으로 한 불법 전도의 결정적인 토대가 되었습니다.

신통력은 교화의 목적으로만 사용해야

불을 섬기면서 신통력에 의지해 살고 있던 카샤파 삼형제를 부처님께서 신통력으로 조복하고 제자로 만들었다는 이야기에 주목할 필요가 있습니다. 부처님은 설법에서뿐만 아니라 신통력에서도 따라올 자가 없는 분입니다. 하지만 부처님은 당신의 능력을 과시하기 위해서가 아니라 사람들을 제도하기 위해서, 그들의 무지를 깨닫게 하고 그들을 지혜와 자비로 이끌어주기 위해서 신통력을 쓰셨습니다. 그래서 부처님은 당신을 위한 신통력은 사용하지 않았고 제자들이 신통력을 써서 개인적인 이익을 얻는 것도 엄하게 금지하셨습니다.

부처님께서는 카샤파 삼형제와 그 제자들을 교화한 후 모두 함께 왕사성, 즉 라자가하로 향합니다. 그 도중에 가야시사 산(象頭山)에서 1,000명의 제자들에게 불의 가르침을 전하십니다. 부처님의 제자가 되기 전까지 불을 섬기던 1,000명의 제자들을 가르치기 위해 불을 비유로 들어 설법하신 것이지요. 이것이 유명한 '불의 비유'라는 가르침으로, 탐욕과 성냄과 어리석음이라는 불에 의해서 세상이 타고 있으며, 생로병사라는 무상한 불에 의해서 감각 기관과 감각 대상이 모두 불타고 있다는 내용이었습니다. 원래 불을 섬기던 바라문들은 늘 불이 꺼질세라 불을 공경하고 신성시하던 자들이었는데, 부처님께서는 거꾸로 우리가 번뇌의 불, 생로병사의 불로 타고 있다면서 그러한 불을 꺼야 한다고 가르치셨습니다. 그러한 불이 완전히 꺼진 상태가 바로 모든 번뇌가 소멸한 열반의 상태임을 가르치신 것이지요. 1,000명의 제자들은 불의 법문을 들은 후 탐진치라는 번뇌를 모두 소멸하여 아라한이 됩니다.

이렇듯 부처님께서는 듣는 사람들이 잘 알고 있는 내용을 바탕으로 설법해 제자들을 교화하셨습니다. 우리는 보통 다른 사람들의 말을 들을 때 자신의 입장에서 그 말을 해석하곤 합니다. 자기 자신의 경험에만 비춰 남의 말을 해석해버리는 탓에 의사소통에 많은 어려움이 있는 것이 사실이지요. 하지만 부처님께서는 상대방이 잘 알고 있는 내용을 바탕으로 해서 법을 설하셨습니다. 그랬기에 법을 들은 제자들은 그 법문을 잘 이해할 수 있었고 그럼으로써 깨달음을 얻을 수 있었던 겁니다. 부처님이 지닌 능력이 얼마나 뛰어난지를 알 수 있지요?

앞서 부처님의 지혜를 말하며 중생의 개별적인 성향과 잠재된 번뇌를 아는 지혜를 말씀드렸습니다. 이 지혜는 중생 교화의 측면에서 가장 뛰어난 능력이라고도 할 수 있는데, 제자들에겐 없는 능력으로, 오직 부처님만이 제자들에게 가장 정확한 법문을 설할 수 있는 능력을 지니셨다고 합니다.

부처님은 카샤파 삼형제 및 그 제자 1,000명과 함께 마가다국의 수도 라자가하로 들어가십니다. 라자가하는 부처님께서 출가하신 후 선정과 고행을 수행하셨던 곳입니다. 또 부처님께서는 다섯 비구와 야사 및 그 친구들을 교화하며 그곳에서 우안거의 3개월간을 보내신 적이 있습니다. 그리고 이번에 다시 라자가하를 찾은 것이지요. 이때 부처님께서는 빔비사라 왕에게 가르침을 전하십니다. 그러자 왕이 마을에서 그리 멀지도 않고 가깝지도 않은 곳에 있는 왕실 소유의 대나무 숲을 기증합니다. 이처럼 부처님과 제자들이 머물러 지낼 수 있는 죽림정사가 기증됨으로써 초기 교단이 안정적으로 성장할 수 있는 큰 기반이 마련됩니다.

사리풋타와 목갈라나의 귀의

당시 라자가하에는 산자야라는 유명한 종교 지도자가 살고 있었습니다. 산자야는 일종의 회의론자로서, 어떤 질문을 받으면 명확한 답 대신 "그럴 수도 있고 그렇지 않을 수도 있고 꼭 그렇지만은 않다"라는 식으로 교묘하게 질문을 피하는 자였다고 합니다. 산자야에게는 250명의 제자가 있었는데, 사리풋타와 목갈라나도 그중 하나였습니다.

그러던 어느 날, 사리풋타는 길에서 아싸지 비구를 만나게 됩니다. 아싸지 비구는 부처님의 초전법륜을 통해 아라한이 된 다섯 비구 가운데 한 사람이었죠. 아싸지 비구가 시선은 아래로 둔 채 안정되고 평안한 모습으로 마가다국 시내에서 탁발을 하고 있는데 그 모습을 사리풋타가 보게 된 겁니다. '아, 이 수행자에게는 뭔가 독특한 것이 있다'고 생각한 사리풋타는 아싸지 스님에게 다가가 묻습니다. "당신은 어떤 분을 스승으로 모시고 있습니까?" "당신은 누구의 법을 즐기고 있습니까?" 그러자 아싸지 비구는 이런 시를 들려줍니다.

"원인에서 발생하는 그 모든 법들, 여래께서 그 원인을 밝혀주셨네. 또 그것들의 소멸에 대해서 말씀하셨으니, 이것이 대사문의 가르침이네."

이 게송은 율장에도 나오고 사분율에도 나오는 아주 유명한 시입니다.

사리풋타는 이 게송을 듣자마자 수타원의 성인이 됩니다. 우리는 위와 같은 연기법에 대한 가르침을 아무리 많이 들어도 아무런 변화가 일어나지 않습니다. 그 말을 소화할 만한 수행과 실천의 시간이 없었다는 것을 뜻합니다. 하지만 사리풋타는 이런 말을 소화할 만한 수준에 이르렀기 때문에 이 간단한 시를 듣자마자 연기법을 이해하는 눈이 열려서 수타원이 되었던 것입니다.

사리풋타는 그 길로 목갈라나를 찾아갑니다. 목갈라나와는 출가하기 전부터 죽마고우였고, 출가한 후로도 함께 수행 생활을 하고 있었던 사이지요. 사리풋타는 목갈라나에게 가서 아싸지 비구에게 들었던 시를 읊어줍니다. 목갈라나 역시 이 시를 듣자마자 법의 눈을 얻게 되었고, 바로 수타원의 경지에 이릅니다. 이처럼 사리풋타와 목갈라나가 부처님을 만나지도 않은 채 다른 제자로부터 부처님의 법을 듣고 첫 번째 깨달음을 이루었다는 사실은 아주 중요한 의미를 지닙니다. 부처님께서 직접 들려주지 않아도 그 법의 힘에 의해서 자기 스스로 깨달음을 얻을 수 있음을 보여주니까요.

수타원의 경지에 이른 사리풋타와 목갈라나는 산자야의 제자 250명과 함께 죽림정사로 향합니다. 산자야의 제자들이 모두 산자야를 떠나 부처님께 귀의한 겁니다. 부처님께서는 멀리서 사리풋타와 목갈라나, 그리고 그 뒤를 따르는 250명의 사람들을 보고는 옆에 있던 제자들에게 말씀하셨다 합니다. "사리풋타와 목갈라나는 나의 상수제자(上首弟子)가 될 것이다."

부처님은 이미 다섯 비구와 야사를 포함한 60명의 아라한을 제자로 두고 있었고, 카샤파 삼형제를 교화함으로써 1,000명의 제자들을 거두셨습니다. 그런데 그 뒤에 제자가 된 사리풋타와 목갈라나를 일러 상수제자라고 하십니다. 이는 금생의 인연뿐 아니라 수많은 전생 동안 사리풋타와 목갈라나가 이미 부처님의 수제자가 될 수행을 했음을 암시합니다.

사리풋타와 목갈라나가 부처님의 제자가 된 사건은 불교가 널리 퍼지는 데 아주 중요한 계기가 됩니다. 사리풋타는 '법의 장군', '지혜제일'이라고 불리며 지혜가 가장 뛰어난 제자로 활동했고, 목갈라나는 '신통제일'의 제자가 되었습니다. 두 사람의 우열을 가릴 순 없겠지만, 경전을 보면 지혜제일인 사리풋타 존자가 부처님을 대신해서 법문하는 장면이 많이 나옵니다. 목갈라나 존자는 신통력에서는 뛰어났지만, 결국은 법을 설하는 데 뛰어난 사리풋타 존자가 불교에 더 많은 영향을 끼쳤다고 볼 수 있습니다.

사리풋타와 목갈라나 존자는 아라한이 될 때 그 기간에도 차이가 있었다고 합니다. 목갈라나 존자는 일주일 만에, 사리풋타 존자는 보름 만에 아라한이 되었다고 하지요. 선정의 힘이 강했던 목갈라나 존자는 사선정과 팔선정까지 완성한 후 그 선정의 힘을 바탕으로 위빠사나 지혜의 수행을 닦아 아라한이 됩니다. 반면에 사리풋타 존자는 독특한 수행을 합니다. 예컨대 초선을 닦고 나서는 초선에서 경험했던 내용들을 관찰합니다. 위빠사나를 한다는 말이지요. 초선에서의 경험을 관찰한 후 다시 2선으로 지나가고, 다시 2선에서 경험했던 심리적인 상태들을 관찰한 후 다시 3선으로 들어가는 식으로 위빠사나 수행을 해나갑니다. 그러니까 시간이 2배로 걸렸겠지요.

사리풋타 존자와 목갈라나 존자는 부처님보다 연장자입니다. 그리고 이 상수제자들은 나중에 부처님보다 3개월쯤 먼저 이 세상을 떠납니다. 이 이야기는 부처님께서 열반에 대해 설명하는 《대반열반경(大般涅槃經)》에 자세히 나옵니다.

이제 부처님의 제자는 카샤파 삼형제의 제자 1,000명과 산자야의 제자 250명을 합해 모두 1,250명이 됩니다. 물론 이 안에는 카샤파 삼형제는 물론 사리풋타 존자와 목갈라나 존자도 포함되어 있습니다. 이렇게 1,250명의 대중이 된 후 승단은 안정된 기반을 잡습니다. 이후 1,250명이라는 숫자는 비구 대중의 숫자로 경전에 자주 등장합니다. 대승경전인 《금강경》에도 부처님께서 1,250명의 비구와 함께 다니셨다는 이야기가 나오는데, 이는 부처님이 마가다국에서 처음 활동하실 때 함께 수행했던 비구들의 숫자가 1,250명이라는 점에서 그 전통을 따른 것임을 알 수 있습니다.

팔리어 율장 대품에 기술되어 있는 부처님의 생애는 여기에서 끝을 맺습니다. 초기경전에 나타난 이후 부처님의 행적에 대한 연대기적 기록 등이 없기 때문에, 그 뒤의 내용들은 여러 가지 경전에 의지해 살펴보겠습니다.[주6]

마하카샤파 존자

부처님의 상수제자였던 사리풋타 존자와 목갈라나 존자와 더불어 마하카샤파 존자도 부처님의 십대 제자 가운데 한 사람입니다. 중국 선불교[주7]에서는 염화시중(拈花示衆)의 미소로 유명한 제자이기도 하지요. 카샤파라는 이름이 인도에서는 흔했었나 봅니다. 부처님께서 우루벨라에서 교화한 삼형제의 이름도 카샤파여서, 이 둘을 구별하기 위해 두타행에 제일인 제자에게 '마하'라는 말을 붙여 마하카샤파라고 부릅니다.

마하카샤파 존자는 전생부터 부처님과 깊은 인연이 있었습니다. 물론 마하카샤파뿐 아니라 사리풋타나 목갈라나 존자 등 부처님의 큰 제자들은 모두 전생 시절 부처님과 깊은 관계가 있는데, 특히 마하카샤파 존자는 전생에 여섯 차례 이상 부처님의 스승이었다고 합니다. 그뿐 아니라 아버지로도 태어난 적이 있고 형제나 친구로 태어난 적도 여러 차례 있었다고 하지요. 그러다 마지막으로 이 생에서 부처님의 제자가 됩니다. 마하카샤파 존자는 32가지 상호(부처님이 지닌 32가지 신체적 특징) 가운데 7가지를 갖춘 것으로도 유명합니다. 또 전생에 부처님과 아주 비슷한 수행을 많이 닦은 것으로도 유명하지요.

사리풋타나 목갈라나 존자가 그랬듯이 마하카샤파 역시 아주 부유한 바라문 가문에서 태어났습니다. 마가다국의 매우 유복한 집안에서 태어났지만 어려서부터 세속적인 것에 관심이 없어 구도를 위해 출가하려는 마음을 먹었다고 합니다. 그래서 부모님이 간절히 빌기를, "제발 결혼만 해다오. 그런 후엔 네 맘대로 해도 좋다"고 했답니다. 그러자 마하카샤파는 부모님이 돌아가시는 대로 출가하겠노라는 약속을 받아내고서 결혼을 합니다. 그리고 배우자 역시 자기처럼 출가를 결심한 여자를 만나지요. 그렇게 결혼을 해서 부모님이 살아있는 동안 가정을 꾸립니다. 하지만 보통 부부처럼 사는 게 아니라 완전히 출가자처럼 살았다고 합니다. 정신적인 길을 가기 위해서 약속한 사이였기 때문에 욕정에 얽힌 관계는 맺지 않았던 거지요. 그렇게 출가자에 가까운 생활을 유지하다가 부모님이 돌아가시고 난 후 둘이 같이 출가를 해서 아라한을 이룹니다. 물론 카샤파의 부인은 그 즉시 부처님 제자가 된 것은 아니지만, 출가해서 카샤파처럼 삼명을 갖춘 아라한이 되었다는 이야기가 〈테리가타(長老尼偈)〉에 나옵니다.

마하카샤파 존자는 부처님을 만나기 전에 이미 출가를 해서 수행자의 길을 걷고 있었습니다. 그러다 부처님을 만나자마자 자기가 찾고 있던 스승임을 알고 제자가 됩니다. 대략 부처님이 성도하신 지 3년 뒤로, 부처님께서 마가다국에 머물 때 일어난 일입니다. 상윳타 니카야에 따르면, 카샤파 존자는 출가한 지 8일째 되는 날에 아라한이 됩니다. 그런 후 존자는 부처님 입멸 후에도 20여 년을 더 사셨다고 합니다. 그리고 부처님을 대신해서 승단의 지도자 역할을 하게 되지요. 그래서 '상가의 아버지'라고도 불립니다. 그리고 부처님이 열반하시고 3개월 후에 마하카샤파 존자의 주도하에 제1차 결집이 열리게 됩니다. 이때 아난다 존자는 부처님 말씀인 법을 암송하고 우팔리 존자가 승단의 규율인 율을 암송합니다. 마하카샤파 존자는 전체 회의를 주도하며 승단의 지도자 역할을 하지요.

고향 방문

부처님께서 마가다국의 라자가하에서 가르침을 펴고 있다는 소식은 멀리 고향의 부왕에게도 전해졌습니다. 그러자 부왕인 숫도다나 왕은 부처님에게 고향을 방문해달라고 요청하기 위해 신하를 파견하지요. 그러나 숫도다나 왕의 명을 받들고 마가다국으로 파견된 신하는 부처님을 보자마자 출가를 해서 비구가 됩니다. 그렇게 한참 비구 생활을 하다가 부처님께 부왕의 전갈을 전하지요. 그리하여 부처님은 깨달음을 얻은 지 2년 만에 고향인 카필라성을 방문하게 됩니다.

부처님께서는 수많은 비구 제자들과 함께 고향을 방문하십니다. 그리고 석가족의 아만심, 즉 '부처님은 석가족인 우리 가문 출신이다'라는 아만심을 다스리기 위해서 여러 가지 신통을 보여주십니다. 특히 쌍신변(雙身變 :

정반대되는 물과 불을 동시에 존재하게 하는 신통력)을 보여주심으로써 석가족의 아만심을 다스리십니다.

석가족 젊은이들의 출가

부처님의 고향 방문을 계기로 석가족의 훌륭한 젊은이들이 대거 출가하는 풍토가 일어나게 됩니다. 부처님의 외아들이었던 라훌라 역시 예외는 아니었지요. 라훌라가 출가하게 된 데는 흥미로운 이야기가 얽혀 있습니다.

부처님께서 카필라성을 방문하자 야소다라는 아들인 라훌라에게 이릅니다. "저기 계신 분이 네 아버지니라. 그러니 가서 유산을 달라고 해라." 아무래도 옛 남편이었던 부처님께 못내 서운했던 모양입니다. 라훌라는 부처님께 다가가 어머니가 이른 대로 유산을 달라고 청합니다. 그러자 부처님은 그 길로 라훌라를 출가시킵니다. 부처님이 라훌라에게 유산으로 준 것은 다름 아닌 법의 유산, 즉 출가였던 겁니다. 그리하여 라훌라는 사리풋타 존자를 스승으로 출가를 하게 됩니다. 그때 라훌라의 나이는 9살이었다고 하지요. 부처님께서는 그 후로 라훌라가 비구가 되기 직전까지 여러 차례에 걸쳐 법문을 설해주십니다. 그래서 라훌라 존자는 20세에 아라한이 되었다고 합니다. 주석서에 의하면,[78] 라훌라 존자는 할머니가 계신 삼십삼천에서 입멸했고 12년 동안 눕지 않았다고 합니다.

이렇듯 석가족 내에서 라훌라가 출가하여 최초의 사미가 된 후로 부처님의 사촌동생인 아누룻다 역시 출가를 합니다. 아누룻다 존자는 사념처 수행(4가지 마음챙김 수행)의 대가로 유명하지요. 또 아누룻다 존자는 천안제일(天眼第一)이라고도 불리는데, 여기에는 재밌는 일화가 있습니다. 하루는 부처님께서 깜빡깜빡 졸고 있는 아누룻다 존자를 보시게 됩니다. 부처님께서는 존자에게 열심히 정진하라고 타이르시지요. 그 후로 아누룻다 존자는 잠도 자지 않고 열심히 정진하다가 시력을 잃습니다. 시력을 잃는 대신 천안이 열리면서 천안통을 얻게 되지요. 그 후로 존자는 천안통에 있어서는 가장 뛰어난 제자가 됩니다.

그 다음으로 출가한 석가족 사람으로 부처님의 사촌이자 야소다라의 오빠인 데바닷타가 있습니다. 그리고 이복동생인 난다가 출가를 하지요. 아누룻다나 데바닷타, 난다는 모두 왕자 출신이었습니다. 그리고 이어서 왕자들의 이발사였던 우팔리가 출가합니다.

난다의 출가에 대해서도 흥미로운 일화가 전해집니다. 부처님은 난다가 결혼하는 날 식장에 나타나 난다를 출가시키십니다. 부처님이 누군가를 억지로 데려와 출가시킨 경우는 아마 난다가 처음이자 마지막이 아닐까 합니다. 만약 요즈음 어떤 큰스님께서 동생의 결혼식장에 나타나 신랑인 동생을 출가시키려 한다면 가족들이 가만있겠습니까. 하지만 당시 사람들은 부처님을 매우 존경했고 석가족의 많은 젊은이들 또한 출가하는 분위기였기 때문에 난다는 이복형인 부처님이 출가시킬 때 꼼짝 못하고 순순히 따랐다고 합니다.

하지만 자기가 원해서 출가한 것이 아니었던 난다는 세속에서의 신부를 잊지 못하고 수행도 하지 못한 채 시무룩하게 지냅니다. 부처님께서 이런 난다의 속내를 보시고선 물으시지요. "왜 그토록 시무룩하게 앉아있느냐?" 그러자 난다 비구는 신부가 자꾸만 생각나 출가생활을 하기가 어렵다고 말합니다. 그러면서 다시 세속으로 돌아가 결혼생활을 하고 싶다고 밝히지요. 부처님이 물으십니다. 그렇게도 신부가 예뻤냐고요. 난다가 그렇다고 말하자 부처님께서는 곧바로 신통력을 사용해 난다를 원숭이들이 사는 숲으로 데리고 가십니다. 그리고 수많은 원숭이 가운데 가장 젊고 아름답게 생긴 암컷을 보여주셨지요. 그런 후 다시 난다를 데리고 천상으로 올라가 아름다운 천녀들을 보여주십니다. 지상에 내려온 부처님이 난다에게 물으십니다. "난다야, 원숭이와 천녀를 보고 난 소감이 어떠냐?" 그러자 난다 비구가 답합니다. "제 신부는 원숭이보다 그리 잘나지도 않았고 천녀에 비하면 결코 아름다운 편도 아닙니다." 이때 부처님께서는 한 가지 제안을 하십니다. "내 너를 천녀에게 장가보내줄 테니 열심히 수행하거라." 부처님의 말씀에 한껏 고무된 난다 비구는 자기 신부보다 훨씬 아름다운 천녀와 결혼하기 위해서 그때부터 열심히 수행합니다. 그러자 다른 스님들이 그 사실을 알고는 난다를 비난하기 시작했습니다. "난다는 출가한 몸으로 천녀들과 결혼하기 위해 열심히 수행하고 있다"고 말이지요. 난다는 한편 부끄럽기도 했지만 수행에만 정진했습니다. 그렇게 수행이 깊어지자 욕계 상태를 벗어나 색계의 선정을 경험하게 되었고, 욕망이라는 것이 얼마나 위험한지 깨닫게 됩니다. 그리고 감각적인 욕망에 의해서는 결코 얻을 수 없는 깊은 선정의 법열과 깨달음을 얻는 최상의 행복을 계속 경험하게 됩니다. 난다는 결국 아라한이 되지요.

이 이야기를 보면 부처님께서는 난다 비구가 수행에 전념하지 못하고 있을 때 꾸짖는 대신 일단 수행을 할 수 있도록 유도하셨음을 알 수 있습니다. 난다 비구에게 천녀와의 결혼을 방편으로 사용하셨다는 점도 되새겨볼 내용이지요. 어리석은 사람에게 너무 무리한 것을 요구하지 않으면서도 단계적으로 가르침을 주어 결국 최상의 목적을 이룰 수 있도록 이끌어 주신 셈입니다.

아난다 존자

석가족의 많은 젊은이들이 출가할 때 아난다 역시 출가를 합니다. 아난다 존자는 부처님의 제자 가운데 아주 중요한 분입니다. 부처님을 25년간 모셨던 아난다 존자는 부처님과 같은 해, 같은 달, 같은 날에 태어났습니다. 그런데 우리나라 탱화 등을 보면 아난다 존자를 부처님보다 한참 어리다고 생각해 젊은 비구로 그립니다. 하지만 부처님과 아난다 존자는 동갑이었다는 것이 초기경전이나 팔리 불교의 전통입니다.

아난다는 출가 후 얼마 되지 않아 푼나 만타니풋타 존자에게 법을 듣고 예류과에 이릅니다. 이렇듯 아난다 존자는 아라한이 되지 못한 상태에서 55세가 되던 해부터 25년 동안 부처님을 모시게 됩니다. 그러다가 1차 결집이 일어나기 바로 전날 밤에 아라한이 되지요. 1차 결집은 부처님께서 열반에 드신 후에 일어났는데, 아난다 존자는 당시 3개월 동안의 수행으로 많이 지쳐 있었다고 합니다. 그래서 잠시 쉬려는 생각에 누우려는 동작을 취하다가 아라한이 되었다고 하지요. 대략 43년간을 수타원의 상태로 지내다가 극적으로 아라한을 이룬 것입니다.

아난다 존자는 마음이 매우 따뜻했으며 자상했다고 합니다. 또 여성들이 출가할 수 있도록 결정적인 역할을 했기에 비구니들로부터 많은 존경을 받았다지요. 그리고 법의 장군인 사리풋타 존자와 함께 부처님 법을 전하는 데 매우 중요한 역할을 했고, 마하카샤파 존자의 주도하에 1차 결집이 있었을 때는 법을 암송하는 주역을 맡습니다. 그래서 아난다 존자는 부처님의 가르침인 법의 보호자로서 '법의 보고'라고도 불립니다.

아난다 존자는 사리풋타 존자와도 아주 가까이 지냈습니다. 부처님의 가장 위대한 제자들과 좋은 관계를 맺으면서 서로에 대해 칭송하고 칭찬하는 일들이 자주 경전에 보입니다. 비록 아난다 존자의 권유로 여성들이 출가하게 되었다는 점이나, 부처님이 열반에 드시며 작은 계율들은 버려도 좋다고 했을 때 정확히 어떤 계율인지 묻지 않았다는 점 등으로 카샤파 존자에게 경책을 받긴 하지만, 기본적으로 카샤파 존자와도 서로 화합하고 존경하는 사이였음을 알 수 있습니다.

아난다 존자는 부처님께서 열반하시고 40년 후 120세에 열반에 들었다고 합니다.[주9] 여기에도 아난다 존자의 자비심을 확인할 수 있는 이야기가 전해지지요. 당시 아난다 존자를 모시고 살던 두 마을(마가다국과 코살라국의 국경을 경계로 하고 있던 두 마을)이 로히니 강을 사이에 두고 있었답니다. 그런데 아난다 존자가 열반에 들기 전에 가만 보니까 두 마을 사람들이 서로 자기네 쪽에서 존자의 장례식을 치르겠다고 다툼이 일어날 조짐이 있더랍니다. 그래서 존자는 공중에 몸을 띄운 채로 열반에 들면서 화광삼매(tejo-kasina : 火遍 수행에 의해 들어가는 선정)에 들어가 몸에 불을 일으킵니다. 존자가 열반에 드는 순간 몸에 불이 붙어 공중에서 화장되었던 것이지요. 그렇게 해서 강을 사이에 둔 두 마을에 존자의 유골이 반반씩 떨어집니다. 이 정도로 아난다 존자는 사람들을 배려하는 마음이 컸다고 합니다. 몸을 허공에 띄울 수 있는 힘이라든가 삼매 상태에서 몸에 불을 일으킬 수 있는 힘들은 우리로선 상상하기 어렵지요. 하지만 그러한 힘이 수행에 의해서 생겨났다는 점과 당신을 모시던 재가자들을 위해 사리를 골고루 흩뿌렸다는 점에서 아난다 존자의 위대한 능력과 따뜻한 마음을 확인할 수 있습니다.

부처님은 55세가 되기 전까지 정해진 시자가 없었습니다. 때로는 혼자 계시기도 하고 때로는 여러 비구들이 부처님을 모시기도 했지요. 그러다 어느 날 시자를 선발하게 됩니다. 이때 부처님께서는 아난다 존자를 염두에 두면서도 직접적으로 지목하진 않으십니다. 그러자 여러 제자들이 시자가 되겠다고 나섰지요. 부처님은 제자들의 자원을 모두 거부한 후에야 아난다 존자를 지목하십니다. 아난다 존자 역시 부처님을 모실 생각이 있으면서도 부처님께서 직접 지목하기만을 기다리신 겁니다. 이때 존자는 부처님께 몇 가지 조건을 내세웠습니다. 비서로서 역할을 충실히 수행하되 부처님의 시자이기 때문에 누릴 수 있는 특권을 완전히 포기하겠다는 조건들이었지요.

아난다는 그 후로 부처님을 25년간 가까이에서 모시며 부처님의 법을 거의 토씨 하나 틀리지 않게 기억합니다. 물론 부처님이 그 전에 설했던 법들도 여러 가지 경로를 통해서 전부 기억하고 있었지요. 우리는 아난다 존자의 이야기를 통해 사람의 기억력이라는 것이 얼마나 대단한지 알게 됩니다. 마음만 깨어있으면 우리의 기억력도 극대화된다는 것을 잘 보여주는 예라고 할 수 있습니다. 아난다 존자 같은 분이 있었기 때문에 당시 부처님 제자들이 불법을 공유할 수 있었고 더 나아가 우리에게도 그 법이 전해지고 있는 것이지요.

비구니 승단

부처님께서 깨달음을 얻으신 지 5년째 되던 해, 부왕이었던 숫도다나 왕이 죽습니다. 숫도다나 왕은 그 전에 부처님께 법을 듣고 높은 성자의 깨달음을 얻었지요. 부왕이 죽자 부처님께서는 직접 참여하여 부친의 장례를 치릅니다. 이때 부처님의 이모이자 양모인 마하파자파티 왕비와 500명의 여인들이 출가를 하게 됩니다. 이전에 석가족의 많은 젊은이들이 출가한 탓에 과부로 남아 있던 여인네들이었지요. 이 여성들이 초기 비구니 승단을 형성하는 데 기본적인 구성원이 됩니다. 당시 인도에는 여성들의 사회적 지위란 게 보잘것없었습니다. 태어나서는 아버지에게, 결혼 후에는 남편에게, 좀 더 나이 들어서는 자식들에게 귀속되는 존재였지요. 따라서 여성이 독립하여 전문 수행자가 된다는 것은 상당히 어려운 일이었고, 불교에서 여성 수행자를 받아들인 것은 굉장히 주목할 만한 사건이었습니다.

마하파자파티와 500의 여인들은 머리를 깎고 출가자가 입는 옷으로 갈아입은 후 부처님을 찾아옵니다. 그리고 여성 출가자가 될 것을 간청하지요. 하지만 부처님은 그 간청을 모두 거절하고 카필라성에서 마가다국 사이에 있는 웨살리로 가십니다. 그러자 삭발을 하고 승복을 입은 여인들이 맨발로 부처님을 따라갑니다. 곱게만 살아오던 아낙들이 모두 맨발로 부처님을 뒤따르려니 온몸은 먼지투성이가 되고 발은 부르트고 말이 아니었겠지요. 보다 못한 아난다 존자가 부처님께 여쭙니다. "여성들도 출가하면 아라한이 될 수 있습니까?" 그러자 부처님은 다음과 같은 말씀을 하십니다. "여성들도 출가하면 아라한이 될 수 있다. 아라한이 되는 데 여성과 남성의 차별은 없다." 아난다 존자가 다시 말하지요. "그렇다면 여성들의 출가를 허락하는 것이 좋지 않겠습니까?" 아난다 존자가 세 차례 간청한 끝에 부처님은 결국 여성들의 출가를 허락하십니다. 하지만 팔경법(八敬法)이라는 조건을 붙이시지요. 팔경법은 비구니들이 비구들을 공경하는 8가지 법을 말합니다. 이 8가지를 지킬 수 있다면 여성의 출가를 허락하겠다는 말씀이었습니다. 그리하여 마하파자파티 왕비를 위시로 한 여성들이 출가하여 비구니 승단이 탄생하게 됩니다.

팔경법에는 다소 남녀차별적인 내용이 포함되어 있습니다. 예를 들어, 80세가 된 비구니가 이제 막 비구가 된 20세의 젊은 비구에게 절을 해야 한다는 조항만 해도 그렇습니다. 그러나 곰곰 생각해보면 비구니가 출가해서 여성의 몸으로 혼자 숲속이나 산속에서 수행하기란 쉽지 않음을 알 수 있습니다. 팔경법은 그런 상황에서 비구니 승단을 보호하고 그와 함께 비구 승단을 보호하기 위해 제정한 규정이라고도 볼 수 있겠지요. 또 비구 중심의 승가에서 후대에 추가해 넣은 규정이라는 설도 있지만, 율장이나 앙굿타라 니카야 등에도 나오는 내용이므로 후대에 편집되었다는 주장은 설득력이 별로 없습니다.

〈난다카의 가르침〉[주10]이라는 경전에 의하면, 비구니들은 비구들에게 순서대로 배웠다고 합니다. 그리고 난다카 스님이 설명한 무상, 고, 무아의 가르침과 칠각지(七覺支)[주11]에 대한 법문을 듣고 500명의 비구니들이 아라한의 깨달음을 얻었다고 합니다. 〈테리가타〉에는 비구니 스님들이 수행해서 아라한이 된 이야기들은 물론, 출가와 수행, 깨달음의 심경들이 자세하게 표현되어 있습니다.

당시 인도에서 여성 출가자를 인정했던 종교는 불교와 자이나교[주12]뿐이었습니다. 그리고 그렇게 출가한 비구니 가운데 많은 분들이 아라한을 성취하셨지요. 이렇게 본다면 여성과 남성은 겉으로 나타난 표상에 불과할 뿐 진리 앞에서는 아무런 차이가 없음을 알 수 있습니다. 이런 내용은 부처님께서 직접 말씀하신 것입니다. 법 자체는 여성과 남성의 구별이 없습니다. 하지만 이 욕계를 살아가면서 여성과 남성을 구별하지 않는다면 여러 가지 욕망에 휩싸이는 일들이 일어나기 쉽겠지요. 그래서 남성과 여성을 구별하는 것뿐입니다.

테라와다 국가에는 비구니가 없다?

오늘날 비구니 승단이 존재하는 곳은 한국과 대만, 중국, 티베트 등 대승불교권입니다. 남방 상좌불교에는 비구니 스님들이 없습니다. 그런데도 스리랑카나 태국, 미얀마 등지를 가보면 여성 수행자들을 많이 보게 됩니다. 스리랑카에는 머리를 깎고 절에서 사는 '다사실라마트'라는 출가자들이 있습니다. 다사실라마트란 '10가지 계를 지키는 여성'이라는 뜻이지요. 또 태국에서는 '매치'라는 여성들이 출가생활을 하는데, 매치란 존경하는 마음으로 여성들을 부르는 용어랍니다. 미얀마에서는 출가한 여성들을 '띨라신'이라고 하는데, 띨라신이란 '계를 지키는 여인'이라는 뜻입니다.

남방 상좌불교에는 아소카 왕의 딸이었던 상가밋타 비구니가 다른 비구니들과 함께 스리랑카로 건너오면서 비구니 승단이 전해졌습니다. 그런데 대략 11~12세기에 기근이 들어 비구니가 한 명도 없게 되는 사태가 일어납니다. 당시 스리랑카에서는 비구도 전혀 남아 있지 못할 만큼 계를 지키기가 어려웠다고 합니다. 그렇듯 비구가 하나도 없자 태국이나 미얀마에서 전해진 상좌부 전통 스님들이 스리랑카로 와서 비구계를 줍니다. 비구계는 이런 식으로 이어질 수 있었지요. 그런데 비구니의 경우엔 계를 이어줄 사람들이 태국이나 미얀마에 없었습니다. 결국 이때 비구니 승단은 없어지고 말지요. 남방에서는 그 후로도 비구니 승단을 만들 수 있는 분은 부처님뿐이라는 전통에 의해 비구니 승단은 허락하지 않습니다. 대신 어느 정도 출가자의 지위를 인정받는 여성 수행자들이 존재하는 것이지요. 비구니가 아니라 하더라도 수행을 해서 성인이 되는 데는 아무런 차별이 없습니다.

왕과 부호의 후원

초기불교가 성장하는 데는 비구, 비구니 같은 출가자뿐만 아니라 수많은 재가 후원자들의 역할도 컸습니다. 부처님은 주로 북인도의 중심 도시에서 활동하셨습니다. 이는 출가수행자들이 도시나 마을 근처에서 생활하며 사람들을 교화했음을 보여줍니다. 당시 인도에는 열여섯 나라가 있었습니다. 부처님은 그중에서 마가다국과 코살라국 등 세력이 강했던 나라들의 중심 도시를 다니며 포교를 하십니다. 이렇듯 시골이나 산속에 들어가 생활한 것이 아니라 도시에서 도시로, 사람들이 많이 모인 곳에서 법을 설파하셨기 때문에 불교가 빨리 퍼져나갈 수 있었던 거지요.

한 연구에 의하면, 초기경전에 나오는 인도의 지명은 대략 1,000개쯤 되는데, 이 가운데 약 85% 정도가 5개 중심 도시이고 약 16.5%가 76곳이었다고 합니다. 5개 중심 도시는 사와티, 라자가하, 카필라성, 웨살리, 코삼비입니다. 사와티는 기원정사가 있었던 곳이고 라자가하는 죽림정사가 있던 곳이지요. 이 두 도시가 부처님의 주요 안거지이자 활동 지역이었습니다. 카필라성은 부처님의 고향이고, 웨살리는 비구니 승단이 만들어졌던 곳입니다. 그리고 부처님이 성도하신 후 20여 년 후부터 마지막 열반하시기 직전까지는 사와티에 머무셨다는 것을 알 수 있습니다.

이처럼 초기불교의 교단이 경제적·문화적·상업적 중심지인 도시의 발달과 함께 성장했다는 사실은 우리에게 시사하는 점이 많습니다. 요즘 서울 시내에도 포교당이 많이 들어서고 있지요? 불교의 본래 모습을 구현하고 있다고 볼 수 있는 현상입니다. 단지 조금 다른 점이 있다면 당시에 도시를 중심으로 포교했다 하더라도, 스님들은 세속 사람들이 사는 곳에서 얼마간 떨어진 조용한 숲이나 산에서 생활했다는 점입니다.

우리나라에서도 불교는 원래 도심에서 시작되었지요. 신라시대나 삼국시대, 고려시대에는 마을 곳곳 중요한 자리에 절들이 자리 잡고 있었습니다. 물론 산속에도 훌륭한 수행처들이 마련되어 스님들은 수행과 교학을 연구했습니다. 그러나 사람들에게 불교를 전파하는 것은 도심 사찰의 역할이었지요. 그러다가 조선시대에 억불정책으로 말미암아 도심에 있던 절들이 전부 파괴되고 스님들이 모두 산속으로 숨어들게 됩니다. 그래선지 아직도 우리는 스님들이 도시에서 오가는 모습을 이상하게 보는 경향이 있습니다. 하지만 본래 출가수행자들은 도심을 중심으로 불교를 전파했습니다.

부처님의 활동 무대가 된 중요 도시에는 유력한 재가의 후원자들이 살았습니다. 그들은 왕이거나 상인 계급으로 거대한 부를 축적한 사람들이었지요. 가장 대표적인 예로 빔비사라 왕을 들 수 있는데, 빔비사라 왕은 초기 교단이 발전할 수 있도록 터전이 되는 죽림정사를 기증하기도 했습니다. 부처님께서는 여러 차례 우안거를 그곳에서 보내셨다고 합니다. 부친인 빔비사라 왕을 유폐시키고 왕의 자리에 오른 아자타삿투 왕도 부처님께 귀의하여 불교 교단 발전에 많이 기여하게 되지요. 특히 부처님 입멸 후에 장례식을 주도하고, 1차 결집 때는 많은 후원을 했습니다. 디가 니카 야의 두 번째 경전인 〈사문과경〉은 부처님께서 아자타삿투 왕에 대해 설 한 경전인데, 이에 따르면 아자타삿투 왕은 애석하게도 아버지인 빔비사 라 왕을 죽였기 때문에 부처님의 가르침을 듣고도 깨달음을 얻을 수 없었 다고 합니다. 하지만 부처님께서는 아자타삿투 왕이 아버지를 시해한 과 보를 지옥에 가서 다 받고 난 후 부처님의 가르침을 들은 인연으로 벽지불 이 되리라고 말씀하셨답니다.

세상에서 가장 무거운 죄악

불교에는 가장 극악무도한 죄로 오역죄(五逆罪)라는 것을 이야기합니다. 무간지옥에 떨어지는 과보를 받는 5가지 죄를 말하는데, 그중 첫 번째가 아버지를 죽이는 죄입니 다. 두 번째는 어머니를 죽이는 죄이고, 세 번째는 아라한을 죽이는 죄, 네 번째는 부 처님 몸에 상처를 입히는 죄, 다섯 번째는 승단을 분열시켜 승단의 화합을 깨는 죄입 니다. 부처님은 워낙 전생에 쌓아놓은 공덕이 많기 때문에 다른 존재들로부터 죽임을 당하지 않는다고 합니다만, 상처는 입을 수가 있습니다. 그렇게 부처님 몸에 상처를 낸 단 한 사람이 있었지요. 바로 부처님의 사촌이었던 데바닷타입니다. 데바닷타는 아 자타삿투 왕과 공모해서 부처님을 은퇴시킨 후 자신이 승단의 지도자가 되려 했습니 다. 그러면서 아자타삿투 왕에게는 왕권 찬탈을 부추기며 부왕인 빔비사라 왕을 폐위 시키라고 사주하지요. 결국 데바닷타는 부처님 몸에 상처를 입히고는 산 채로 지옥에 떨어지는 과보를 받습니다. 또 아자타삿투 왕도 아버지를 유폐시켜 죽게 한 죄로 일정 기간 지옥에 가게 됩니다.

라자가하에 빔비사라 왕이 있었다면 코살라국의 사와티에는 수닷타 장자가 있었습니다. 이 사람은 아나타핀디카(給孤獨 : 의지할 곳 없는 사람들을 돌봐주는 사람)라는 별명으로 유명하지요. 수닷타가 부처님께 귀의한 것은 부처님이 깨달음을 얻은 지 3년이 되던 해입니다. 마가다국의 라자가하에 방문했다가 부처님의 법문을 듣고 바로 그 자리에서 수타원의 깨달음을 성취합니다.

이처럼 부처님이 계실 때는 재가자들도 어렵지 않게 수타원의 깨달음을 얻을 수 있었습니다. 수타원이 되는 길에는 2가지가 있습니다. 하나는 믿음에 의해서 되는 길이고, 또 하나는 스스로의 지혜에 의한 길입니다. 믿음의 길을 가는 것을 수신행(隨信行)이라 하고 스스로의 지혜의 길을 가는 것을 수법행(隨法行)이라고 합니다. 부처님 당시 많은 재가자와 출가자 들 가운데는 수신행으로 수타원에 이른 분들이 많습니다.

수닷타 장자는 나중에 불교의 중심 후원자가 되어 사와티에 제타와나, 즉 기원정사를 지어서 승단에 기증합니다. 기원정사는 부처님께서 후반기에 가장 많이 우안거를 보냈던 곳이고 가장 많이 설법하신 곳이기도 합니다.

이 외에도 사와티에는 동쪽 문에 녹자모강당(鹿子母講堂, 東園精舍)이 설립되어 있습니다. 녹자모강당은 위사카라는 여성 신도가 기증한 곳으로, 부처님께서 중요한 법문을 많이 하신 곳입니다. 부처님이 사와티에 계실 때 주로 머무신 곳은 기원정사이지만 동쪽의 녹자모강당에서도 많이 머무셨다 합니다.

부처님은 코살라국의 파세나디 왕과도 친분이 두터웠습니다. 파세나디 왕은 식탐이 굉장해서 과식을 많이 했다고 합니다. 왕이 운동을 많이 하는 것도 아닌지라 굉장히 비만해졌겠지요. 그래서 고생하던 파세나디 왕에게 부처님은 마음챙김으로 음식의 양을 알아서 섭식해야 한다고 가르치십니다. 그 후로 파세나디 왕은 식사를 하는 동안 옆에 있는 신하에게 부처님의 그 말씀을 외우라고 했답니다. 그런 식으로 왕은 음식량을 조절할 수 있었습니다.

잘 먹고 잘사는 법이 불교에 있다

음식은 적당히 먹을 때는 약이 되지만 지나치게 먹으면 독이 됩니다. 심지어는 음식을 잘못 먹어 빨리 죽는 수도 있지요. 요즘 비만에 의한 당뇨 등 각종 질병이 어린아이에게도 나타난다고 합니다. 잘못된 음식을 많이 먹기 때문에 생기는 현상들입니다. 불교에 따르면, 음식은 적게 먹는 것이 건강에 좋습니다. 적게 먹되 제대로 된 음식을 섭취하는 것이지요. 부처님은 음식이란 것이 우리 몸을 유지하는 약이라고 생각하셨습니다. 몸이라는 것은 마치 상처와 같아서 돌봐주지 않으면 오히려 그 상처 때문에 다른 일에 지장을 받습니다. 따라서 그 상처를 잘 돌봐주되 상처가 귀하고 소중해서 돌봐주는 것이 아니라는 점을 알아야 합니다. 우리 육체도 마찬가집니다. 육체를 괴롭혀가며 단식하는 것이 아니라 적절한 양의 음식을 섭취하는 것을 불교에서는 중요시합니다. 물론 건강을 위한 단식이야 부처님도 반대하지 않으셨겠지만, 단식을 통한 수행보다 적당한 음식을 통해 몸의 건강을 유지하면서 정신적인 수행을 강조하는 것이 불교의 기본적인 입장이라고 할 수 있습니다.

또 말라국은 부처님께서 열반에 드신 쿠시나가라와 빠와라는 두 도시가 있는 나라입니다. 말라국의 빠와에는 금세공업자인 춘다가 살았습니다. 금을 세공하는 사람이었기 때문에 돈이 많아서 초기불교의 후원자로 많은 역할을 합니다. 춘다는 부처님께 마지막 공양을 올린 사람으로도 유명하지요. 부처님께서는 춘다의 공양을 받은 후 배탈이 나서 열반에 들었다고 합니다만, 춘다의 이 공양은 부처님이 성도하시기 직전 수자타에게 받은 최초의 공양과 함께 부처님께 올린 공양 중 가장 큰 공덕을 지니고 있다고 합니다.

이처럼 초기 교단은 부처님께 교화를 받은 왕이나 부호들의 후원에 힘입어 북인도의 5대 도시를 중심으로 확고한 토대를 마련할 수 있었습니다. 물론 부처님께서 그 사람들에게 보시를 종용한 것은 아닙니다. 각자가 법의 이익을 얻고 나서 자연스레 우러나는 마음으로 보시한 것이지요. 그 보시의 결과로 불교 교단이 성장하는 토대를 마련할 수 있었던 것입니다.

서쪽으로 향하는 불법

불교 교단은 동북인도를 중심으로 해서 점차 서쪽으로 퍼져나갑니다. 부처님은 특히 쿠루국(오늘날 델리 지역)의 캄마사담마에서 여러 가지 중요한 경전들을 설하십니다. 그 내용을 보면 십이연기나 사념처, 공, 육육법(六六法)[주13]등 굉장히 철학적이면서도 실천적인 법을 설하신 것으로 유명합니다. 쿠루국 사람들은 굉장히 지혜가 수승해서 언제나 사념처를 바탕으로 마음챙김 수행, 즉 위빠사나 수행을 했다고 합니다. 그래서 부처님의 어려운 가르침을 잘 소화해냈지요. 그만큼 당시 쿠루 지방의 교육 수준이나 문화적·종교적 관심도가 높았음을 알 수 있습니다.

부처님은 쿠루국에서 여러 가지 훌륭한 가르침을 설하신 후 왐사국으로 가십니다. 당시 4대 강국 중 하나였던 왐사국에는 코삼비라는 마을이 있었는데 그곳의 고시타정사에서 부처님은 우안거를 보내십니다. 고시타정사는 부처님 성도 후 9년째 되던 해에 고시타라는 장자가 기증한 곳입니다. 그때 부처님은 이 고시타정사를 중심으로 해서 교단의 계율과 관련된 법을 많이 설하셨습니다.

코삼비와 관련해서는 비구들끼리 분쟁한 이야기가 전해집니다. 그래서 부처님께서 승단의 규율을 제정하셨다고 하지요. 하루는 코삼비의 비구들이 서로 다투자 부처님께서 "무슨 일 때문에 싸우느냐? 이제 그만두도록 해라" 하시며 세 번이나 싸움을 말리십니다. 그러자 비구들이 "이 일은 저희들이 알아서 하겠으니 부처님께서는 물러나 계십시오"라고 말하지요. 그 말을 들은 부처님께서는 코삼비를 떠나 파릴레야카 숲으로 들어가십니다. 그 후 코삼비의 신도들은 부처님의 말씀도 듣지 않고 편을 나눠 싸운 비구들을 외면합니다. 안거가 끝날 무렵 분쟁이 대략 해결되자 부처님께서는 다시 사와티로 돌아오셨고, 비구들은 부처님께 용서를 빌었다고 합니다.

코삼비국과 관련해서는 핀도라 바라드바자 존자의 이야기도 유명합니다. 코삼비국 출신인 핀도라 존자는 목갈라나 존자처럼 신통력에 있어 뛰어났다 합니다. 하루는 코삼비의 어떤 바라문이 대나무 장대 꼭대기에 전단향으로 만든 발우그릇을 매달아놓고는 "누구든지 신통력이 있는 자는 저 발우를 가져가도 좋다"고 말합니다. 하지만 10여m 이상의 높이에 매달려 있는 그릇을 가져가기란 신통력을 쓰지 않고는 거의 불가능한 일이지요. 며칠에 걸쳐 당시 내로라하는 종교의 지도자들이 도전했지만 발우그릇을 가져가기는커녕 만져보는 일조차 할 수 없었습니다. 그때 핀도라 존자가 바위를 탄 채 허공으로 올라가서는 코삼비 도시를 한 바퀴 돈 후 발우를 가지고 내려옵니다. 그 모습을 지켜본 많은 사람들은 바위가 자기 머리로 떨어지지나 않을까 몹시 두려워하면서도 스님의 신통력에 감탄했다고 합니다.

그러나 이 일을 알게 되신 부처님께서는 핀도라 존자를 불러 야단을 치십니다. "일반인들에게 신통력을 보이지 말라. 신통력으로 발우를 얻는 행위를 해서는 되겠느냐?" 이미 아라한이었던 핀도라 존자가 사사로운 이익에 얽매여 신통력을 보였겠습니까? 부처님의 가르침을 전하기 위한 방편으로 신통력을 사용한 것입니다. 그럼에도 부처님은 제자들에게 신통력을 사용하지 말라고 말씀하십니다. 신통력은 교화의 측면에서 굉장한 효과를 발휘합니다. 하지만 자칫 잘못하면 보통 사람들은 신통력으로 나타난 특이한 현상에만 관심을 두고 선정과 지혜의 힘은 간과할 수 있습니다. 그래서 부처님께서는 제자들에게 신통력을 사용할 때는 늘 주의하라고 말씀하신 거지요.

불교는 더욱 아래쪽으로 전파되어 서남 지방의 아반티국에도 전해집니다. 아반티국 출신의 제자로는 카차야나 존자와 푼나 존자가 있습니다. 이 두 분은 부처님의 제자가 되어 다시 아반티로 돌아가서 부처님의 가르침을 전하게 됩니다. 특히 설법제일[주14]로 불리며 아난다 존자에게 법을 설해 수타원에 이르게 한 푼나 존자에 관해서는 매우 감동적인 이야기가 전해지지요.[주15] 푼나 존자는 콘단냐 존자의 조카이기도 합니다. 푼나 존자가 아반티국으로 가서 포교하겠다는 뜻을 밝혔을 때의 일입니다. 부처님께서 물으셨다고 합니다. "네가 아반티국에 가서 법을 전할 때 그 사람들이 너에게 욕을 하면 어떻게 할 것이냐?" 푼나 존자가 대답합니다. "욕만 하고 저를 때리지 않는 것을 다행으로 생각하겠습니다." 그러자 다시 부처님께서 물으시지요. "너를 때리고 몽둥이질을 하면 어떻게 하겠느냐?" "몽둥이질과 때리는 것에 그치고 나를 죽이지 않는 것을 다행으로 여기겠습니다." 마지막으로 부처님께서 물으십니다. "너를 죽이면 어떻게 하겠느냐?" 그러자 푼나 존자는 이렇게 말했다고 합니다. "저는 오온에 대한 아무런 애착이 없기에 그들을 원망하지 않고 법을 전하겠습니다." 그제야 부처님께서는 이렇게 말씀하시며 푼나 존자의 청을 들어주십니다. "그런 자세라면 가서 법을 전해도 좋다." 실제로 푼나 존자는 아반티국으로 가서 수많은 사람들에게 불법을 전한 후 외도들의 폭행에 의해서 입멸하셨다고 합니다.

이렇듯 부처님 제자들의 헌신적인 노력으로 불교는 동북인도에서 서인도로, 서쪽으로 서쪽으로 전해지게 되었습니다.

깨달음 이후 부처님이 지내신 곳

부처님께서는 45년이라는 긴 세월 동안 인도 북부지방에서 설법 활동을 하셨습니다. 하지만 이동하기가 어려운 우기의 안거 때는 주로 한 정사에서 머무십니다. 스리랑카의 유명한 불교학자인 말라라세케라의 《팔리 고유명사 사전》이라는 책을 보면 부처님께서 깨달음을 얻은 후에 우안거를 지내신 지역들이 나옵니다.[주16)]

성도하신 첫해에는 우안거를 바라나시에서 지내십니다. 7월 보름에 초전법륜을 설하시고 첫 우기를 맞아 녹야원에서 보내시며 야사와 그 친구들을 교화하셨습니다.

성도 후 둘째~넷째 해에는 라자가하의 죽림정사에서 지내셨습니다. 부처님이 성도하시고 3년째 되던 해에 수닷타 장자가 귀의하지요. 그리고 성도 2년이 지난 해에 부처님께선 카필라성을 방문해 석가족의 청년들을 교화하십니다.

5년째 되던 해에는 웨살리의 중각강당에서 지내셨다고 합니다. 이때 부처님께서는 병이 든 숫도다나 왕을 찾아가 법을 설하십니다. 법문을 들은 왕은 아라한과를 얻어 일주일 동안 해탈의 즐거움을 누린 후에 입적합니다. 마하파자파티를 중심으로 한 비구니 승단이 탄생한 것도 이때의 일입니다.

6년째 해에는 부처님께서 친족인 석가족의 아만심을 꺾기 위해 카필라성에서 쌍신변이라는 신통력을 보여주십니다.

그리고 7년째 되던 해에는 우안거 3개월 동안 욕계 천상인 삼십삼천에 올라가 어머니인 마야 왕비를 위시로 한 천신들에게 아비담마를 설하셨다고 합니다. 그 동안에는 부처님께서 지상에 계시지 않았다는 얘기입니다.

팔리 아비담마의 기원

앞서 부처님이 천상에서 3개월 동안 아비담마를 전부 설하셨다고 했지요? 어떻게 그 많은 아비담마를 3개월간에 모두 가르칠 수 있느냐고 생각하는 분도 계실 겁니다. 부처님이 천신에게 법문하실 때는 인간에게 할 때보다 30배 정도 빠른 속도로 말씀하신다고 합니다. 또 천신은 그 말씀을 모두 알아듣고요. 이 능력은 부처님만이 갖고 계신 능력이지요. 아난다 존자는 보통 사람들보다 10배 빠르게 말씀하셨다고 합니다. 납득하기 어렵다고요? 남방불교 국가의 스님들이 경전을 외우시는 것을 들으면 얼마나 사람이 빨리 말을 할 수 있는지 알 수 있습니다. 거의 우리가 알아들을 수 없을 만큼 빠르게 외웁니다.

성도 후 8년째 해에는 베사칼라 숲에서 머무셨고, 9년째 되던 해에는 코삼비의 고시타정사에서 머물며 많은 율을 제정하셨다 합니다.

10년째에는 파릴레야카 숲에서 머무셨는데, 코삼비에서 한 비구가 저지른 사소한 잘못을 놓고 비구 사이에 분쟁이 일어난 것이 바로 이때입니다.

12년째 되던 해에는 웨란자 마을에서 교단의 율을 구체적으로 제정하기 시작하십니다. 율을 제정했다는 것은 승단의 규율을 깨기 시작한 비구가 있었다는 뜻이기도 합니다.

13년째 해에는 찰리카시 부근에 있는 찰리야 바위산에 머무시는데, 이때 메기야 장로가 부처님의 시중을 들었다고 합니다.

14년째 되던 해에는 사와티의 기원정사에 계셨고, 이때 사미였던 라훌라 존자가 20세가 되어 비구계를 받고 아라한이 되십니다.

그 다음 15년째 되던 해에는 카필라성에서 야소다라 왕비의 아버지인 숫파붓다 왕이 죽음을 맞이합니다.

16년째 되던 해에는 알라위 시에 머무시며, 사람 잡아먹기를 좋아하는 알라와카 야차를 교화하십니다. 알라와카와의 문답이 《숫타니파타》〈알라와카경〉에 자세히 나옵니다.

17년째 해에는 라자가하의 죽림정사에서 머무셨고, 18~19년째 되는 해에는 다시 찰리야의 바위산에서 머무십니다.

20년째 해에는 라자가하의 죽림정사에서 머무신 후 21년~43년까지 대략 22년 동안 사와티에서 머무십니다. 코살라국의 수도인 사와티에 머무시면서, 스물네 번의 안거 가운데 열여덟 번은 기원정사에서, 나머지는 녹자모강당에서 지내셨다고 합니다. 기원정사에서 머물 때는 아나타핀디카

장자가 후원자였고 녹자모강당에서 지내실 때는 위사카라는 여인이 주된 후원자였습니다. 이렇듯 부처님은 말년의 24여 년간 한곳에 머무신 채 여러 가지 법문을 설하시면서 가르침을 점점 정리하십니다.

44년째 되던 해에는 웨살리 근처의 벨루바 마을에서 지내십니다. 이때 부처님은 크게 편찮으셨지만 의지력과 선정력으로 이겨내십니다. 부처님은 깊은 선정에 들어감으로써 육체의 고통을 이겨내셨습니다. 선정, 특히 멸진정(滅盡定)에 들어가면 어떠한 외부적인 소리도 듣지 못하고 내적·육체적인 느낌도 느낄 수 없기 때문에, 부처님은 그러한 선정의 힘으로 몸의 병을 이겨내셨다는 이야기가 있습니다. 부처님도 인간이었기에 인간의 몸으로 느낄 수 있는 여러 가지 병을 앓으셨겠지요. 부처님 몸도 무상하다는 것을 보여주는 이야기가 되겠습니다. 이렇듯 부처님은 종종 몸이 불편해서 사리풋타나 아난다 존자에게 설법을 대신 시키는 경우도 있었습니다.

그리고 부처님은 성도 후 45년째 되던 해, 우기가 시작되기 전인 5월 보름에 쿠시나가라의 사라쌍수 사이에서 완전한 열반에 드시게 됩니다. 부처님께서 완전한 열반에 드시기 전까지의 내용은 《대반열반경》에 자세하게 나와 있습니다.

승단의 분열

부처님께서 열반하기 7년 전쯤에 승단이 분열을 일으킵니다. 그 주역은 데바닷타였습니다. 마가다국의 왕자인 아자타삿투와 음모해서 왕자의 부친인 빔비사라 왕의 왕위를 빼앗고 자신은 승단의 지도자로 나서려 했던 겁니다. 자기에게 승단을 이양하라는 데바닷타의 말에 부처님께서는 단호히 거절하십니다. 부처님께서는 수제자인 사리풋타나 목갈라나 존자도 공식적인 후계자로 삼지 않으신 분입니다. 또 당신이 입멸한 후에도 법과 율을 스승으로 삼으라고 말씀하셨지 어떤 한 제자를 후계자로 삼지 않으셨습니다.

이때 데바닷타는 부처님께 5가지 제안을 합니다. 첫째, 승단의 구성원들은 모두 마을에서 떨어진 숲이나 아란야에서 지내야 한다. 둘째, 탁발만으로 생활해야 한다. 셋째, 분소의만을 입는다. 넷째, 나무 아래서만 머물고 집안에서는 머물지 않는다. 다섯째, 육식을 하지 않는다는 내용이었지요. 데바닷타의 제안 가운데 첫 번째에서 네 번째는 사실 두타행에 다 속하는 것들입니다. 데바닷타는 두타행을 승단의 기본적인 생활방식으로 고착시키고자 했던 것입니다.

하지만 부처님께서는 이 제안을 거부하십니다. 어떤 비구들은 두타행을 통해서 수행이 빨리 진전될 수도 있지만, 굳이 두타행이 아니더라도 불교의 수행은 가능하다는 이유에서였을 것입니다. 그리고 다섯 번째인 물고기나 동물고기를 먹지 말자는 주장에도 부처님은 반대하십니다. 출가한 승려는 재가자들이 정성껏 만들어준 음식을 탁발해 먹고살기 때문에 그러한 제안이 적합지 못하기 때문이었습니다.

자신의 뜻을 관철시키지 못한 데바닷타는 그 길로 왓지족 출신 비구 500명과 승단을 떠납니다. 이 사건이 사실이라고 한다면 이때 부처님의 승단은 처음으로 분열하게 됩니다. 그리고 데바닷타를 따르던 무리의 전통은 상당히 오랫동안 인도에 남아 있었던 듯합니다. 1세기경에 성립된 초기 대승경전인 《법화경》 〈데바닷타품〉을 보면 그 전통을 따르던 승단의 구성원들이 있었음을 간접적으로 확인할 수 있습니다. 그 후에 데바닷타는 부처님을 시해하려고 했으나 부처님 몸에 상처를 입히는 것에 그칩니다. 그리고 부처님의 몸에 상처를 낸 탓에, 부처님께 참회를 하러 오던 도중 산 채로 지옥에 떨어졌다고 하지요. 데바닷타를 따르던 아자타삿투 왕은 부처님께 귀의하게 됩니다.

육식과 오후불식

불교에서는 오후에 식사하지 않고 오전에 탁발한 음식으로만 생활합니다. 보통 아침 9시쯤 탁발을 나가서 10시쯤 음식을 가져와 12시가 되기 전에 모든 음식을 먹습니다. 그리고 다음날 9시가 되어 다시 탁발할 때까지 음식을 먹지 않습니다. 물론 물이나 당분은 섭취하지만 딱딱한 곡물 같은 음식은 먹지 않습니다. 사미계에서 여섯 번째 계(팔계에서도 여섯 번째)인 비시불식계(非時不食戒)는 오후 12시가 넘어서는 음식을 먹지 않는다는 것입니다. 태국이나 미얀마 등 남방에서는 아직도 이 계가 잘 지켜지고 있지요. 그런데 우리나라나 중국에서는 선승들이 채식을 하면서 약식(藥食)으로 저녁을 먹는 관습들이 생겨납니다. 오후에 음식을 먹지 않으면 건강을 해치게 되니까요. 하지만 철저하게 계를 지키는 분들은 채식을 하면서 저녁은 먹지 않는 전통을 이어오고 있습니다. 남방에서는 채식을 고집하지 않습니다. 부처님도 고기를 드셨다는 내용이 《숫타니파타》에 나오는 등 육식에 대해서는 관대한 편이지요.

부처님께서는 3가지 경우를 제외하고는 육식을 허용하셨습니다. 3가지 가운데 하나는 생명을 직접 죽여서 먹는 경우입니다. 살생의 업을 짓는 일이기 때문이지요. 두 번째는 나를 위해서 누군가 생명을 죽이는 장면을 보거나 들었을 때입니다. 예를 들어 스님이 어느 집에 탁발을 갔는데 집주인이 "스님, 잠시만 기다리세요" 하고 뒤채로 갑니다. 그러고는 닭을 잡아요. 비록 스님이 볼 수 없는 곳에서 닭을 잡는다 해도 닭이 내지르는 비명소리는 들립니다. 그런 음식은 먹으면 안 된다는 겁니다. 여러분도 조심하셔야 합니다. 횟집 가서 수족관을 가리키며 "저놈으로 잡아주세요" 하시면 안 된다는 얘기입니다. 세 사람의 손을 거친 고기는 살생의 업이 없어지고 하나의 음식이 되지만 나를 위해 일부러 잡은 고기는 살생의 업으로 연결됩니다. 육식을 금하는 세 번째 경우는 나를 위해서 죽인 것이라고 의심이 될 때입니다. 아까와 같은 경우에서 닭이 앞마당에 있다가 아무 흔적도 없이 사라졌는데 잠시 후 밥상에 닭고기 요리가 나왔다고 칩시다. 닭을 잡는 것을 보지도 듣지도 못했지만 나를 위해 잡은 것이라 의심이 되기 때문에 먹으면 안 된다는 겁니다.

부처님은 이 3가지 경우를 제외한 육식에는 관대했습니다. 그러다가 1~2세기 즈음에 대승불교가 일어나면서 힌두교의 채식주의로부터 영향을 받아, 《능가경(楞伽經)》 등의 경전에서 육식을 금하는 조항들이 생겨나게 된 듯합니다. 또 불교가 육식을 허용한 데는 걸식의 영향도 있다고 봅니다. 자기가 직접 요리해서 먹는 것이 아니라 다른 사람이 준비해놓은 음식을 받아서 먹기 때문에 음식을 선택할 수 있는 폭이 좁아질 수밖에 없겠지요. 데바닷타가 승단 내 육식을 금지하자고 권했을 때도 부처님은 단호히 거절하셨습니다. 업이 되지 않는 내에서는 육식을 해도 된다는 것이 부처님의 생각이었으니까요. 그러니 육식을 하는 게 무조건 비난받을 일은 아님을 알 수 있습니다. 《숫타니파타》를 보면, 육식보다는 마음의 탐욕이나 분노, 어리석음이 우리를 더럽힌다는 부처님의 말씀이 나오기도 합니다.

완전한 열반

불교에서는 인생을 살아가는 데 있어서 우리 마음을 뒤흔들어놓는 8가지 바람(八風, 八世間法)을 이야기합니다. 8가지 바람이란 이익과 손실, 명예와 불명예, 칭찬과 비난, 그리고 고통과 행복입니다. 인생에서 이익이나 명성을 얻고 칭찬을 받고 행복을 경험하는 것은 좋은 일이지요. 이 좋은 것을 경험할 때 우리 마음은 들뜨게 됩니다. 반면에 손해를 보고 명예를 잃고 비난을 받거나 고통을 받으면 우리 마음은 의기소침해지고 가라앉습니다.

부처님의 삶이라고 해서 8가지 바람이 불어 닥치지 않았겠습니까. 하지만 부처님은 인생의 우여곡절 속에서 조금도 흔들리는 일이 없으셨습니다. 물론 부처님뿐 아니라 아라한이 된 부처님의 제자들도 8가지 바람에서 완전히 벗어난 분들입니다. 우리가 불교를 배우는 가장 근본적인 이유가 있다고 한다면 그처럼 우리 마음을 흔들어놓는 바람에서 스스로를 보호하기 위해서입니다.

부처님께서는 마치 단단한 바위가 아무리 강한 바람에도 흔들리지 않는 것처럼 안정된 삶을 사셨습니다. 그리고 언쟁이나 어떤 적개심을 조장하는 일도 하지 않으셨습니다. 다만 이렇게 말씀하셨을 뿐이지요.

"비구들이여, 나는 세상과 더불어 싸우지 않는다. 단지 세상이 나를 두고 싸우려 들 뿐이다. 법을 설하는 자는 이 세상에 그 누구와도 싸우지 않는다."

부처님께서는 또 불교도가 아닌 사람들이 불법을 비난하더라도 대응해서 싸우지 말라고 말씀하셨습니다.

"비구들이여, 남들이 여래를 헐뜯고 법을 헐뜯고 승단을 헐뜯는다고 해서 그 때문에 난처해하거나 적개심이나 악의 따위를 품어서는 안 된다. 너희들이 그것 때문에 못마땅해 하거나 불평을 하면 정신적 방해를 입을 뿐 아니라 그들의 말이 어디까지 옳고 어디까지 그른지 판단할 수 없게 되고 만다. 너희들은 그런 때에 사실이 아닌 것은 해명함으로써 모든 것을 분명히 밝혀주도록 해야 한다. 비구들이여, 남들이 또한 여래를 치켜 올리고 법을 치켜 올리고 승단을 치켜 올려 말하더라도, 그것 때문에 마음이 우쭐해서는 안 된다. 그러면 내면의 성숙에 큰 장애가 될 뿐이다. 그런 때는 옳은 말은 옳다고 인정하고 그 옳은 까닭을 설명해주어야 한다.”

이처럼 부처님께서는 칭찬과 비난에 흔들리지 않는 승단 구성원들의 자세를 강조하셨고, 설령 부처님이나 법이나 승단을 누가 비난한다 하더라도 맞대응해서 싸우지 말라고 말씀하셨습니다.

부처님은 때때로 다른 종교인들의 오해나 시기, 질투심 때문에 비난을 받곤 하셨습니다. 한 번은 어떤 바라문이 부처님 면전에서 마구 욕을 해댄 적도 있습니다. 부처님은 끝까지 그 욕을 다 들으십니다. 무슨 대꾸라도 있어야 신이 날 텐데 아무런 반응도 보이지 않자 바라문은 제풀에 지쳐서 욕하기를 그만둡니다. 그제야 부처님은 이렇게 말씀하시지요. “당신이 누군가를 초대해서 좋은 음식으로 가득 상을 차려놓았는데, 손님이 아무 것도 먹지 않고 가버린다면 그 음식들을 어떻게 하겠습니까?” 바라문이 별걸 다 묻는다는 듯이 대꾸합니다. “거둬서 내가 먹어야지요.” 부처님이 곧이어 말씀하십니다. “그처럼 당신이 내게 수없이 많은 욕설을 퍼부었음에도 나는 받아들인 것이 하나도 없습니다. 그렇다면 그 욕은 어디로 갔겠습니까?” 다시 말해, 남을 욕하는 것은 결국 자기 자신을 욕하는 행위가 된다는 말씀입니다. 이처럼 부처님은 아무리 심한 욕을 들어도 대응하지 않고 오히려 그렇게 욕하는 사람마저 불쌍하게 생각하셨습니다. 이것이 바로 진정한 부처님의 자비심이자 지혜라고 할 수 있습니다.

부처님께서는 그처럼 지혜와 자비로 점철된 삶을 45년간 몸소 보여주십니다. 그리고 우리는 《대반열반경》을 통해서 부처님이 입멸하시기 전후의 마지막 3개월 동안 부처님의 마지막 가르침과 교단의 모습을 확인할 수 있습니다. 부처님께선 다음처럼 말씀하셨습니다.

"아난다여, 그대들 가운데 이런 생각을 하는 사람이 있을지도 모른다. 스승의 말씀은 끝났다. 우리는 이제 스승 없이 지내야 한다. 그러나 아난다여, 그렇게 생각해서는 안 된다. 내가 입적한 후에는 내가 설한 법과 내가 정한 율을 너희들의 스승으로 삼도록 해라."

이처럼 부처님은 제자들에게 당신이 입멸하더라도 법과 율을 스승으로 삼을 것을 강조하는 한편, 자기 자신과 법을 의지처로 하라고 가르치셨습니다. 이때 자신이란 잘 제어된 자기 자신을 말합니다. 흐트러져 있고 갈팡질팡하고 탐진치에 휩싸여 있는 자신이 아니라, 부처님의 법에 의해서 잘 길들여져 탐진치를 극복하고 지혜와 자비로 잘 단련된 자기 자신을 의지처로 삼으라는 뜻입니다.

부처님께서는 의지처로 삼을 만한 법을 말씀하시며 4가지 마음챙김, 즉 사념처(四念處)를 구체적으로 가르치셨습니다. 사념처는 디가 니카야 〈대념처경(大念處經)〉(맛지마 니카야의 〈염처경(念處經)〉)에 나오는 것으로, '열반에 이르는 유일한 길 또는 지름길'이라고 표현됩니다. 사념처 수행은 다른 종교에서는 말한 적이 없는 불교만의 독특한 가르침입니다. 열반에 이르는 길이 많은 것 같지만, 부처님은 궁극적으로 사념처를 통해 선정과 지혜를 이루는 길이 열반에 이르는 길임을 말씀하셨다고 볼 수 있습니다.

부처님은 다시 승단을 향해 의혹이나 의문이 있으면 어떤 것이라도 좋으니 질문하라고 말씀하십니다. 아무도 질문하는 제자가 없자 부처님은 마지막 유훈을 남기시지요.

"잘 들어라, 비구들이여. 지금 너희들에게 이르노라. 모든 형성된 것은 소멸하는 성질을 가지고 있다. 게으르지 말고 힘써 정진하라."

모든 형성된 것이란 제행(諸行)을 말합니다. 우리가 경험하는 모든 일들을 뜻하지요. 우리의 마음과 몸은 물론 산과 들을 포함한 이 세계, 인간들이 경험할 수 있는 모든 것들은 조건에 의해서 만들어진 것일 뿐이고, 그렇게 조건에 의해서 만들어진 것들은 소멸하는 성질을 지닙니다. 따라서 그 어느 것에도 집착해서는 안 되고 집착할 필요가 없다는 가르침입니다. 게으르지 말라는 말은 마음챙김을 놓지 말라는 뜻입니다. 즉 계, 정, 혜의 삼학(三學)[주17]을 통해서 힘써 정진하여 해탈과 열반을 이루라는 말씀이지요. 아라한이 된 제자들은 더 이상 닦아야 할 법이 없습니다. 따라서 그 말씀은 아직 아라한을 이루지 못한 제자들에게 하신 마지막 유언이라고 볼 수 있습니다.

당시 승단에는 부처님의 훌륭한 제자들이 많았습니다. 수제자인 사리풋타 존자와 목갈라나 존자는 이미 3개월 전에 이 세상에서 입적했습니다. "부처님의 수제자는 부처님보다 먼저 열반에 든다"는 말이 있듯이, 두 분은 부처님보다 먼저 열반에 들었던 거지요. 그 다음에 두타행의 일인자였던 마하카사파 존자는 그때 쿠시나가라에 없었기 때문에 부처님의 임종을 보지 못했습니다. 부처님 열반 당시 그 자리에 있었던 제자 가운데 가장 큰 제자는 아난다 존자와 아누룻다 존자입니다. 물론 그 외에도 수없이 많은 스님들과 재가자들이 모여서 부처님의 열반을 지켜보고 있었지요.

마지막 말씀을 남기신 부처님은 이제 선정에 들어가십니다. 초선으로 들어가신 후 2선으로, 2선에서 3선으로, 3선에서 색계의 네 번째인 4선에 들어가십니다. 그리고 4선에서 나와 무색계 선정으로 들어가십니다. 공무변처(空無邊處),[주18] 식무변처(識無邊處),[주19] 무소유처, 비상비비상처의 선정까지 올라가셨다가 거기서 멸진정으로 들어가시지요. 멸진정은 상수멸정(想受滅定)이라고도 하는데, 지각과 느낌이 완전히 가라앉아 작용하지 않는 경지입니다. 열반과 가장 유사하기 때문에 살아서 체험하는 열반이라고도 하지요. 즉 비상비비상처가 아주 미세한 무색계의 정신만 남아 있는 상태라면, 상수멸정은 지혜의 힘으로 비상비비상처에서 경험했던 마음의 여러 현상들이 무상하고 괴롭고 무아인 것을 꿰뚫어보면서 들어가는 상태입니다. 상수멸정에 들어가면 비상비비상처에서 아주 미세하게 남아 있던 지각과 느낌이 완전히 소멸합니다. 그래서 아주 깊은 상태의 열반과 같은 깊은 선정 속에 들어가게 되지요. 상수멸정은 선정의 힘뿐만 아니라 지혜가 곁들여져야 얻을 수 있는 매우 높은 단계의 선정 상태입니다. 또 상수멸정은 불교 말고 다른 종교에서는 말하지 않는 것이기도 하지요.

부처님께서 멸진정에 들어 고요히 계시자 아난다 존자가 아누룻다 존자에게 묻습니다. "부처님께서 열반에 드셨습니까?" 타심통이나 천안통이 없었던 아난다 존자는 부처님께서 열반에 들었다고 생각한 겁니다. 그러자 아누룻다 존자는 부처님께서 아직 열반에 들지 않았다고 대답합니다. 그리고 그때부터 부처님이 어떤 선정 단계에 들어가셨는지 옆에서 중계방송 하듯 말해줍니다.

부처님은 상수멸정에서 나오셔서 무색계 선정을 다시 거쳐 아래로 내려오십니다. 그러니까 비상비비상처, 무소유처, 식무변처, 공무변처를 거쳐서 색계 제4선, 3선, 2선, 초선으로 내려오신 거지요. 그런 후 다시 초선에서 시작해 제2선, 3선, 4선까지 도달하신 후에 4선에서 나오신 다음 완전한 열반에 들어가십니다. 이처럼 상수멸정의 상태를 경험하신 후 다시 색계 제4선의 상태로 내려와 열반에 드셨다고 하는 이야기는, 불교에서 색계 4선이 차지하는 위치가 얼마나 중요한지 알려주는 것이라 봅니다. 부처님께서는 마지막 입멸 과정에서 선정 수행이 얼마나 중요한지 직접 보여주신 셈입니다.

사선정의 각 단계에선 무엇을 느낄까?

사선정에는 각 선정마다 독특하게 체험되는 심리적인 상황이 있습니다. 초선에 들어가면 우리의 감각적인 욕망들과 우리 마음을 번거롭게 하는 좋지 않은 법들이 모두 가라앉아서 기쁨을 느낍니다. 또 마음이 행복해집니다. 그 다음에는 선정 수행의 대상에 대해서 끊임없이 일으키는 생각인 위타카와 그 대상에 마음이 잘 머물러 있는 위차라가 생겨납니다. 그리고 마음이 그 대상에 잘 집중되는 상태인 심일경성(心一境性)을 이루게 됩니다. 이렇듯 초선에서는 기쁨(또는 희열)과 행복감, 위타카, 위차라, 심일경성의 5가지가 이루어집니다. 제2선에서는 초선에서의 기쁨이 아니라 훨씬 더 고차원적이고 더욱 섬세한 기쁨이 일어납니다. 그 다음에 행복감이 일어난 후 위타카와 위차라는 끊어져버립니다. 결국 2선에서는 기쁨과 행복감과 심일경성의 3가지 법만 남게 됩니다. 3선에 올라가면 기쁨은 떨어져나가고 더욱 깊어진 행복감과 심일경성만

이 남습니다. 그 다음 4선의 단계에서는 행복감이 가라앉고 평온해집니다. 이 평온을 우페카(捨)라고 하지요. 고통과 즐거움이 다 없어지고 지극한 평온함이 마음속에 잦아듭니다. 이런 평온을 느낌으로써 이전에 느꼈던 기쁨이나 행복이 얼마나 거친 것인지를 알 수 있습니다.

우리에게 남겨주신 유산

부처님께서 29세에 출가하여 35세에 깨달음을 이룬 후 45년 동안 가르치신 것은 무엇일까요? 간단히 말하자면, 괴로움과 괴로움의 소멸에 대한 것이었다고 할 수 있습니다. 이는 부처님께서 직접 하신 말씀이기도 합니다.

부처님은 코삼비의 신사파 나무숲에 머무르실 때 땅에 떨어져 있던 신사파 나뭇잎을 한주먹 주워들고는 비구들에게 이렇게 물으셨습니다. "내 손에 있는 신사파 잎사귀와 저 나무숲에 있는 잎들 중에 어느 쪽이 더 많은가?" 비구들은 당연히 숲에 있는 나뭇잎이 훨씬 더 많다고 대답했습니다. 그러자 부처님은 말씀하십니다.

"그렇다, 비구들이여! 내가 완전히 깨닫고서도 너희들에게 설하지 않은 것이 많다. 내가 너희에게 설한 것은 극히 일부분에 불과하다. 비구들이여! 왜 내가 그 모두를 설하지 않았는가? 그것들은 유익하지도 않고 청정한 삶에 꼭 필요한 것도 아니기 때문이다. 그것들은 열반으로 이끌어주지 않는다. 비구들이여! 이것이 내가 그것들을 설하지 않은 이유이다."

그리고 말씀을 계속하십니다.

"그렇다면 비구들이여! 내가 설한 것은 무엇인가? 유익하고 청정한 삶에 반드시 필요한 4가지 고귀한 진리이다."

부처님 말씀처럼 부처님은 45년 동안의 설법과는 비교가 안 될 만큼 엄청난 깨달음을 이루신 분입니다. 그래서 부처님을 일러 일체지자(一切智者), 즉 '모든 것을 아는 분'이라고 합니다. 부처님의 그 일체지 안에는 수없이 많은 지식이나 지혜들이 있는데, 부처님께선 그중에서도 제자들에게 가장 유익하고 청정한 삶에 도달할 수 있는 가르침만 설하신 것이지요. 그것이 바로 4가지 고귀한 진리인 사성제란 뜻입니다.

이처럼 부처님께서 법을 듣는 대중에게 가장 필요한 말씀만 하셨다는 사실은 우리에게 중요한 메시지를 전합니다. 부처님께서 아는 것이 중요한 게 아니라 사람들에게 진짜로 필요한 것이 무엇인가 알아서 핵심을 가르쳤다는 사실이 중요하다는 것입니다. 부처님은 우리가 흉내조차 낼 수 없을 정도로 가장 필요한 말씀을, 가장 필요한 상황에서, 가장 적절한 대상에게 하셨다는 사실을 기억해야 합니다.

부처님은 다시 말씀하십니다.

"비구들이여! 나는 이전에도 지금도 오직 괴로움과 괴로움의 소멸을 가르친다."

다시 말해 우리의 삶에 뭔가 문제가 있다는 것과, 그 문제는 완전히 소멸될 수 있다는 2가지 핵심을 가르치셨다는 뜻입니다. 우리 인생에 괴로움이 없다면 부처님 가르침이 필요가 없습니다. 괴롭지 않은데 뭐가 더 필요하겠습니까? 하지만 괴로움이 없는 사람이란 없기 때문에 바로 그 괴로움과 문제들이 왜 일어났는지 살피는 것이 괴로움의 발생에 대한 가르침입니다. 그리고 그 괴로움의 원인을 제거하면 반드시 괴로움은 소멸된다는 것이 괴로움의 소멸에 대한 가르침입니다. 마지막으로 올바른 실천에 의해서 괴로움의 소멸이 가능하다는 것이 괴로움의 소멸에 이르는 길인 팔정도에 대한 가르침이지요.

괴로움과 괴로움의 소멸이라는 2가지 사건을 놓고 볼 때, 괴로움은 우리의 현실이고 괴로움의 소멸은 우리의 지향점입니다. 이처럼 부처님께서는 인생이 괴로움의 바다(苦海)라는 사실을 분명히 인정하지만 그렇다고 포기하고 계속 괴롭게 살라고 말씀하시지 않습니다. 인생이 괴로운 것에는 반드시 원인이 있음을 밝혀내시고, 그 원인을 제거했을 때 괴로움에서 벗어나 사선정에서 누리는 즐거움과는 비교도 안 되는 더 깊은 해탈의 즐거움을 얻을 수 있다고 가르치십니다.

열반은 이 세상에서 경험할 수 있는 그 어떤 행복보다 가장 행복한 상태라고 표현합니다. 열반을 체험한 사람들은 열반 외에 행복이란 없다는 사실을 압니다. 이처럼 체험을 통해, 괴로움이 완전히 소멸된 이 경지야말로 진정한 행복이고 그 외의 것은 모두 괴로움이라는 것을 이해하는 것이 사성제를 제대로 이해하는 것입니다.

사성제는 결국 자신이 지닌 괴로움에 대한 이해이자 자기 자신에 대한 이해라고도 할 수 있습니다. 아직 깨닫지 못한 존재로서 자신에 대한 이해가 괴로움에 대한 이해입니다. 그리고 그것을 바탕으로 해서 그 괴로움이 일어나는 원인을 밝혀냈을 때, 그 괴로움의 원인에는 갈애와 같은 번뇌가 있다는 것을 이해했을 때 그 번뇌들을 점점 내려놓는 수행을 하게 됩니다. 집착 때문에 괴롭다는 것을 알았다면 집착에서 점점 자유로워질 수 있는 길이 보인다는 말이지요. 그런데 우리는 왜 괴로움이 일어나는지, 욕심 때문인지, 화 때문인지도 모르면서 끊임없이 욕망과 집착과 분노 등의 번뇌에 사로잡혀 괴로움의 씨를 심고 있습니다. 씨를 심은 이상 싹이 터서 열매를 맺게 되는 일은 피할 수 없습니다.

괴로움이 소멸해가는 과정은 선정 단계에서 하나하나 경험할 수 있습니다. 그리고 지혜를 점점 일궈내는 위빠사나 수행을 통해서도 괴로움이 소멸되는 것을 경험할 수 있지요. 위빠사나 수행을 통해 마음속에서 일어나는 복잡하고도 다양한 현상들이 하나하나 정확하게 관찰될 때 우리는 그 현상들의 본래적인 특징인 무상, 고, 무아를 있는 그대로 알아차리게 됩니다. 그리고 이런 경험으로 그 현상들을 하나하나 내려놓게 됩니다. 그렇게 조금씩 마음의 짐을 덜다가 완전히 내려놓게 되는 순간, 생멸하는 속성을 지닌 여러 가지 현상들이 더 이상 생멸하지 않게 되는 단계에 이르는 순간 열반에 이릅니다.

열반의 덕은 재가와 출가, 남녀노소 등을 가리지 않습니다. 올바른 방법으로 수행한 사람이라면 자연스럽게 얻을 수 있는 마지막 행복이지요. 2,600년의 불교 역사 속에서 7살 된 어린 사미들도 열반을 경험하는 등 수많은 사람들이 열반을 체험해서 최상의 행복을 얻을 수 있었습니다. 따라서 불교 공부는 이 열반의 가르침을 통해 나 자신도 열반을 얻을 수 있다는 신심에서부터 시작해야 합니다.

괴롭다는 사실은 믿을 필요가 없습니다. 누구나 괴로우니까요. 그런데 괴로움이 없어질 수 있다는 것은 선뜻 믿기지가 않습니다. 그래서 괴로움을 소멸하는 길인 팔정도는 정견에서 시작됩니다. 즉 4가지 고귀한 진리가 있다는 것을 받아들일 수 있는 마음의 자세를 갖는 것, 믿음을 갖는 것에서부터 시작됩니다.

불교는 맹목적인 믿음을 말한 적이 한 번도 없습니다. 불교는 반드시 자기의 경험을 통해 확인할 수 있는 것에 대한 믿음에서 시작합니다. 그런 면에서는 불교도 믿음을 상당히 중요시한다고 볼 수 있겠지요. 하지만 여기서 믿음은 방향성을 가리킵니다. 지금부터 내가 무엇을 하겠다는 방향성을 정하는 기본적인 태도가 믿음입니다. 서울에서 부산으로 가려는 사람이 부산이 있다는 사실을 믿지 않는다면 어떻게 됩니까? 부산으로 출발하고자 하는 마음조차 일으킬 수 없겠지요? 부산이 있고 부산으로 가는 길이 있다는 것을 믿을 때, 우리는 부산을 향해서 가려는 마음을 일으켜서 발을 옮기기 시작합니다.

이처럼 믿음이란 처음에 갖는 기본적인 자세를 말합니다. 믿음, 특히 부처님의 깨달음에 대한 믿음은 불교 수행에서 가장 기본이 되는 덕목입니다. 그리고 수행을 통해서 믿음을 확인하면 그 믿음이 확신으로 바뀌는 경험을 하게 됩니다. 확신의 단계에 이르면 더 이상 믿음이 흔들리는 경험들을 하지 않게 됩니다. 자기가 실제로 수행을 통해서 기쁨과 행복과 평온과 더 나아가 열반을 체험하게 되는데 어떻게 확신하지 않을 수 있겠습니까?

그러므로 괴로움은 우리의 현실이고 괴로움의 소멸은 우리가 지향해야 되는 목적이라는 사실을 받아들여야 합니다. 이처럼 사성제에 대한 믿음을 바탕으로 우리 삶을 바로 보려고 노력한다면 삶의 문제들이 하나하나 제거되는 과정을 거치게 됩니다. 그리고 더 나아가서는 괴로움의 원인인 탐욕과 성냄과 어리석음이라는 번뇌가 완전히 소멸된 최상의 행복인 열반을 얻을 수 있습니다.

지금은 비록 순간순간마다 번뇌들이 일어난다 할지라도 '내가 열심히 수행하면 이것들도 사라질 수 있구나' 하는 믿음을 가지십시오. 그리고 하나하나 번뇌들에 대해서 정확하게 알아차리고 놓치지 않는 예리한 관찰력을 지니기 시작하면 번뇌의 힘은 점점 더 약해집니다. 번뇌의 힘이 약해지는 과정이 바로 수행이 진행되는 과정이고, 번뇌의 힘이 약해질수록 우리는 점점 마음의 짐을 덜어 경쾌하고 평안하고 기쁘고 행복한 경험들을 하게 됩니다.

절에 가면 마음이 조금은 정화되는 것을 경험해보신 적이 있을 겁니다. 부처님 앞에 서서 염불을 하거나 절을 하거나 혹은 아무것도 하지 않더라도 법당에 가만히 앉아있는 것만으로도 마음이 안정됩니다. 왜냐하면 부처님 앞에 선 그 순간에는 남을 미워하는 감정이나 욕망에 휘말리지 않으면서 자기 내면으로 돌아와 마음을 가라앉힐 수 있기 때문입니다. 이처럼 염불이나 경전을 읽는 것, 절하는 것 모두 우리 마음을 가라앉히는 좋은 수행 방법들입니다. 이런 방법들을 통해서 우리 마음을 자꾸만 가라앉힐 때 자신을 괴롭히고 번거롭게 만드는 짐들을 하나하나 내려놓을 수 있다는 사실을 경험할 수 있습니다.

그처럼 우리 마음속에서 거추장스런 짐들을 하나하나 덜어나가는 것이 부처님께서 45년 동안 가르치신 내용을 내 삶 속에서 실천해나가는 길이라고 생각합니다. 이 한 생각을 떠나서는 어디에서도 수행할 수 없고 어디에서도 행복할 수 없습니다. 이것이 바로 "지금 이 순간뿐, 내일이나 다음 순간은 없다"는 가르침이기도 합니다.

생사를 아끼지 않고 수행에 전념하는 수행자가 이 숲을 비추리라

부처님께서는 이 세상에 오시기 전에도 이미 오랜 옛날 연등불 시절부터 뛰어난 수행자로서의 자질을 갖추셨습니다. 그리고 붓다가 되겠다는 원력을 세우신 후에 선정과 신통력을 갖춘 상태에서 10가지 바라밀행을 닦는 보살의 길을 가려고 마음을 내십니다. 부처님이 보살행을 하며 윤회하실 때에는 축생으로 태어나신 적도 있고, 인간이나 천신으로 태어나신 적도 있습니다. 하지만 천상에서는 보살행을 할 기회가 적기 때문에 그곳에서의 수명을 빨리 단축시키고 인간이나 축생들의 세계로 내려오셔서 보살행을 닦으셨다고 합니다. 부처님께서는 그렇게 10가지 바라밀을 갖추신 후 이 세상에 오십니다. 그리고 29세에 출가를 하신 후 완전한 계행을 실천하기 시작하시지요. 부처님은 그 후로 사선을 바탕으로 지혜의 힘을 얻어 탐욕과 성냄과 어리석음이라는 번뇌의 뿌리를 완전히 제거하여 아라한이 되는 순간 완전한 깨달음을 얻은 붓다가 되셨습니다.

부처님의 제자들 역시 번뇌를 소멸한 아라한이라는 최고의 성자를 목표로 수행했습니다. 그리고 아라한이 되었지요. 하지만 부처님처럼 번뇌를 소멸했다고 해서 붓다나 여래가 된 것은 아닙니다. 부처님은 스스로 깨달아 아라한이 되신 분이고, 제자들은 부처님의 가르침을 듣고서 아라한이 되었습니다. 부처님은 열반에 이르는 모든 길을 아시며, 중생에 따라 어떤 길이 가장 효과적인지 아시는 분입니다. 그래서 가장 효과적인 방법으로 대중 각각의 근기에 맞게 법을 설하셔서 가장 빠르게 열반을 얻도록 해 주신 분입니다. 부처님은 더 많은 지혜와 능력을 지니고 있었지만 제자들에게는 핵심적으로 괴로움의 소멸을 목적으로 한 가르침, 실제적이고도 실용적으로 열반에 가장 도움이 되는 법만 가르치셨습니다. 하지만 부처님의 가르침을 받아서 아라한의 깨달음에 도달한 제자들은 자기가 이해하고 실천한 길만 가르칠 수밖에 없었습니다. 경전을 보면 부처님 당시에도 제자들이 각각 지도하는 그룹들이 따로 있었다는 사실을 확인할 수 있습니다.

맛지마 니카야 〈마하고싱가경〉을 보면, 사리풋타와 목갈라나, 마하카샤파를 위시한 내로라하는 뛰어난 제자들이 모여서 누가 과연 밤에 고싱가 숲속을 환히 비출 수 있을까 하는 내용으로 토론을 합니다. 그러니까 누가 가장 이상적인 수행자인지 토론을 벌인 것이지요. 그러자 사리풋타와 목갈라나, 마하카샤파는 각각 자신이 지닌 능력들을 갖추고 있는 수행자가 고싱가 숲을 비추리라 말합니다. 즉 각자가 수행법으로 삼았던 부처님의 가르침을 실천하는 비구가 가장 뛰어나다는 주장이었습니다. 토론의 결말을 보지 못하자 그들은 부처님을 찾아갑니다. 그러고는 자신들의 주장을 반복합니다. 그러자 부처님께서는 그들 각각의 이야기가 모두 옳다고 말씀하십니다. 그들 모두 부처님께 배웠던 방법대로 말했고, 또 그 방법에 의해서 수타원이나 아라한의 깨달음을 얻을 수 있었기 때문이지요. 그리고 그 방법들이 각자의 성향에 가장 적합하기 때문에 그 수행법들이 전부 다 옳다고 말씀하신 겁니다. 그리고 부처님은 마지막으로 한 말씀을 덧붙이십니다. 여기가 재밌습니다.

"나는 불굴의 의지로 생사를 아끼지 않고 수행에 전념하는 수행자가 이 숲을 비춘다고 생각한다."

이것은 부처님이 고행을 마치신 후 보리수 아래 앉아 다지던 마지막 결의의 내용과도 관련이 있습니다. 그런 결의로 수행에 전념하는 수행자가

이 숲을 비춘다고 생각한다 말씀하시며 깨달음을 얻기 직전의 당신 마음 상태도 덧붙이신 겁니다.

이런 사실을 통해서 보면, 부처님의 가르침은 매우 다양하게 제시되었고, 그 다양한 방법들은 모두 다 열반이라는 마지막 목적을 향했다는 점에서 모두 옳다는 것을 알 수 있습니다. 산 하나를 오를 때도 길이 다양하듯, 수행의 마지막 목적인 열반을 얻는 데는 다양한 방법들이 있습니다. 그 길을 따라가는 사람들의 능력과 근기에 맞게끔 방법들이 제시되는 거지요. 따라서 어느 길이 옳다 그르다 하며 시비를 가릴 순 없습니다. 부처님 가르침을 공부하고 수행해나가다 보면 자기가 이해한 것이 가장 옳다고 생각하기 쉽습니다. 하지만 자기의 문제를 해결할 때 가장 적합했던 방법이 모든 사람에게 적용되지 않을 수 있다는 것이 문제입니다. 왜냐하면 사람들마다 살아온 방식이 다른 데다 지적인 능력도 천차만별이기 때문입니다. 따라서 각자에게 어울리는 길들이 따로 있다는 사실만 인정한다면 내게 맞는 방법이 모든 사람에게 맞는 것은 아니라는 것쯤은 확인할 수 있습니다. 다리가 튼튼한 사람이 등산을 할 때에는 가파르더라도 가장 빠른 길로 올라갈 수 있지만, 몸이 약한 사람은 그런 길로 도저히 산을 오를 수 없습니다. 조금 멀리 돌아서 가더라도 완만한 등산로를 찾아 산을 오르는 것이 옳습니다. 그러므로 남방불교식의 수행이나 북방불교[주20]에서 하는 수행이 서로 모순을 일으키지 않고 각자가 우리 삶의 근원적인 문제를 해결해줄 수 있는 다양한 방법이라고 생각해야 합니다. 그처럼 열린 시각으로 바라본다면 수많은 불교 전통이 오히려 많은 사람들의 삶을 더 풍요롭게 해줄 수 있습니다.

　대승불교는 부처님의 모든 가르침을 섭렵하면서 스스로 대승인 것을 자랑스럽게 여기고 수행해나갑니다. 그렇다고 대승의 가르침이 아닌 다른 가르침으로 수행하는 사람들을 비난하거나 무시하진 말아야 합니다. 그런 의미에서 대승불교가 폭넓은 가르침이라고 한다면, 초기경전에서 나타난 아라한에 이르는 길 혹은 남방 상좌부나 부파불교가 전하는 아라한의 길은 부처님의 가르침에 가장 가까운 말씀을 바탕으로 해서 실천하는 전통입니다.

지혜와 자비를 양 날개 삼아

　부처님은 천신과 인간을 포함한 모든 존재들의 유익과 행복을 위해서 자비심을 바탕으로 45년 동안 가르침을 펴셨습니다. 그리고 부처님의 제자들도 교화 활동에 전념했습니다. 아라한이 되었다고 뒤에 물러나 있지 않았습니다. 이것이 바로 자신이 지닌 덕을 다른 이들에게 돌려보내는 회향입니다. 회향(廻向)이란 자신이 착한 일을 하고 그 결과를 다른 사람들이 받기 원하는 마음입니다. 자신을 위한 자리행(自利行)과 남을 위한 이타행(利他行)은 부처님을 비롯하여 제자들에게도 그대로 이어지고, 현재까지 모든 불교 전통에서 그대로 살아있는 근본적인 부처님의 가르침입니다. 계정혜 삼학을 통해 지혜를 완성하고 그 지혜의 완성을 통해 탐진치 삼독을 소멸하는 것은 지역과 역사를 막론하고 모든 불교의 전통에 깔려 있습니다. 그리고 다른 중생들의 행복을 바라고 잘되기를 바라는 자비행의 실천 역시 함께합니다. 이 지혜와 자비라는 새의 양 날개와 같은 2가지 덕목을 부처님의 전 생애와 부처님 제자들의 삶을 통해서 확인할 수 있습니다.

　그렇다면 우리가 따라야 하는 수행의 덕목이란 다름 아닌 지혜의 완성과 자비의 실천이라고 볼 수 있습니다. 계를 지키고 선정 수행을 닦아서 그 선정을 바탕으로 우리의 몸과 마음, 세계를 있는 그대로 보는 것으로써 지혜의 완성은 이루어집니다. 지혜가 완성되면 더 이상 생겨났다 사라지는 현상들에 매달리거나 집착하거나 화를 내는 일이 점점 없어집니다. 그러다 궁극에 가서는 탐욕과 성냄과 어리석음이 완전히 끊어져서 평온하고 행복한 상태에 머물게 됩니다. 계정혜 삼학을 닦아 해탈을 이룬 아라한들은 그냥 가만히 있지 않고 끊임없이 해탈의 즐거움을 느끼면서 그 즐거움을 많은 다른 사람들에게 전해주었습니다. 그것이 바로 자비의 실천이지요.

　부처님의 가르침은 수많은 부처님의 제자들이 정리하고 결집해서 전승했기 때문에 지금껏 우리에게 전해져오고 있습니다. 상좌부에서는 부처님의 입멸 후 제1차 결집부터 6차 결집까지 있었고, 대승불교는 특별한 결집의 형태는 없었지만 수많은 대승경전을 만들고 논서를 정리하면서 경전과 논서 들이 전해졌습니다. 제1차 결집은 부처님께서 열반하시고 3개월 후에 마하카샤파 존자의 주도하에 아자타삿투 왕의 후원으로 라자가하에서 열렸습니다. 그때 법과 율을 함께 외워 부처님의 가르침을 전했지요. 그 후 아소카 왕 시대까지 약 200년간 초기 승단의 전통은 잘 이어져 내려옵니다. 그러다가 부파들이 분열을 하게 되지요. 부처님의 직제자들은 각자가 다른 방식으로 아라한에 이르렀으며 그처럼 서로 다른 길이 부처님의 가르침 안에서 통합된다는 것을 인정했던 반면, 세대가 내려가면서 자기 스승이 가르쳤던 방법을 독특하게 계승하고 발전시킴으로써 부파불교가 전개된 것입니다. 그리하여 상좌불교를 통해서는 부처님의 말씀이 전해졌고, 대승불교를 통해서는 보살의 길을 걸으신 부처님의 삶 자체가 보여주는 교훈이 전해지고 있습니다.

3가지 보물

불교에서는 부처님(佛寶)과 부처님의 가르침인 법(法寶), 그리고 출가 승단(僧寶)을 일러 3가지 보물, 즉 삼보(三寶)라고 합니다. 그중에서 불보인 부처님에 대해 먼저 살펴보도록 하겠습니다.

1. 불보

부처님은 신도 아니며 신의 예언자나 화신도 아닙니다. 부처님은 인간의 아들로 태어났습니다. 물론 인간의 아들로 태어났지만 수많은 전생부터 닦아온 수행의 힘이 있었기에 인간의 한계를 벗어난 인간이 되셨습니다.

부처님은 신을 자처하신 적이 없습니다. 그렇다고 예수님이나 모하메드처럼 신이 보낸 예언자도 아닙니다. 힌두교에서는 부처님을 비쉬누라는 신의 화신이라고 생각합니다. 이는 불교를 힌두교 속으로 끌어들이려는 해석일 뿐이지, 부처님은 힌두교에서 말하는 비쉬누 신의 화신이 아닙니다. 부처님은 인간으로 태어나 궁극적인 자유와 완전한 지혜를 얻어 오히려 천신들과 인간들 가운데서 견줄 리 없는 스승이 되신 최상의 인간입니다.

부처님만이 지닌 6가지 지혜

부처님, 즉 붓다는 '아는 사람' 또는 '깨친 사람'이라는 뜻입니다. 부처님께는 당신만이 지닌 6가지 지혜가 있습니다. 첫 번째는 중생들의 5가지 기능, 즉 오근에 대한 지혜입니다. 5가지 기능이란 믿음과 정진과 마음챙김과 마음집중 그리고 지혜를 말합니다. 부처님께서는 중생들이 지닌 5가지 기능 가운데 어떤 것이 강하고 어떤 것을 제대로 갖추었는지 이해하는 지혜를 지니셨습니다.

두 번째는 중생들의 개별적인 성향과 잠재된 번뇌에 대한 지혜입니다. 부처님은 중생 하나하나의 성향과 그들에게 잠재된 번뇌를 꿰뚫어보십니다. 그래서 각 중생들에게 가장 적합한 가르침을 전해주십니다.

세 번째는 정반대되는 물과 불을 동시에 존재하게 하는 신통력인 쌍신변을 말합니다.

네 번째는 대비정(大悲定)의 지혜입니다. 대비정이란 모든 중생들을 불쌍하게 여기는 크나큰 연민의 선정을 뜻합니다. 부처님께서는 중생의 근원적인 괴로움을 불쌍하게 여기셔서 그들을 고통에서 벗어나게 해주기 위해 새벽녘마다 이 대비의 선정에 들어가셨다고 합니다. 그래서 '오늘 내가 만나서 제도할 중생은 누구인가', '그는 어떠한 성향의 사람인가', '어떠한 번뇌가 있는가', '나의 가르침을 어느 정도 이해할 수 있는가' 하며 대비정 속에서 직접 관찰하셨다고 합니다. 부처님께서 늘 교화할 대상들을 파악하고 있었다는 뜻이지요.

또한 부처님만이 지닌 다섯 번째 지혜로 일체지가 있습니다. 모든 것을 아는 지혜입니다. 신사파 숲의 비유에서 말씀드렸듯이, 부처님은 제자들에게 가르친 것보다 훨씬 많은 지식 또는 지혜를 갖고 계십니다. 그것을 일체지라고 합니다. 다시 말해 모든 것을 알고자 할 때 모든 것을 알 수 있는 지혜이지요.

여섯 번째 지혜는 무장애지(無障碍智)입니다. 걸림이 없는, 막힘이 없는 지혜라는 뜻입니다. 부처님은 알고자 하는 마음만 있으면 한없이 오래된 전생까지 아무런 걸림 없이 다 아셨다고 합니다. 또 천안통이라는 천안의 지혜로써 아무 막힘없이 중생들의 죽고 태어남을 있는 그대로 보셨다고 하지요.

부처님은 이처럼 6가지 지혜로써 세상 사람들에게 열반에 이르는 길을 직접 보여주셨습니다.

부처님의 10가지 덕성

부처님께는 10가지 칭호가 있습니다. 이를 여래십호(如來十號)라고 합니다. 첫째는 아라한으로, 응공(應供)이라고 번역합니다. 풀이하자면 공양 받을 만한 자격이 있는 분이란 뜻이지요. 어째서 공양 받을 만한 자격이 있다고 하는 걸까요? 바로 탐욕, 분노, 어리석음이라는 탐진치의 번뇌를 모두 없앴기 때문에 사람들로부터 존경과 공양을 받을 만한 가치가 있다는 겁니다.

부처님은 또 정등각자(正等覺者), 정변지(正遍智)라고도 불리는데 이는 완전히 스스로 깨달으신 분이라는 뜻입니다.

그 다음 세 번째는 지혜와 실천을 갖추신 분이라는 뜻에서 명행족(明行足)이라고 부릅니다. 지혜만 아니라 실제적인 행(行)도 완전히 갖추신 분이라는 뜻이지요.

그리고 네 번째는 선서(善逝)라고 해서, 최상의 행복인 열반에 잘 도달하신 분이라는 뜻입니다.

다섯 번째는 세간해(世間解)라고 해서, 세상의 이치 및 세상에 사는 존재들을 잘 이해하시는 분이라는 뜻입니다.

그 다음에 여섯 번째가 무상조어장부(無上調御丈夫)라는 것으로, 견줄 이 없이 사람들을 잘 길들이시는 분이라는 뜻이 됩니다. 여기서 무상사(견줄 이 없는 분)와 조어장부(사람들을 잘 길들이시는 분)를 나누기도 합니다.

일곱 번째는 천신과 인간의 스승이라는 천인사(天人師)가 있습니다. 부처님의 법을 직접 듣고 교화 받을 수 있는 존재에는 천신과 인간이 있는데, 부처님이 바로 그 존재들의 스승이라는 뜻입니다.

그리고 여덟 번째는 깨달으신 분이라는 뜻의 붓다(佛)가 있습니다.

마지막으로 아홉 번째는 존귀한 분이라는 뜻에서 바가와, 즉 세존(世尊)이라고 합니다. '바가와'에서 '바가'는 행운을 뜻합니다. 따라서 바가와를 우리말로 하면 운이 좋은 분, 행운을 가져다주는 분이란 뜻이 되겠지요.

이렇게 10가지(혹은 9가지) 덕목 가운데 우리가 부처님의 제자로 얻을 수 있는 덕목이 하나 있습니다. 물론 보살의 길을 따라 바라밀행을 닦으면 붓다가 될 수도 있겠지만 부처님의 제자로 얻을 수 있는 유일한 덕목은 아라한뿐입니다. 아라한은 우리가 부처님의 가르침을 직접 듣고 수행해서 얻을 수 있는 최상의 경지입니다. 아라한은 탐진치를 없앴다는 점에서 9가지 덕목 가운데 하나를 부처님과 공유합니다. 하지만 아라한은 부처님이 지니신 나머지 덕목을 가지고 있지 않습니다. 그런 점에서는 아직 부족한 존재이지만, 기본적으로 우리가 추구하는 가치는 바로 탐진치라는 번뇌를 모두 소멸시킨 아라한의 경지라고 볼 수 있지요.

이러한 부처님의 덕목들은 불교 수행에서 중요한 주제가 됩니다. 우리의 마음을 보호하고 안정시키기 위한 수행법들이 있는데, 그중에 가장 먼저 나오는 것이 바로 부처님의 덕을 생각하는 염불 수행 또는 불수념(佛隨念)입니다. 부처님을 끊임없이 생각하게 되면 행복과 평온을 누릴 수 있습니다. 그래서 염불 수행은 대승불교는 물론 남방불교에서도 아주 중요시하는 수행법입니다. 초기경전에서도 매우 중요한 수행법으로서 재가자들과 출가자들에게 제시될 정도였으니까요. 여래십호를 팔리어로 하나씩 외워도 좋고 우리말로 번역된 것이나 한문으로 된 것을 외워도 좋습니다. 그 덕목들을 하나하나 외우면서 부처님의 덕을 생각할 때 우리 마음의 번뇌로부터 벗어나게 될 뿐만 아니라 실제로 외적인 나쁜 영향에서도 벗어나게 된다고 합니다. 그래서 저도 평소에 여래십호를 외우며 부처님의 덕을 생각하고, 그분께서 지닌 덕목 가운데 나 자신이 모델로 삼고 따를 수 있는 아라한의 지혜를 얻으려 노력합니다.

부처님의 깨달음에 대한 믿음

여래십호만 보더라도 부처님이 인간으로서 최고의 스승이라는 사실을 알 수 있습니다. 그런데 타종교에서는 인간이 신을 믿지 않고 어떻게 인간을 믿을 수 있느냐고 반박하곤 하지요. 하지만 사람이 사람 말을 믿지 않으면 누구 말을 믿겠습니까? 더구나 부처님은 인간으로서 인간이 도달할 수 있는 가장 최상의 상태에 도달하신 분입니다. 우리에게 이익과 행복을 가져다주기 위해서 올바르고 참된 말씀만 하시는 분입니다. 인간의 한계를 모두 벗어나서 천신과 인간의 스승이 되신 부처님의 경지를 우리가 모두 이해하기란 쉽지 않은 일입니다. 하지만 부처님이 깨달으신 분이라는 사실을 마음으로 받아들이고 그분의 가르침이 우리 삶에 도움이 된다고 믿어야 합니다.

물론 불교는 믿음과 함께 지혜를 강조하는 종교입니다. 하지만 적어도 '부처님은 완전한 깨달음을 얻으신 분이다. 그래서 인생의 궁극적인 문제를 완전히 해결하신 분이다'라는 사실만은 믿어야 합니다. 그렇지 않고서는 불교에 대한 가르침이 단지 철학적 사변이나 또 다른 도덕적 지침에 그칠 수밖에 없습니다. 불교를 통해서 우리 삶이 근본적으로 변화할 수 있다는 사실을 믿어야 합니다. 초기불교나 대승불교 등 불교의 전 역사에 있어서 가장 중요한 사실이 하나 있다면 바로 부처님의 깨달음에 대한 믿음입니다. 《대반열반경》을 보면, 부처님의 수제자이자 지혜제일이라 불리는 사리풋타 존자마저 "부처님의 경지는 믿음으로 접근할 수밖에 없다"고 고백한 적이 있습니다. 하물며 우리들이 부처님의 가르침을 모두 이해하기란 어쩌면 이 짧은 삶 동안에는 불가능한 일인지도 모르겠습니다. 《법화경》에서도 "오직 부처님만이 부처님의 경지를 안다"고 했지요. 하지만 부처님의 경지를 모두 알 수는 없어도, 그분이 지닌 덕목 가운데 하나인 아라한의 경지를 향해 수행한다면 우리도 깨달음을 성취할 수 있다고 믿어야 합니다. 이처럼 부처님과 부처님의 깨달음에 대한 믿음, 즉 그분의 깨달음이 삶을 자유롭게 하는 가르침이라는 믿음이 필요합니다.

불교에서는 구원이라는 말을 잘 쓰지 않습니다. 하지만 부처님은 스스로 밟아온 길을 우리들이 따라가게 이끌어줌으로써 자기 자신을 구원해내는 방법을 보여주셨습니다. 그런 의미에서 부처님은 구원자이기도 합니다. 신이 있어야만 종교가 아닙니다. 삶의 문제가 해결되어 궁극적인 인생의 목적을 완성할 수 있도록 안내하는 가르침을 종교라고 합니다. 따라서 불교는 종교 가운데서도 인간의 능력을 가장 긍정적으로 보고 인간의 노력을 통해 삶의 문제가 근원적으로 해결될 수 있다는 사실을 강조한 종교입니다. 그야말로 인간의, 인간을 위한, 인간에 의한 종교라고 할 수 있습니다.

부처님은 스스로 얻은 지혜와 자비의 완전한 조화를 통해서 보편적이면서도 영원한 인간의 이상을 구현하신 분입니다. 그러한 최상의 이상을 우리들이 어떻게 삶 속에서 가능하게 하느냐 하는 것이 바로 우리가 불교를 배우는 가장 근원적인 이유라고 할 수 있습니다. 여래십호에서 명행족을 말씀드렸지요? 여기서 명은 지혜에 해당하고 행은 실천, 자비의 실천을 뜻합니다. 하지만 지혜와 자비를 조화롭게 완성하신 분은 부처님밖에 없습니다. 2,600년을 이어온 불교의 역사 속에서도 부처님에 견줄 만한 지혜와 자비를 갖춘 제자들은 없었습니다.

하지만 우리는 부처님의 덕성을 생각해도 별다른 감동을 받지 못합니다.

부처님이 위대한 분인 것 같긴 한데, 그게 나하고 무슨 관계가 있을까 싶습니다. 하지만 우리가 신심을 바탕으로 열심히 올바르게 수행한다면, 그 수행의 맛을 구체적으로 보는 순간에 '아, 정말로 부처님은 훌륭하신 분이구나!' 하고 느낄 때가 옵니다. 불교의 역사 속에서 수많은 스승들이 부처님의 가르침을 통해 깨달음을 얻는 순간 '부처님께서 정말로 나를 위해 법을 설하셨구나!' 하며 눈물을 흘리셨다고 합니다. 굳이 깨달음까지 말할 필요도 없습니다. 우리가 부처님 앞에서 열심히 기도를 한다든지, 열심히 경전을 읽어 내용을 이해한다든지, 열심히 선정 수행을 해서 마음이 고요해지고 평온해지는 것을 경험한다든지, 열심히 지혜 수행을 해서 지혜가 열리는 과정을 조금씩 경험하게 되면 자기가 경험한 만큼 부처님에 대한 믿음과 존경심이 우러나오게 됩니다. 그리고 부처님이 정말로 위대하고 훌륭한 분이라는 것을 절감하게 되지요.

저는 1991년에 처음으로 미얀마를 가서 위빠싸나 수행을 한 적이 있습니다. 한 달 정도 수행을 열심히 하고 나니 조금씩 수행의 맛을 경험하게 되더군요. 그때 부처님을 떠올리며 감사하고 존경스런 마음에 눈물을 쏟곤 했습니다. 그런 상태가 한 일주일간 지속되었습니다. 그런 믿음이 좀 더 확신에 가까워지고 수행을 통해서 더 많은 지혜와 행복을 얻게 되면 '정말로 부처님은 나의 스승이구나' 하는 것을 완전히 확신하게 되지요. 그리고 그러한 확신 속에서 불교의 수행과 교리에 대한 이해가 더욱 더 깊어집니다.

2. 법보

법은 팔리어로 담마(Dhamma)라고 하고 산스크리트어로는 다르마(Dharma)라고 합니다. 다르마란 무엇을 잘 지니고 있다는 뜻입니다. 상좌부의 《청정도론(淸淨道論)》이나 설일체유부의 《구사론(俱舍論)》과 같은 후대의 논서에서는 "고유한 특성(성질)을 지니고 있기 때문에 다르마라고 한다"고 정의하고 있습니다.

삼보에서 말하는 법보는 3가지 내용으로 이루어져 있습니다. 하나는 부처님의 가르침, 즉 교법(pariyatti)을 말하고, 두 번째는 실천적인 수행법(patipatti)을, 세 번째는 그런 수행을 통한 깨달음(pativedha), 즉 열반이라는 깨달음을 말합니다. 그래서 법이란 부처님이 발견하고 깨닫고 선포한 해탈을 향한 가르침이나 해탈 자체를 말하기도 합니다. 법은 고대 인도어의 하나인 팔리어나 산스크리트어, 그밖에 인도 여러 방언과 티베트어, 중국어 등으로 기록되어 전해져 내려오고 있으며, 경과 율과 논이라는 삼장(三藏)의 형식으로 잘 보존되어 있습니다.

경장, 율장, 논장

삼장 가운데 먼저 율장(律藏)에 대해서 알아봅시다. 율장이란 승단의 질서에 대한 규범들을 내용으로 하는 계율의 모음집을 가리킵니다. 현재 전해지는 남방 상좌부의 율을 보면 비구계가 227계, 비구니계가 311가지 있습니다. 그리고 우리나라나 중국 등지의 대승불교권에서는 주로 사분율에 의거해 비구계와 비구니계를 받습니다. 사분율(四分律)은 부파불교 가운데서 법장부가 전해온 율장으로, 비구계가 250개이고 비구니계가 348개입니다. 원래 대승불교를 일으킨 사람들은 출가수행자들이었습니다. 즉 출가해서 전통 교단에 속해 있었지만 대승적인 이념을 기치로 불교운동을 일으킨 사람들이지요. 그래서 대승불교 역시 전통적인 부파 교단의 율을 지킵니다. 이런 전통은 현재 티베트나 중국, 우리나라 불교에도 그대로 전해지고 있기 때문에 대승의 보살이라 하더라도 부파 교단의 계율을 지키는 것입니다. 물론 철저하게 보살행을 한다는 점에서는 전통 교단과 다른 면이 있지만, 기본적인 생활규범인 율을 공유하는 점에서는 같습니다.

법장부, 상좌부

부처님 입멸 후 100~200년이 지나자 불교 교단은 상좌부와 대중부로 근본분열이 일어나게 됩니다. 이 두 부파에서 다시 분열이 일어나 18가지 부파가 생겨나게 되었는데, 법장부와 남방상좌부는 근본 상좌부에서 분열된 부파이지요. 법장부는 현재 한역《장아함경》을 소의경전으로 하며, 율장으로는 사분율을 전하고 있습니다. 우리나라 불교는 중국 남산율종의 전통에 따라 사분율에 의해 비구계, 비구니계를 받고 있습니다. 보통 상좌부는 남방상좌부, 테라와다라고 하며, 기원전 3세기 스리랑카로 전해져 태국, 미얀마, 캄보디아, 라오스 등지에서 현재까지 남아 있는 부파불교입니다. 팔리어로 된 경율론 삼장을 전하고 있습니다.

그 다음 경장(經藏)이란 사성제로 요약되는 교리를 다루는 설법의 모음집을 말합니다. 부처님의 법문 및 부처님과 제자들 사이의 대화나 게송이 실려 있으며, 그밖에도 여러 가지 이야기, 특히 자타카에는 부처님의 전생

이야기가 많이 기록되어 있습니다. 경장에 나타난 부처님의 설법을 보통 팔만사천법문이라고 하지 않습니까? 주석서에 따르면 8만2,000가지는 부처님이 직접 설하셨고 2,000가지는 제자들이 설한 것으로, 그 제자들의 설법을 부처님이 인정하셨다고 해서 팔만사천법문이라고 합니다. 팔만사천이란 숫자는 인도에서 상당히 많은 수를 의미할 때 쓰는 표현이기도 하지만, 경장 속에는 부처님의 많은 말씀과 사리풋타, 아난다 등 제자들의 이야기가 함께 전해오고 있습니다.

논장(論藏)이란 경장의 가르침을 매우 체계적이고도 철학적인 형태로 정리한 모음집입니다. 논장, 즉 아비담마에는 2가지 의미가 있습니다. '아비'는 '가장 뛰어난'이라는 뜻을 지니므로 이때 아비담마는 '가장 뛰어난 법'이라는 뜻이 되겠지요. 즉 부처님의 가르침 가운데 가장 핵심적인 것을 말합니다. 또 '아비'에는 '~에 대한'이라는 뜻도 있습니다. 따라서 '담마에 대한 해석'이라는 뜻으로 아비담마를 말하기도 합니다.

부처님의 모친인 마하마야 왕비가 돌아가신 후 삼십삼천에 태어났다고 말씀드렸지요? 부처님은 깨닫고 몇 년 후에 어머니를 위해서 삼십삼천에 올라가십니다. 그리고 그곳에서 3개월간 우안거를 지내시며 어머니와 천인들을 위해서 아비담마를 모두 다 설하셨다고 합니다.

이 이야기는 후대에 만들어진 것이 아니라 부처님 당시에도 있었습니다. 이 내용을 소재로 한 조각물들이 이미 꽤 이른 시기에 나타납니다. 부처님이 삼십삼천에서 지상으로 내려오실 때의 모습을 새겨놓은 천상 계단 등의 조각물을 보면 그런 내용들이 단지 설화가 아니라 실제로 가능했으리라 생각됩니다.

이처럼 논장은 대략 부처님께서 열반하신 지 200~300여 년 후에 지금의 형태로 형성되었다고 말하지만, 그 기본은 부처님의 가르침에 있다고 보는 것이 상좌부불교의 입장입니다.

법은 신의 계시가 아니라

살펴보았듯이 법은 경장, 율장, 논장으로 구성되어 있습니다. 하지만 법은 신이 계시한 교설이 아닙니다. 실제로 존재하는 것들에 대한 분명한 앎을 바탕으로 한 깨달음의 가르침입니다. 인생의 근본적인 사실이 괴로움임을 분명히 제시하며, 스스로의 노력을 통해서 획득할 수 있는 자유를 다루는 4가지 고귀한 진리에 대한 가르침입니다. 우리 인생의 괴로운 현실을 그대로 보여주고, 그러한 괴로움엔 원인이 있음을 그대로 보여주며, 선정과 지혜의 수행을 통해서 그러한 괴로움이 완전히 소멸되어 완전한 자유와 열반을 얻을 수 있다는 가르침을 보여주는 것이 법입니다. 우리는 이 법에서 고상하고도 현실적인 윤리 체계와 인생을 꿰뚫어보는 통찰력, 심오한 철학, 마음을 다스리는 실제적인 방법 등을 얻을 수 있습니다.

이처럼 법은 우리에게 총체적이며 완벽한 해탈에 이르는 길을 안내합니다. 법을 공부한다는 것은 우리 스스로를 자유롭게 하기 위한 방법을 배우고, 그 방법을 실제로 삶 속에서 적용시키는 것이라 할 수 있습니다. 법은 지도(地圖)이자 괴로움의 강을 건너는 뗏목입니다. 맛지마 니카야에는 법에 대해 강을 건너는 뗏목과 같아서 강을 건넌 다음에는 다른 사람을 위해 두고 가야 한다는 가르침이 나옵니다. 이처럼 부처님의 법은 우리를 진정한 자유로 이끌어주는 도구라는 사실을 잊지 말아야 합니다.

또한 법은 우리에게 행복하고 자유로운 중도를 제시해줍니다. 지혜와 자비를 이루고자 하는 우리의 요구에 답하면서, 무익하고 파괴적인 온갖 극단적인 사고와 행위를 극복하도록 이끌어줍니다. 여기서 극단적인 사고 란 단멸론(斷滅論)이나 상주론(常住論)과 같은 것을 일컫습니다. 단멸론이 란 죽으면 모든 것이 사라진다는 허무주의를 말합니다. 상주론이란 죽은 뒤에도 영원히 남아 있는 영혼과 같은 존재가 있다는 주장이지요. 둘 다 매우 극단적인 사고입니다. 단멸론을 믿게 되면 우리는 쾌락주의에 치우 치고, 상주론을 믿으면 고행주의에 빠져들게 됩니다. 하지만 불교는 쾌락 주의와 고행주의라는 2가지 극단을 극복하면서 우리들에게 행복하고 자 유롭고 기쁨에 넘치는 중도의 길을 제시해줍니다.

불교에서 가르치는 수행을 제대로 하면 기쁨을 경험하게 되고 그 다음 에는 행복과 지극한 평온을 경험합니다. 그래서 수행을 하면 할수록 마음 의 짐이 점점 덜어져서 안정되고 행복해지고 평온을 느끼게 되어 있습니 다. 이것이 바로 자유로운 중도라는 뜻입니다. 우리가 점점 구속되고 억압 받고 뭔가 억지로 하게 된다면 올바른 길이 아니라는 뜻입니다. 부처님의 가르침을 이해하고 수행이 깊어질수록 궁극적으로는 자기 자신이라는 틀 에서조차 자유로워집니다. 그래서 어떤 것에도 걸리지 않은 채 남을 존중 하고 배려하게 됩니다. 이것이 바로 중도의 삶입니다.

명상은 결과는 물론 과정도 행복하다

불교의 명상은 익숙해질 때까지는 힘들지만 어느 정도 진행되면 세상에서 맛볼 수 없 는 기쁨과 행복, 평온함을 느끼게 됩니다. 부처님의 수행법은 우리를 괴롭히는 것이 아니라 우리를 행복하고 기쁘게, 평온하게 만든다는 사실을 알아야 합니다. 그와 관련된 재미난 일화가 있습니다. 부처님을 뵙고자 했던 어느 왕이 승단을 찾아갑니다. 그런데 그곳에 모여 수행하는 수많은 스님들이 하나같이 맑은 얼굴로 고요하고 행복한 모습을 하고 있었습니다. 스님들은 대부분 선정에 잠겨 있거나 말을 하더라도 법에 대한 이야기만 조용조용 할 뿐이었습니다. 부처님을 만난 왕이 말합니다. "다른 종교의 수행자들은 몹시 힘들고 피곤해 보이는데, 부처님의 제자들은 행복하고 평안해 보이고 고요하게 가라앉아 있어서 참 보기 좋습니다." 왕의 고백에서도 알 수 있듯이 불교의 수행은 하면 할수록 기쁘고 행복하고 고요하고 평온해집니다. 이와 같은 사실은 부처님께서 깨달음을 얻기 직전에 경험했던 사선정을 통해서도 확인할 수 있습니다. 명상이 익숙해지는 데는 어느 정도 시간이 걸립니다(짧으면 3~4일, 길면 한 달 정도). 몸의 통증이 가라앉는 시간이지요. 하지만 몸에는 통증이 있어도 마음은 희열과 행복을 맛볼 수 있기 때문에 명상은 결과뿐 아니라 과정도 기쁘고 행복합니다.

법은 또한 시간과 공간의 한계를 넘어서 보편적인 호소력을 지닙니다. 부처님의 가르침은 2,600년이 지난 오늘날에도 우리에게 유효합니다. 부처님은 구체적인 역사적 사실에 대해서 말씀하시기보다 인간의 마음을 보편적으로 자유롭게 해주는 가르침을 전하셨습니다. 그래서 간혹 불교가 역사적 현실에 대한 참여정신이 부족하다는 말도 듣지만, 그렇기 때문에 오히려 그 가르침이 시공을 초월해 보편적인 호소력을 지닌다고 봐야 합니다. 그런 장점을 망각하고 당장 눈앞에 있는 한 집단의 이익만 생각한다면 불교를 너무 편협한 시각으로 보는 셈이겠지요. 따라서 불교는 부자를 위한 가르침도 되고 가난한 사람들을 위한 가르침도 됩니다. 정권을 가진 사람들을 위한 가르침일 수도 있고, 일반 국민을 위한 가르침일 수도 있습니다. 또 고용인을 위한 가르침도 되고, 고용주를 위한 가르침도 되지요. 이처럼 불교는 모든 사람에게 보편적으로 들어맞는 삶의 길을 가르치는 것이지, 어떤 한 계층이나 한 부류만을 위한 가르침이 아니라는 점을 명심해야 합니다. 부처님은 정치인이 찾아오면 정치적인 얘기는 하지 말라고 이르셨습니다. 정치는 집단적인 이해관계에 얽혀 있으며, 한 시대의 한 집단에 옳았던 일들이 그 다음 시대의 다른 집단에 의해서는 부정되고 변화하는 요소들을 갖고 있기 때문이지요. 그래서 부처님께서는 정치적인 이야기에 휩쓸리지 말고 모든 사람들에게 보편적으로 호소력이 있는 올바른 길을 제시하라고 말씀하셨습니다.

부자도 빈자도 똑같이

마하카샤파 존자는 주로 가난한 사람들에게 가서 탁발을 하셨다고 합니다. 가난한 사람들은 지은 복이 없기 때문에, 그들로 하여금 복을 지어주게 했던 것이지요. 탁발이라는 행위는 단순히 음식을 빌어먹는 게 아니라 사람들에게 복을 나눠주는 행위라고 할 수 있습니다. 훌륭한 성인들에게 음식 등의 물질로 공양하는 것은 큰 공덕을 쌓는 일이어서 우리 삶을 근원적으로 풍요롭게 합니다. 그리고 그 공덕의 근원에는 이제 우리도 아라한들과 부처님처럼 완전한 자유를 얻겠다는 가르침이 있지요. 반면 아난다 존자는 부자들에게 탁발을 하셨다 합니다. 부자는 자기가 지금 가진 것에 안주해서 복을 쌓는 일을 게을리 하기 때문이라는 거지요. 물론 그렇지 않은 부자들도 많이 있지만 대개는 마치 자기가 죽은 후에도 그 많은 재산을 가지고 갈 것처럼 인색하게 굽니다. 그래서 아난다 존자는 부자들로 하여금 공덕을 더 쌓게 하고 그러한 공덕의 결과로 계속해서 행복하게 살 수 있도록 그들에게 탁발을 하셨습니다. 이와 같이 불교는 부자를 위한 가르침도 되고 가난한 사람들을 위한 가르침도 됩니다.

법의 6가지 덕목

법에는 6가지 덕목이 있습니다. 하나는 부처님에 의해서 잘 설해져 있다는 덕입니다. 두 번째는 우리가 스스로 보아서 경험할 수 있다는 특징이 있습니다. 세 번째는 시간을 지체하지 않는다는 겁니다. 우리가 그 법을 올바르게 이해한 순간 그 효과를 바로 얻고 경험할 수 있습니다. 네 번째 법의 덕목은 누구든지 와서 보라고 할 수 있다는 겁니다. 비밀스레 감춰두고 가르치는 것이 아니라 누구든지 와서 공개적으로 보라고 할 수 있는 열린 가르침이라는 뜻이지요. 다섯 번째는 열반으로 이끌어준다는 덕목입니다. 그 다음 여섯 번째는 현명한 사람들에 의해서 직접적으로 체험된다는 점입니다.

이처럼 법은 보편적인 호소력을 지닌 부처님의 가르침입니다. 부처님께서도 법을 발견하시고 법에 의지하며 사셨습니다. 법은 부처님이 세상에 오시거나 오시지 않거나 관계없이 영원히 존재하는 진리입니다. 이러한 법을 우리 스스로 바르게 배우고 수행을 통해서 얻어나갈 때 그 결과를 얻을 수 있습니다.

이와 같은 법의 6가지 덕목을 생각하는 것도 불교 수행의 중요한 방법으로 제시됩니다. 법을 거듭거듭 계속해서 생각하는 것을 법수념(法隨念)이라고 합니다. 따라서 부처님의 법이 지닌 6가지 덕목을 잘 생각하면 우리가 왜 법을 따라야 되는지, 법을 배우고 실천해서 얻을 수 있는 이익이 무엇인지 구체적으로 이해할 수 있게 됩니다. 잘 설해져 있고, 스스로 경험할 수 있으며, 시간을 지체하지 않고 결실을 맺어주고, 누구든 와서 보라고 할 수 있으며, 열반으로 이끌어주고, 현명한 사람에 의해서 직접 체험되는 6가지 덕목을 잘 이해한다면 법에 대한 믿음은 더욱 굳건해집니다.

부처님은 열반하시기 전에 법 외에 다른 것을 의지하지 말라고 말씀하셨습니다. 법을 피난처로 삼고 의지처로 삼으라고 말씀하셨습니다. 이처럼 법보의 의미는 상당히 중요합니다. 부처님의 많은 제자들도 법을 체험함으로써 법이 가져다주는 고마움을 많이 이야기하고 있습니다. 이때 법은 궁극적인 열반의 법이라고 할 수 있는데, 초기경전에는 "법을 수행한 자는 법에 의해서 보호를 받는다"는 말씀이 자주 나옵니다. 법을 열심히 실천하는 분들은 바로 그 법에 의해서 보호를 받는다는 이 가르침은 우리가 부처님의 법을 어떤 개념이나 이론으로만 이해할 것이 아니라 실제로 자기 수행을 통해서 체득해야 한다는 뜻입니다. 그래서 교리에 대한 이해를 바탕으로 수행할 때에만 깨달음이 이뤄질 수 있고, 그 깨달음이 드러날 때 바로 그 깨달음이라는 법이 우리 자신을 보호해주고 우리 자신의 의지처와 피난처가 될 수 있다는 것이지요. 그러므로 부처님의 가르침은 법을 이해하고 법을 닦아서 법을 체험하는 구조로 되어 있다는 사실을 명심하시기 바랍니다.

후대에 오면 부처님의 가르침을 모두 일러 법신(法身)이라는 말로 표현합니다. 그래서 부처님의 육신보다 법신이 더 중요하다는 사상까지 나오게 되지요. 이처럼 법이 얼마나 귀중한 것인지, 법을 만난 인연이 얼마나 소중한지를 잘 헤아려서 부처님의 법을 정확하고 올바르게 따른다면 우리는 스스로가 닦은 법에 의해 보호를 받게 될 것입니다. 그리고 그 법 안에서 행복과 평온을 경험하며 평화롭게 우리 삶의 궁극적인 목적을 이룰 수 있을 것입니다.

3. 승보

삼보의 마지막은 승보입니다. 승보에서 '승'이란 원래 상가(sangha)를 의미하는데, 상가란 어떤 모임이나 공동체를 뜻합니다. 부처님 당시에도 여러 부족국가들이 자기들의 공동체를 상가라고 불렀습니다. 그러다가 불교에서는 걸식하는 승려들의 집단인 승단을 의미하게 되었지요.

불교 교단에는 우바새(남성 재가신자), 우바이(여성 재가신자)들까지 포함되지만, 상가에는 기본적으로 출가 승려들만 포함된다는 것이 초기불교의 입장입니다. 비구, 비구니, 우바새, 우바이를 포함한 사부대중이라는 말이 초기경전에도 나오긴 하지만, 적어도 승단과 승보에 속하는 것은 출가 대중으로서의 비구, 비구니만을 의미한다고 봐야 합니다. 물론 대승불교에서는 재가자도 승보에 속한다고 주장할 수 있겠지만, 적어도 부처님의 가르침에 의하면 승보에 속하는 상가에는 비구, 비구니의 출가 승려들만이 포함됩니다.

상가는 오늘날에도 미얀마, 태국, 스리랑카, 캄보디아, 라오스 등지에서 원래 형태를 유지하며 전해지고 있습니다. 물론 이때 상가는 전통 부파불교의 모습이 남아 있는 상좌부의 상가를 말합니다. 하지만 좀 더 넓은 의미에서 대승의 승단까지 인정한다면 티베트나 중국, 우리나라에도 비구,

비구니의 전통은 남아 있습니다. 일본에도 그런 전통이 약간은 남아 있지만 오래 전부터 비구계나 비구니계를 받는 전통이 사라졌기 때문에 전통적인 의미의 상가가 존재한다고 말하기는 어렵지요. 하지만 일본 나름대로의 출가 전통은 남아 있습니다.

우리나라는 중국 율종(律宗)의 전통에 따라 사분율에 의해서 계를 받습니다. 사분율은 상좌부의 율이 아니라 법장부라는 인도 상좌부 계통의 또 다른 부파의 율이기 때문에 남방 상좌부에서는 인정하지 않지요. 하지만 우리는 부파불교의 한 측면으로 사분율을 받는 것이 아니라, 대승의 전승과 함께 출가자들의 전통을 잇기 위해서 법장부의 사분율을 토대로 출가하는 것입니다. 따라서 전통은 다소 다르다고 할 수 있습니다. 이처럼 출가생활을 하는 비구 승단과 비구니 승단이 있는 나라로는 동아시아 불교 전통에서 중국과 대만, 한국이 대표적입니다. 그리고 티베트에도 분명히 비구 및 비구니 승단이 남아 있습니다. 하지만 부처님의 가르침에 가장 가까운 부파불교의 모습으로 남아 있는 유일한 전통은 남방 상좌부뿐입니다.

중국 남산율종과 사분율

율종(律宗)은 중국 불교의 13종 가운데 하나입니다. 경율론 삼장의 하나인 율장이 중국에 전해지면서 율종의 탄생을 보게 되었지요. 이때 전해진 율장은 십송율(十誦律), 사분율, 마하승기율(摩訶僧祇律) 등이 있습니다. 북위(北魏)의 법총(法寵)이 사분율을 연구하면서 사분율종을 개창한 후 중국의 율종은 3파로 나뉩니다. 도선(道宣)의 남산율종(南山律宗), 법려(法礪)의 상부종(相部宗), 회소(懷素)의 동탑종(東塔宗)이 그것입니다. 이중 상부종과 동탑종은 일찍 쇠락해버렸습니다. 오로지 남산율종만이 성세를 이어갈 수 있었지요. 이 남산율종이 사분율종의 교리를 이어받아 확립된 것이며, 한국불교로 전해져 사분율은 한국불교 승단의 율장으로 정착되었습니다.

승단, 불보와 법보를 지키는 울타리

불교의 승단은 자이나교의 상가와 함께 세계에서 가장 오래된 수행자 집단입니다. 부처님 당시 승단에는 명성이 자자했던 훌륭한 제자들이 많이 있었습니다. 그중 사리풋타 존자는 부처님의 뒤를 바로 따르는 수제자이자 법에 대해 가장 깊은 통찰력을 지녀서 법의 장군이라 불렸지요. 그리고 신통에서 가장 뛰어났던 목갈라나 존자가 있었습니다. 이 두 분은 지혜와 신통에 있어서 가장 뛰어난 상수제자라고 할 만합니다. 그 다음에 아난다 존자는 헌신적으로 부처님의 시중을 든 제자이면서, 1차 결집 때 부처님의 가르침을 외우는 역할을 담당했던 분입니다. 마하카샤파 존자는 두타행의 대가로 부처님 열반 이후 승단을 지도하던 대표적인 장로 가운데 한 분입니다. 또 부처님 열반 후에 1차 결집을 이끌기도 했지요. 천안제일의 아누룻다 존자는 마음챙김 수행의 대가였다고 합니다. 이 제자들 가운데 부처님의 임종을 지켰던 사람은 아난다 존자와 아누룻다 존자밖에 없었습니다. 사리풋타와 목갈라나 존자는 이미 3개월 전에 열반에 들었고, 마하카샤파 존자는 멀리서 부처님이 계신 곳으로 오는 중이었지요. 부처님의 제자 가운데 중요한 또 한 분은 라훌라 존자입니다. 부처님의 아들이자 밀행제일이라 불리며 남들 모르게 선행을 하고 살았던 분입니다. 라훌라 존자도 부처님이 열반에 드시기 전에 입적하셨지요. 라훌라 존자를 제외한 앞의 다섯 분이 부처님 제자 가운데서 가장 중요한 제자로 초기경전에 나타납니다. 물론 이밖에도 카차야나 존자나 푼나 존자, 수부티 존자 등 많은 제자들이 있습니다.

이처럼 부처님의 제자들로 구성되는 승단은 외적인 울타리를 제공해줍니다. 보통 울타리라고 하면 밖으로는 도적들이 들어오지 못하게 하고 안으로는 동산이나 부동산 등의 재산을 지켜주는 역할을 하지요? 마찬가지로 승단은 불보와 법보라는 보배를 지켜주는 테두리 역할을 합니다. 청정한 승단이 유지된다는 것은 부처님이 가르침이 그만큼 오랫동안 유지된다는 뜻입니다. 그런 뜻에서 승단은 해탈이라는 인생의 최고 목적을 실현하기 위해 삶 전체를 바치고 진지하게 노력하는 사람들에게 세속적인 장애가 없는 가장 좋은 조건을 제공해줍니다. 전문적인 수행 생활을 통해서 완전한 해탈에 이르고자 하는 사람들에게 승단은 아주 유익하고 바람직한 장치라고 할 수 있습니다. 출가를 하면 혼자서 길을 가야 합니다. 어려운 길을 혼자 간다는 것은 매우 외롭고 힘든 일이겠지요. 하지만 그 길을 가는 여러 동료나 스승들과 함께한다면 그다지 힘들지 않게 목적지에 도달할 수 있습니다.

계율을 지키고 화합함으로써

부처님은 '화합 상가'라고 말씀하셨습니다. 마치 물과 우유가 서로 잘 섞이듯이 승단의 구성원들이 서로서로 잘 화합해야 한다는 뜻이지요. 사제지간에, 동료 사이에 서로 아끼고 보살피면서 조화를 이루며 살아야 한다는 것이 바로 승단의 가장 기본적인 특징입니다. 그래서 승단의 스승과 제자는 마치 세속의 부모자식간의 관계와 같습니다. 스승은 제자를 지도하고 제자는 스승을 공경하면서 수행을 해나갑니다.

출가수행자로서 승단의 화합을 이루기 위해 가장 중요한 덕목은 서로를 아끼는 마음입니다. 서로를 아끼고 공동체의 일원이 잘되고 행복하기를 바라는 마음을 갖춰야 됩니다. 이것이 바로 불교에서 말하는 자심의 실천 수행이라 할 수 있습니다. 자심을 닦는다면 상가가 함께 잘 화합하며 살 수 있는 토대를 마련할 수 있습니다.

함께 수행하는 수행자들이 서로 자애 수행을 닦으면 사소한 일에 시빗거리를 만들지 않고 자기의 길을 안정되게 갈 수 있습니다. 그리고 실제로 자애 수행문에는 그런 가르침들이 내포되어 있지요. 자애의 문구를 욀 때만 그런 마음을 일으키는 게 아니라, 동료들과 함께 이야기하고 수행하는 모든 시간에 그처럼 서로를 아끼고 서로가 잘되기를 바라는 마음이 우러나옵니다. 따라서 자애의 마음이 있다면 승단은 화합을 이루게 되고 그 속에서 서로 의지처가 될 수 있는 좋은 공동체를 이룰 수 있습니다.

승단이 없었다면 불교가 이렇게 오랜 세월 동안 이어져 내려올 수 없었을 겁니다. 재가자들이 부처님의 가르침을 듣고 나서 그냥 좋아하고만 말았다면 그걸로 끝이었겠지요. 하지만 부처님은 승단을 구성하시고 그 안에서 평등주의와 화합 사상을 강조하셨습니다. 그랬기 때문에 비록 훗날 승단이 분열을 일으켜 여러 부파로 갈라지긴 했지만, 여러 부파 안에서도 나름대로 부처님 가르침에 대한 해석을 계승하며 승단의 전통을 이어올 수 있었습니다.

불교는 재가자를 구속하는 율이란 게 없습니다. 재가자에게는 오직 오계 등의 계만 지키라고 권유합니다. 승단의 가르침이 재가자에게까지 엄격하게 적용된 예는 자이나교에서 찾아볼 수 있습니다. 거의 강제적으로 율을 지키게 하지요. 살생을 금하는 율을 지키기 위해서 농사를 짓지 못하게 합니다. 농사를 지으면 본의 아니게 많은 생물들을 해치게 되니까요. 하지만 불교에서는 의도적인 살생이 아니라면 큰 죄악으로 보지 않습니다. 이렇듯 재가자에게까지 규율을 엄격하게 지키게 했던 자이나교는 아직 인도에 상당히 큰 세력으로 남아 있습니다. 그런 의미에서 불교 역시 율을 기본으로 한 승단이 있었기에 그 명맥을 오늘날까지 이어왔다고 생각합니다. 따라서 우리는 부처님 가르침의 전통을 이어 내려오는 승보에 대해 항상 고맙게 생각해야 합니다.

승단의 일원이 되어 부처님 제자의 대열에 들어섰다는 것은 아주 중요한 가치와 의미를 갖습니다. 또 불보나 법보와 마찬가지로 승단의 가치와 의미 역시 언제 어느 곳에서든지 보편적인 호소력을 지니지요. 그래서 부처님의 진정한 제자가 되었다는 의식을 지닌 채 부처님의 가르침을 잘 실천하며 살아가는 승단은 불보 및 법보와 함께 하나의 보배에 속합니다.

승단의 화합을 위한 자애의 문구

이 사원에 있는 모든 수행자들이(Imasmiṃ ārāme sabbe yogino)

증오에서 벗어나기를 기원합니다!(averā hontu)

악의에서 벗어나기를 기원합니다!(abyāpajjhā hontu)

몸과 마음의 괴로움에서 벗어나기를 기원합니다!(anīghā hontu)

그분들이 행복하게 지내기를 기원합니다!(sukhī attānam pariharantu)

이 사원의 모든 비구 스님들이(Imasmiṃ ārāme sabbe bhikkhū)

사미승들이(samanerāca)

남성 신자, 여성 신자들이(upāsakā upāsikāyo ca)

증오에서 벗어나기를 기원합니다!(averā hontu)

악의에서 벗어나기를 기원합니다!(abyāpajjhā hontu)

몸과 마음의 괴로움에서 벗어나기를 기원합니다!(anī ghāhontu)

그분들이 행복하게 지내기를 기원합니다!(sukhī attānam pariharantu)[주21]

불교도가 갖추어야 할 기본 덕목

1. 삼귀의

부처님과 법과 승단은 비할 수 없이 청정하기 때문에, 그리고 우리 불교도들에게 있어서 세상에서 가장 귀중한 대상이기 때문에 3가지 보배, 즉 삼보라고 합니다. 삼보를 자신의 삶과 사유의 안내자로 받아들이겠노라 다시금 확인하는 말을 통해서 이 3가지 보배는 불교도들의 의지처 또는 피난처가 됩니다. 그렇듯 삼보에 의지하고 귀의한다고 해서 삼귀의(三歸依)라고 하지요.

불법승 삼보가 의지처가 되는 이유는 부처님과 그 가르침, 그리고 스님들을 의지처로 삼을 때 우리가 안정되고 평화롭게 쉴 수 있기 때문입니다.
그래서 삼귀의의 근본적인 의미는 우선 자기 자신을 의지처로 삼는 것입
니다. 이것이 바로 자귀의 법귀의(自歸依 法歸依) 사상인데, 부처님이 열반
에 드시기 전에 설했던 《대반열반경》에서도 확인할 수 있는 내용입니다.

다음은 팔리어로 된 삼귀의입니다. 한번 따라 해보실까요?

붓담 사라남 갓차미(Buddhaṃ saraṇaṃ gacchāmi)

담맘 사라남 갓차미(Dhammaṃ saraṇaṃ gacchāmi)

상감 사라남 갓차미(Saṅgaṃ saraṇaṃ gacchāmi)

두띠얌삐 붓담 사라남 갓차미(Dutiyaṃ pi Buddhaṃ saraṇaṃ gacchāmi)

두띠얌삐 담맘 사라남 갓차미(Dutiyṃ pi Dhammaṃ saraṇaṃ gacchāmi)

두띠얌삐 상감 사라남 갓차미(Dutiyaṃ pi Saṅgaṃ saraṇaṃ gacchāmi)

따띠얌삐 붓담 사라남 갓차미(Tatiyaṃ pi Buddhaṃ saraṇaṃ gacchāmi)

따띠얌삐 담맘 사라남 갓차미(Tatiyaṃ pi Dhammaṃ saraṇaṃ gacchāmi)

따띠얌삐 상감 사라남 갓차미(Tatiyaṃ pi Saṅgaṃ saraṇaṃ gacchāmi)

삼귀의를 우리말로 하자면 이렇습니다.

저는 부처님을 피난처로 하겠습니다.

저는 가르침을 피난처로 하겠습니다.

저는 스님들을 피난처로 하겠습니다.

두 번째도 저는 부처님을 피난처로 하겠습니다.

두 번째도 저는 가르침을 피난처로 하겠습니다.

두 번째도 저는 스님들을 피난처로 하겠습니다.

세 번째도 저는 부처님을 피난처로 하겠습니다.

세 번째도 저는 가르침을 피난처로 하겠습니다.

세 번째도 저는 스님들을 피난처로 하겠습니다.

이 삼귀의를 세 번 암송하는 간단한 행위를 통해서 우리는 스스로 불교도임을 드러냅니다. 부처님과 법과 승단을 귀의처로 한다는 말을 세 번 반복하는 것이지요. 세 번 반복하는 것은 확실하게 마음으로 다짐한다는 의미가 있습니다. 예나 지금이나 인도에서는 어떤 일을 확인하기 위해서 세 번 질문하고 세 번 대답하는 습관이 있다고 합니다. 부처님께 공양을 드리기 위해 초청할 때도 "부처님, 내일은 저희 집에 오셔서 공양을 드십시오"라고 말하면 부처님은 가만히 계십니다. 그렇게 세 번 초청 의사를 밝히고도 부처님이 묵묵히 계시면 승낙하신 걸로 알고 돌아가 공양을 준비합니다. 이런 이야기들이 경전 속에 많이 나오지요. 이처럼 삼귀의를 세 번 반복하는 것은 우리가 확고하게 불법승 삼보를 귀의처로 삼겠다는 다짐이 됩니다.

팔리어 삼귀의에서 '사라남'이란 말은 본래 피난처를 뜻합니다. 그렇다고 전쟁이 나서 피난 가는 곳이라고 생각할 필요는 없습니다. 사실 우리 인생만 보더라도 어디 맘 편히 쉴 곳이 없지 않습니까? 그나마 집으로 돌아오면 좀 편하긴 합니다. 하지만 집에만 있어보세요. 얼마나 오랫동안 편하게 있을 수 있겠습니까? 휴양지라고 별다를 바 없습니다. 잠시는 쉴 수 있을지 모르지만 그것도 한계가 있지요. 이처럼 우리 인생에서 느긋이 쉴 곳이란 없습니다. 우리가 정말로 쉴 수 있는 곳은 바로 불법승 삼보입니다. 삼보를 의지처로 해서 잘 길들여진 우리 마음 말고는 쉴 곳이 없습니다. 내 마음이 피난처가 된다면 이 세상 어디에 있어도 안정되고 평화롭고 행복하게 살 수 있지 않겠습니까? 하지만 마음이 피난처가 되지 못하면 아무리 쾌적하고 안온한 곳에 있어도 괴롭고 짜증이 솟게 마련입니다.

'붓다 사라남 가차미'에서 '가차미'란 '나는 간다'라는 뜻을 지닙니다. 따라서 붓다 사라남 가차미란 '부처님을 피난처로 해서 저는 갑니다'라는 의미가 되겠지요. 가차미에는 보통 3가지 뜻이 있다고 합니다. 첫 번째는 '가까이 하다', '친근하다'라는 뜻이고, 두 번째는 '따르다'라는 뜻이 있습니다. 그리고 세 번째는 '존경하다'라는 뜻입니다. 이처럼 가차미라는 말은 불법승 삼보를 존경하는 마음으로 가까이 하여 자신의 의지처나 피난처로 삼는다는 뜻이라고 이해할 수 있습니다. 따라서 삼보가 진정한 피난처나 의지처가 될 때 우리는 비로소 그 안에서 안정을 얻고, 스스로 삼보의 진리를 배우려는 마음을 일으킬 수 있습니다.

한문으로 된 삼귀의를 보면 '귀의불양족존(歸依佛兩足尊) 귀의법이욕존(歸依法離欲尊) 귀의승중중존(歸依僧衆中尊)'이라고 표현합니다. 귀의불양족존은 부처님께 귀의한다는 뜻이지요. 부처님은 양족, 즉 두 발을 가진 존재 가운데 가장 존귀한 분입니다. 두 발을 지닌 존재라면 짐승은 물론 인간과 천상의 존재들을 말하겠지요? 그 모든 존재 가운데서 가장 존귀한 분인 부처님을 의지처로 삼겠다는 것입니다. 귀의법이욕전에서 '이욕'이란 욕망을 버린 것 가운데서 가장 뛰어난 법, 즉 열반을 말합니다. 욕망을 완전히 극복한 열반이라는 법에 의지하겠다는 말이지요. 또 귀의승중중전에서 '중중'이란 여러 사람들이 모인 공동체에서 가장 존귀한 분들인 승단은 화합해서 모였기 때문에 가장 뛰어난 공동체의 이상적인 모습을 보여주고 있다는 의미입니다. 물론 부처님 당시에도 승단이 분규를 일으킨 적은 있습니다. 하지만 그 또한 계율에 대한 해석의 차이에서 기인한 것이지 세속적인 권력이나 명예, 돈 때문에 일어난 것은 아닙니다. 그래서 대중 가운데 가장 훌륭한 공동체인 승단을 피난처로 삼겠다는 뜻입니다.

여기서 부처님이나 부처님 법에 귀의한다는 것에는 별 문제가 없는데 승단에는 왜 귀의해야 하는지 의아해하는 사람들도 있습니다. 우리가 귀의하는 승단의 대상에는 여덟 부류의 성인, 즉 사쌍팔배가 있습니다. 앞서 살펴보았듯이, 사쌍팔배란 수타원의 도와 과, 사다함의 도와 과, 아나함의 도와 과, 아라한의 도와 과라는 네 쌍으로 된 여덟 부류의 성인들을 일컫습니다. 이러한 성인들은 아무리 적어도 3가지 번뇌는 소멸시킨 분들입니다. 그리고 궁극적으로 아라한이 되면 10가지 번뇌를 모두 소멸시키게 되지요. 10가지 번뇌란 우리를 욕망의 세계에 붙들어 매는 5가지 번뇌와 우리 존재들을 색계나 무색계의 좋은 존재 양식에 묶어두는 5가지 번뇌를 가리킵니다. 아라한은 우리를 붙들어 매는 이 10가지 족쇄를 완전히 풀어버린 분들이기 때문에 다른 사람들을 번뇌로 묶지 않습니다. 그 번뇌로부터 자유로워진 분들이 다른 사람들을 그런 번뇌에 휘말리게 하겠습니까? 그래서 승단을 의지처로 삼을 때 우리는 안정을 얻을 수 있다는 말입니다.

재가자들의 입장에서는 좋은 승단이 구성되도록 인도하는 것도 필요한 일입니다. 스님들이 계를 잘 지키고 수행을 잘할 수 있도록 예우하고 보시해서 안정된 승단을 이룰 수 있도록 보호하는 것이 재가자들의 역할이지요. 반면 스님들은 부처님의 가르침을 따라 열심히 수행해서 번뇌의 족쇄들을 풀어버리고 그 방법을 재가자들에게 가르쳐줘야 합니다.

따라서 승단이 잘 유지되기 위해서는 재가자들의 보시, 특히 재보시가 필요하고 스님들은 재가자들을 지도하는 법보시를 행해야만 합니다. 절에 갔더니 스님들이 좋지 않은 모습만 보인다면 재가자들은 아마 고개를 돌리고 말 것입니다. 승단이 스스로 정화하는 능력을 지니고 스님들이 청정한 모습으로 재가자들을 대할 때 불법은 더욱더 발전하게 되며 더 많은 사람들이 삼보 안에서 안정과 평온을 누릴 수 있습니다.

2. 오계

불교도라면 보통 5가지 윤리적 규범인 오계(五戒)를 지니게 됩니다. 물론 이것은 의무적인 것이 아니라 권장사항이긴 하지만, 예의바른 삶과 해탈을 향해 나아가기 위한 기본이라 할 수 있습니다. 부처님은 오계를 제대로 지키지 않으면 선정이 이루어질 수 없고 선정이 이루어지지 않으면 지혜가 계발될 수 없다고 가르치셨습니다.

오계의 첫 번째는 살아있는 생명을 해치지 않겠다는 것(不殺生)이고 두 번째는 주지 않는 것을 취하지 않겠다는 것(不偸盜)입니다. 세 번째는 잘못된 음행을 하지 않겠다는 것(不邪淫)이고, 네 번째는 잘못된 말을 하지 않겠다는 것(不妄語), 다섯 번째는 정신을 혼미하게 하는 곡주나 과일주를 마시지 않겠다는 것(不飮酒)입니다.

이 가운데 먼저 생명을 해치지 않겠다는 것과 도둑질을 하지 않겠다는 것, 그리고 잘못된 음행을 하지 않겠다는 것은 팔정도 가운데 정업(正業), 즉 바른 행위에 해당합니다. 여기서 생명이란 인간은 물론 곤충 등의 미물까지, 저어도 감각을 느끼고 의도적인 활동을 하는 생명체를 모두 포함합니다.

두 번째인 내게 주어지지 않은 것을 취하지 않겠다는 것은 누군가 내게 가지라고 하지 않은 것을 취하지 않겠다는 뜻입니다. 그러니까 길거리에 버려져 있는 돈이라 하더라도 내 마음대로 주워서 가지면 안 되겠지요? 단순히 도둑질을 하지 말라는 소극적인 금지사항이 아니라 내게 주어지지 않은 것을 갖지 않겠다는 적극적인 표현입니다.

셋째, 잘못된 음행을 하지 않겠다는 것은 감각적 욕망, 특히 성적인 욕망을 행하는 데 있어서 잘못을 저지르지 않겠다는 뜻입니다.

네 번째로 잘못된 말을 하지 않겠다는 것은 팔정도 가운데 정어(正語), 바른 언어생활에 해당합니다. 불교에서는 4가지 나쁜 말이 있다고 가르칩니다. 바로 거짓말(妄語), 이간질하는 말(兩舌), 거친 말(惡口), 쓸모없는 말(綺語)이 그것입니다. 거짓말은 말 그대로 진실이 아닌 말을 뜻하고, 이간질하는 말은 다른 사람들을 이간질하며 서로의 화합을 깨는 말을 뜻합니다. 거친 말이란 욕설이나 남에게 상처 주는 말을 가리킵니다. 그 다음 쓸모없는 말이란 마음에도 없이 사탕발림처럼 꾸며서 하는 말이나 근거 없는 말, 유용하지 않은 말을 뜻합니다. 이 4가지 말을 하지 않겠다는 것이 오계 가운데 네 번째에 들어갑니다.

오계의 다섯째 항목은 정신을 혼미하게 하는 곡주나 과일주를 마시지 않겠다는 것입니다. 이때는 곡주와 과일주만 말하는 게 아니라 우리 정신을 혼미하게 하는 모든 약물도 포함됩니다. 그러면 담배는 어떨까요? 부처님 당시에는 담배가 없었으니까 오계에 포함되지는 않았지만, 제 생각엔 우리의 건강을 해치는 것이 분명하므로 부처님께선 담배도 피우지 말라고 하셨을 것 같습니다.

깨
달
음
의

핵
심,

사
성
제

1. 4가지 진리를 알지 못했기에

이제 본격적으로 부처님이 말씀하신 4가지 고귀한 진리, 즉 사성제(四聖諦)에 대해 살펴보겠습니다. 초기불교의 모든 교리를 모두 포함하리만큼 4가지 고귀한 진리는 부처님 말씀 자체라고 볼 수 있습니다. 이 4가지 진리를 고귀하다고 하는 이유는 성인이 깨달은 진리이기 때문입니다. 불교에서 말하는 수타원이나 사다함, 아나함, 아라한 그리고 독각, 부처님 등의 성인들은 모두 수행을 통해서 이 4가지 진리, 즉 사성제를 스스로 깨달았습니다. 그래서 고귀한 진리, 성스러운 진리라고 표현은 하지만 원래는 성

인의 진리, 성인들이 깨달으신 진리라는 뜻입니다. 성인들이 이해하신 4가지 진리란 과연 무엇일까요? 부처님의 마지막 3개월간을 기록한 《대반열반경》을 보면 부처님은 이렇게 말씀하십니다.

"비구들이여, 수행승들이여, 4가지 고귀한 진리를 알지 못하고 깨닫지 못했기에 나와 그대들은 그렇게 오랫동안 이 윤회의 굴레에서 헤매야만 했다. 4가지란 무엇인가? 괴로움의 고귀한 진리를 알지 못하고 깨닫지 못했기 때문에 나와 그대들은 그렇게 오랫동안 이 윤회의 굴레에서 헤매야만 했다. 괴로움의 발생에 대한 고귀한 진리를, 괴로움의 소멸에 대한 고귀한 진리를, 괴로움의 소멸에 이르는 길의 고귀한 진리를 알지 못하고 깨닫지 못했기에 나와 그대들은 그렇게 오랫동안 이 윤회의 굴레에서 헤매야만 했다."

부처님도 사성제에 대한 완전한 깨달음을 이루지 못했기 때문에 생사를 반복하는 이 윤회의 세계에서 끊임없이 살아왔다는 말씀이지요.

2. 매순간이 윤회의 연속

영원한 자아가 있어서 윤회한다는 것은 본래 힌두교적인 사상입니다. 부처님 당시에는 자이나교도 그러한 주장을 했지요. 영원불멸하는 영혼과 같은 자아가 현상세계의 틀에 갇혀서 윤회한다고 생각한 겁니다. 그러나 불교는 영원한 자아라는 것은 없으며 존재하는 것은 단지 끊임없이 생겨났다 사라지는 현상일 뿐이라고 말합니다. 하지만 모든 것들은 조건이 있으면 생겨나고 조건이 사라지면 없어지기 때문에 생사를 반복하게 되어 있다는 뜻에서 윤회를 이야기합니다. 우리가 어떤 업을 지으면 그에 해당하는 결과를 받게 되어 있기 때문에 윤회를 언급하게 된 것이지요.

그런데 여기서 문제가 생깁니다. 지금 내가 지은 업의 결과를 내생에 누군가가 받는다는 생각을 하게 된다는 겁니다. 또 그 반대로 전생에 누군가 지었던 업의 결과를 금생에 내가 받는다고 생각합니다. 하지만 이런 생각은 근본적으로 '나'라는 존재를 상정한 것이기에 잘못된 것입니다. 어째서일까요. 전생이나 내생까지 갈 필요도 없이 우리가 살고 있는 현생만 놓고 생각해봅시다. 우리가 살아온 과거를 되돌아보세요. 막 태어났을 때의 나와 지금의 내가 같습니까? 3살 때의 나와 7살 때의 내가 같은가요? 우리는 그 모든 게 '나'라고 생각하지만 갓난아이였을 때의 나와 지금의 나는 동일하지 않습니다. 그러나 갓난아기였을 적의 내가 없었다면 지금의 나 또한 있을 수 없겠지요? 이러니 예전의 나와 지금의 나는 완전히 다른 것도 아닙니다. 나는 갓난아이로 태어나 주위 조건에 끊임없이 영향을 받으며 자랐습니다. 그렇게 몸도 변하고 마음도 변해 지금에 이르렀지요. 그러니 이러한 연속적인 흐름의 존재는 인정할 수밖에 없습니다. 그렇지 않고 어제 살았던 나와 오늘 사는 내가 완전히 다르다고 한다면 우리는 큰 혼란에 빠질 겁니다. 따라서 태어나 지금까지 '나'라는 변하지 않는 어떤 존재가 쭉 이어져오고 있다고 생각할 것이 아니라, 뭔가 연속성은 있지만 끊임없이 변하는 존재가 이렇게 살고 있다고 생각해야 합니다. 이렇게 생각한다면 전생과 내생으로 연결되는 고리들은 얼마든지 상정할 수 있겠지요.

윤회를 말할 때 보통은 전생이나 현생, 내생을 이야기하지만, 가장 짧은 단위로 보자면 찰나찰나 순간순간 생사를 반복하는 것도 윤회입니다. 이처럼 순간순간에 생겨났다 사라지는 것을 올바르게 보지 못하면서 전생과 현생, 내생을 말하는 것은 별 의미가 없다고 생각합니다. 태어남과 죽음마저 순간순간의 생겨남과 사라짐의 연속일 뿐입니다. 지금 순간에 생사를 생각한다면, 바로 이전 순간과 지금 이 순간의 내 삶이 변화 속에서 연속되어간다는 사실을 제대로 본다면 변하지 않는 실체란 없다는 사실을 알게 됩니다.

그래서 부처님께서는 마지막으로 우리 삶의 흐름이 근본적으로 4가지 고귀한 진리에 대한 무지에서 비롯된다는 것을 보여주셨지요. 우리가 찰나찰나의 생사 속에서 4가지 고귀한 진리를 있는 그대로 알지 못하고 깨닫지 못하기 때문에 이렇듯 윤회를 반복해온 것이라고 말씀하셨습니다. 그러다가 마지막으로 태어난 이 생에서 바로 그 진리를 깨달았기 때문에 더 이상의 윤회는 없음을 선언하십니다. 이를 통해 4가지 진리에 대한 이해가 결국은 생존의 괴로움을 궁극적으로 끊어버리는 핵심적인 가르침임을 알 수 있습니다.

3. 4가지 진리를 있는 그대로 알고 보아서

상윳타 니카야에는 다음과 같은 부처님의 말씀이 나옵니다.

"비구들이여, 이 4가지 고귀한 진리에 대해 있는 그대로의 앎과 봄(如實知見)이 나에게 아주 분명하지 않았더라면 나는 천신, 마라, 범천, 사문과 바라문, 인간, 천인의 세계에서 위없는 완전한 깨달음을 깨달았다고 공언하지 않았을 것이다. 하지만 비구들이여, 이 4가지 고귀한 진리에 대해서 있는 그대로의 앎과 봄이 나에게 아주 분명하게 되었기 때문에 나는 천신, 마라, 범천, 사문과 바라문, 인간, 천인의 세계에서 위없는 완전한 깨달음을 깨달았다고 공언했다.”

부처님께서 번뇌를 완전히 소멸하고 깨달음을 얻으셨다는 것은 바로 이 4가지 고귀한 진리를 있는 그대로 알고 보았음을 의미합니다. 그래서 사성제를 떠나서 부처님의 깨달음을 찾기란 어렵다는 것이지요. 사성제가 부처님 가르침의 가장 큰 그릇이라고 한다면 그 그릇 안에는 여러 가지 다른 가르침들이 전부 다 포함됩니다. 보통 부처님의 깨달음을 말하며 십이연기를 깨달았다, 삼십칠조도품(三十七助道品)[주22]을 닦았다는 식으로 이야기하지만, 그 모든 가르침이 결국은 사성제의 틀 안에 들어가 있습니다.

부처님은 사성제를 깨달았음을 말씀하시며 천신, 마라, 범천, 사문과 바라문, 인간, 천인 세계를 언급하십니다. 이 세계는 인간과 천신의 세계 전체를 말합니다. 마라도 일종의 천신에 해당합니다. 또 사문과 바라문이란 수행자나 사제 계급을 말하지요. 그리고 범천은 힌두교에서 우주의 창조자라고 믿고 있는 존재이지만, 불교에서는 색계의 천신이자 윤회의 세계에서 벗어나지 못한 천신을 말합니다. 그 모든 세계에서 부처님은 당신이 깨달은 바를 공언했다고 말씀하십니다.

부처님은 인간만 가르치는 분이 아니라 인간과 천신들의 스승입니다. 그래서 천신들마저 부처님의 법문을 듣기 위해서 수없이 부처님을 찾아왔다는 가르침이 경전 속에 많이 등장합니다. 특히 사람들이 모두 잠든 아주 늦은 밤에 천신들이 내려와서 부처님과 대화를 나누고 부처님께 법을 묻는 내용들이 경전에 자주 나옵니다. 천신은 우리 눈에 보이지 않는 존재이지만, 불교에서는 욕계, 색계, 무색계의 삼계에 존재하는 천신이 있다고 가르칩니다. 그리고 부처님께서는 그 모든 것들을 분명하게 경험하셨지요.

불교에서는 인간과 천신이 상당 부분 닮았다고 봅니다. 디가 니카야의 〈세계기원의 경(世起經)〉에 따르면 천상에 있던 천신들이 지상에 내려오면서 인간이 되었다고도 말합니다. 색계 천상의 천신들이 지상에 내려와서는 지상의 음식들을 먹기 시작하면서부터 인간으로 살게 되었다는 겁니다. 이처럼 인간과 천신은 상당히 닮은 존재들이긴 하지만, 천신은 인간보다 선정 수행을 많이 하고 선업을 많이 지어서 그처럼 좋은 과보를 받은 것입니다. 그래서 부처님께서도 사람들에게 천신의 세계에 태어나기 위해서는 수행을 하라고 많이 강조하셨습니다.

하지만 천신은 물론 범천, 사문과 바라문 등 모든 존재를 통틀어 4가지 고귀한 진리를 깨달은 자는 없습니다. 오직 부처님만이 사성제를 있는 그대로 앎과 봄으로써 그 모든 세계에서 위없는 깨달음을 얻으셨지요.

천신의 수호를 받으려면

부처님은 재가자들에게 보시를 행하고 계를 지키고 명상을 함으로써 천상에 태어날 수 있음을 여러 번 강조하셨습니다. 그러므로 천상 세계를 믿는다면 수행의 폭을 더 넓히는 결과를 낳습니다. 또 수행을 매우 열심히 한 사람들은 가끔 천신을 직접 보기도 한답니다. 특히 부처님을 생각하는 염불 수행이나 자비관 수행을 열심히 하면 천신들이 지켜주고 사랑해준다고 합니다. 그러니 우리도 부처님의 가르침을 공부하면서 열심히 마음의 때를 벗겨내고 모든 존재를 사랑하는 자비심을 기른다면, 천신들의 보호를 받는 일을 직접 경험할 수 있을 겁니다.

4. 심오하고 어렵지만 수승한 연기의 진리

맛지마 니카야 〈성구경(聖求經)〉에는 다음과 같은 부처님의 말씀이 나옵니다.

"심오하며, 보기 어렵고, 깨닫기 어렵고, 고요하며, 수승하고, 단순한 논리적 사유로는 얻을 수 없는, 그래서 현자들만 이해하는 이 법을 나는 증득하였다. 하지만 세상 사람들은 감각적 욕망에 머물러 감각적 욕망에 집착하고 감각적 욕망을 즐기고 있다. 감각적 욕망에 머물러 감각적 욕망에 집착하고 감각적 욕망을 즐기고 있는 이러한 세상 사람들은 이 법, 즉 조건에 의존된 발생이라는 연기의 법을 이해하기 어렵다."

부처님이 깨달은 법은 사성제이자 연기의 법이기도 합니다. 연기(緣起)를 몇 마디로 간추리면 이렇습니다.

"이것이 있을 때 저것이 있고, 이것이 없을 때 저것이 없다. 이것이 생길 때 저것이 생기고, 이것이 멸할 때 저것이 멸한다."

한마디로 조건이 있을 때 결과가 나타난다는 뜻이지요. 연기 사상이야말로 초기불교는 물론 모든 대승불교나 선불교의 근본적인 입장이라고 할 수 있습니다. 부처님은 세상 모든 것이 조건에 의해 생멸한다는 진리를 발견하셨기에 모든 조건들이 사라진 열반의 경지, 자유의 경지, 행복의 경지를 이룰 수 있었습니다. 그리고 우리들에게 괴로움이 발생하는 과정 및 소멸하는 과정을 연기의 12단계를 통해 보여주셨지요. 그래서 이를 두고 십이연기라고 합니다. 십이연기의 각 항목을 나열하면 이렇습니다.

"무명(無明)을 조건으로 해서 행(行)이 있고, 행을 조건으로 해서 식(識)

이 있다. 식을 조건으로 해서 명색(名色)이 있고, 명색을 조건으로 해서 육입(六入)이 있다. 육입을 조건으로 해서 촉(觸)이 있고, 촉을 조건으로 해서 수(受)가 있다. 수를 조건으로 해서 애(愛)가 있고, 애를 조건으로 해서 취(取)가 있다. 취를 조건으로 해서 유(有)가 있고, 유를 조건으로 해서 생(生)이 있다. 생을 조건으로 해서 노사(老死)가 있다."

자세한 내용은 차차 알아보기로 하고 여기서는 대략적인 것만 살펴보겠습니다. 십이연기의 맨 앞에는 무명이 있습니다. 무명이란 고집멸도에 대한 무지, 있는 그대로의 진실에 대한 어리석음을 말합니다. 행이란 업력으로서의 행위를 뜻하며, 식은 과거와 현재를 이어주는 의식(結生識)을 뜻합니다. 명색이란 정신과 육체를 말하고, 육입은 6가지 감각 기관, 즉 눈, 귀, 코, 혀, 몸, 마음을 말합니다. 또 촉이란 내적인 감관(六根)과 대상(六境)이 만나서 여섯 의식(六識)이 발생한 상태의 접촉을 뜻합니다. 수는 괴롭거나 즐겁거나 괴롭지도 즐겁지도 않은 3가지 느낌(三受)입니다. 애는 감각적 쾌락의 갈망, 존재의 갈망, 비존재의 갈망이라는 3가지 갈망(三愛)을 뜻하지요. 그리고 취는 갈망에 의해 생겨나는 강한 집착을 말하고, 유는 욕계, 색계, 무색계의 3가지 존재양식으로 새로운 태어남의 조건이 되는 것을 뜻합니다. 생이란 말 그대로 태어남을 뜻하고 노사란 늙음과 죽음을 가리킵니다.

결국 "무명을 조건으로 행이 있고 (중략) 생을 조건으로 노사가 있다"는 것은 "무명이 소멸하면 행이 멸하고 (중략) 생이 멸하면 노사가 멸한다"는 것임을 알 수 있습니다. 즉 괴로움의 원인을 인과론적으로 밝히고 있으면서 동시에 그 원인을 소멸시킴으로써 괴로움의 세계가 소멸한다는 가르침입니다. 단순히 이론에 불과한 것이 아니라 매우 실천적인 가르침임을 알 수 있지요.

이처럼 십이연기는 무명에서 시작해 생로병사까지 확장되는 괴로움의 발생(流轉緣起) 및 무명의 끊어짐으로 인한 괴로움의 소멸(還滅緣起)을 설하고 있습니다. 결국 4가지 고귀한 진리인 사성제를 자세하게 풀어놓은 셈이지요. 따라서 부처님이 십이연기를 깨달았다고 할 때도 근본적으로는 사성제를 깨달았다는 것과 전혀 다른 말이 아님을 알 수 있습니다.

부처님께서는 연기법에 대해 "여래가 세상에 왔거나 오지 않았거나 이러한 연기의 법칙은 영원히 존재한다"고 말씀하셨습니다. 이처럼 불교는 진리를 만드는 종교가 아니라 진리를 발견하는 종교입니다. 그 진리, 조건에 의한 생성과 소멸이라는 진리는 우리 자신의 체험을 통해서 언제든지 확인할 수 있습니다. 사유에 의해서가 아니라 직접적인 관찰을 통해서 연기의 법칙을 끊임없이 확인할 때 우리는 더 이상 미혹에 사로잡히지 않습니다. '나는 누가 만들었을까?', '전생에 나는 어떤 존재였을까?', '지금 나는 어떤 존재인가?' 등의 '나'라는 틀을 벗어버리고, 있는 그대로의 몸과 마음의 현상들을 볼 수 있는 지혜가 열리게 됩니다. 이것이 우리가 말하는 수행입니다. 생겨나고 사라지는 그 순간순간에 연기의 진리를 파악하고 놓치지 않음으로써 확인하는 것이 지혜 수행입니다.

따라서 연기에 대해 이론적으로 확실히 이해한 다음 구체적으로 자기의 몸과 마음을 있는 그대로 살펴봐야 됩니다. 단순히 생각에서 그치지 않고 이 몸과 마음을 있는 그대로 관찰하며 그때그때 알아차릴 때 우리는 연기의 진리를 확인할 수 있습니다. 이것은 한꺼번에 확 오는 깨달음이 아닙니다. 끊임없이 하나하나 관찰·확인함으로써 마지막에 비로소 괴로움의 원인 및 그 원인이 소멸하는 과정을 확실하게 체험할 수 있습니다.

그래서 부처님께서도 십이연기의 고리란 정말 심오하고 보기 어려우며 깨닫기 어렵다고 말씀하십니다. 십이연기는 머릿속으로만 생각해서는 절대 이해할 수 없다는 뜻입니다. 그렇기에 현자들만 이해할 수 있고 어리석은 자들은 아직 그 깊은 의미를 이해할 수 없습니다. 보통 사람들은 감각적 욕망에 휩싸여 있기 때문에 연기의 법칙을 제대로 보지 못합니다.

부처님의 시자였던 아난다 존자도 그랬었나 봅니다. 하루는 아난다 존가가 부처님께 나아가 "십이연기를 곰곰 생각해보니 그다지 어렵지 않게 이해할 것 같습니다"라고 말씀드렸지요. 그러자 부처님께서 말씀하십니다. "아난다여, 십이연기는 그런 식으로 이해되는 것이 아니다. 훨씬 더 심오하고 고요한 진리이기에 네가 그렇게 쉽게 알았다고 단언해서는 안 된다."

이는 십이연기가 단순히 언어적·논리적으로 파악되는 것이 아닌, 실제로 자신의 체험을 통해 깨달아야 할 것임을 알려줍니다. 아난다 존자 같은 분도 그 깊이를 다 이해하지 못했는데 욕망에 빠져 허우적대는 우리들이야 말할 것이 있겠습니까.

5. 불교는 숙명론이 아니다

오늘날 우리들 대부분은 사후세계에 별로 관심이 없습니다. 죽으면 모든 게 끝이라는 생각을 하고 삽니다. 부처님 당시 인도에도 그런 사람들이 있었지요. 죽으면 물질적인 육체와 함께 우리 존재도 완전히 소멸해버린다며 단멸론, 허무주의를 주장하던 일종의 유물론적인 사상가들이 있었습니다. 반면 육체는 사라질지 몰라도 영혼만은 영원히 존재한다며 상주론을 주장하던 사람들도 있었지요.

부처님은 이 2가지 입장을 모두 비판하십니다. 그러면서 업과 행위를 주장하셨지요. 업(業)과 행위라는 것은 우리가 현실세계를 만들어왔고 만들어가는 원리입니다. 우리 삶을 만든 것도 우리의 행위이고 지금의 삶을 만들어가고 있는 것도 우리 자신의 행위입니다. 자신의 행위에 의해서 우리는 변화하고 삶을 결정하는 요인들을 만들어낸다는 뜻이지요. 이는 무작용론(無作用論), 즉 선과 악이 아무런 결과를 초래하지 않는다는 주장과는 반대에 있는 것으로, 우리의 행동이 그 결과를 낳는다고 하는 업과 행위의 입장을 이야기하고 있습니다.

그렇다고 불교가 숙명론을 말하는 것은 아닙니다. 업론은 숙명론과 전혀 다릅니다. 숙명론이란 과거에 지은 자기 행위가 현재의 삶을 완전히 결정한다는 것이지요. 하지만 불교에서는 우리가 언제라도 새로운 업을 지어 그로 인한 결과에 영향을 끼칠 수 있다고 봅니다. 숙명론처럼 미래가 결정된 것이 아니라 언제든 바뀔 가능성이 있다는 뜻입니다. 우리는 과거에 어떤 행위를 해서 그 결과를 언젠가 받게 됩니다. 하지만 그 업의 결과를 받는 순간에도 우리는 끊임없이 새로운 업을 일으킵니다.

이렇듯 불교는 자신의 의지에 의해서 운명을 만들어왔고 지금도 앞으로도 만들어나갈 수 있다는 입장입니다. 즉 나의 행위에 의해서 내 삶이 결정된다는 것이지요. 그래서 우리의 행위(원인)와 결과 사이에는 아무런 관계가 없다는 무인과론(無因果論)을 부정하는 동시에 숙명론과 같은 완벽한 인과론 또한 부정합니다. 그리고 우리가 과거에 행한 행위가 지금의 삶을 결정하고 있지만 현재의 행위들이 다음 생 혹은 다음 순간을 결정하므로 수행을 강조합니다. 수행은 올바른 방향으로 노력하는 행위입니다. 그렇게 해서 마음속에 있는 오염원들을 덜어내 궁극적인 청정에 이르는 것이지요. 행위가 없이는 아무런 변화가 일어나지 않는다는 것이 불교의 기본적인 입장입니다. 행위가 창조적인 업으로 연결될 때 우리 인생이 행복해지고 평온해진다는 것입니다.

더 나은 삶을 만들 수 없어 주어진 운명대로 산다면 부처님 말씀을 공부할 필요도 없습니다. 하지만 부처님께서는 우리가 짓는 업에 따라 좋은 결과도 있고 나쁜 결과도 있으니 좋은 업을 지어서 행복한 인생을 살라고 말씀하십니다. 하지만 좋은 업을 짓는 데도 명심해야 할 것이 있습니다. 조건 없이 좋은 업을 지어야 한다는 겁니다. 좋은 업에도 집착하지 않아야 한다는 거지요. 이것이 바로 불교의 궁극적인 실천이라고 할 수 있습니다. 조건 없이 사랑을 베푸는 것, 조건 없이 지혜를 닦아나가는 것, 이를 대승 불교에서는 바라밀행이라고 합니다. 하지만 바라밀 사상은 원래 부처님의 가르침 속에 스며들어 있던 것이고 그 가르침을 바탕으로 불교의 수행론이 언급됩니다.

아무리 좋은 수행을 해도 그 수행에 묶여 있다면 수행은 거추장스러운 방해물이 될 수도 있습니다. 그래서 불교에서는 옳은 것을 행한 후 내려놓으라고 말합니다. 이것이 불교에서 정진하는 방식입니다. 부처님께서는 재가자를 위해서도 옳은 행위를 강조하셨고, 출가자에게도 자기 삶을 정화하는 데 적합한 계정혜 삼학을 닦으라고 늘 강조하셨습니다. 이처럼 불교는 행위를 강조하는 종교임을 알 수 있습니다. 그리고 그처럼 좋은 행위를 하기 위한 방법들이 바로 부처님이 가르치신 사성제 속에 전부 다 포함되어 있습니다.

6. 신도 윤회하는 존재일 뿐

불교는 절대적인 신을 인정하지 않습니다. 세상은 법칙에 의해서 생겨났다 사라지는 것이지, 어떤 창조주와 같은 인격적인 존재에 의해서 변화하는 것이 아니라고 가르칩니다. 불교가 다른 많은 종교들과 다른 점이 있다고 한다면 바로 이 부분이겠지요. 불교는 신을 전제하지 않아도 얼마든지 세상의 이치를 설명할 수 있습니다. 신이 없더라도 우리 삶이 얼마든지 변화하고 얼마든지 개선될 수 있다는 것을 가르치는 종교이지요.

우리는 오히려 신 때문에 문제가 생기는 경우를 많이 봅니다. 본 적도 없고 확인하지도 못한 신의 이름으로 수많은 사람들이 전쟁을 일으키고 서로 살육을 일삼았던 일이 우리 역사에서는 너무도 많았습니다. 하지만 불교는 적어도 신앙을 강요하면서 전쟁을 일으킨 적이 한 번도 없습니다. 그런 의미에서 불교는 관용의 종교라고 할 만하지요. 불교가 융성했을 때에도 다른 종교들에 관용적인 태도를 취했기 때문에 그 사회의 종교적인 문화가 발달하곤 했습니다. 이처럼 불교는 기본적으로는 무신론의 입장이지만 유신론자들의 신앙을 탄압하는 일이 없었습니다.

하지만 불교인이라고 한다면 창조주라는 존재가 없어도 문제될 것이 없다는 사실을 염두에 두어야 합니다. 오히려 그런 존재가 있다 해도 별로 할 일이 없는 존재라고 생각할 수 있습니다. 인도 전통 사상에 의하면 세상의 모든 존재는 신, 즉 범천이 만들어냈다고 합니다. 또 그로 인해 사람들의 신분이 사제 계급, 무사 계급, 평민 계급, 노예 계급으로 나뉜다고 하지요. 하지만 부처님께서는 행위에 의해서 사람의 신분이나 계급이 나뉘는 것이지, 본래 그런 계급으로 태어나는 것은 아니라고 말씀하십니다. 그 사람이 지은 업에 의해 농부나 기술자, 상인이 되고, 노예나 도둑, 무사나 제관 등이 된다는 말씀이지요.

《숫타니파타》를 보면, 그처럼 창조주에 대한 비판의 근거에는 연기 사상이 있음을 알 수 있습니다. 즉 어떤 결과든 조건에 의해서 나타나는 것이지 창조주에 의한 것이 아니란 뜻입니다. 많은 종교들이 세상 만물의 근본 조건으로 창조주를 설정하지만 우리는 그런 존재를 볼 수도 확인할 수도 없습니다. 물론 범천을 본 사람은 있을 수 있습니다. 디가 니카야의 첫 번째 경전인 〈범망경(梵網經)〉에는 숙명통으로 자신이 전생에서 천상에 태어나 범천을 보았다고 말하는 사람들의 이야기가 나옵니다. 그런데 그 사람이 지닌 숙명통의 한계가 바로 범천에 태어났던 전생까지밖에 기억하지 못한다는 겁니다. 그래서 범천이 창조주로서 천상의 세계에 존재한다고 주장하는 것이지요. 범천은 영원한 존재이고 자신은 태어났다가 다시 죽는 것을 반복하는 무상한 존재라고 주장합니다. 하지만 불교는 그러한 범천마저 윤회하는 존재일 뿐이라고 말합니다.

괴로움에 대한 고귀한 진리, 고성제

우리는 누구나 괴롭습니다. 그러므로 괴로움을 바로 이해한다는 것은 나 자신을 바로 이해하는 것이 됩니다. 또 거꾸로 자기 자신을 바르게 이해하면 괴로움을 바르게 이해하는 것과 같습니다. 그래서 불교를 공부한다는 것은 불교 교리를 공부하는 것이라기보다 자기 자신을 공부하는 것이라고 할 수 있습니다. 지금 뭔가 불편하고 괴롭고 불안한 자신의 모습을 그냥 있는 그대로 보고 배우는 겁니다. 그래서 괴로움의 원인을 찾아낼 수 있다면 그 원인을 해결할 수 있는 길이 보이겠지요. 그것이 바로 사성제의 첫 번째인 괴로움에 대한 고귀한 진리를 접근하는 방식이라 볼 수 있습니다. 〈대념처경〉을 보면, 부처님은 괴로움에 대한 고귀한 진리를 아주 간단

명료하게 정의하십니다.

"비구들이여, 괴로움의 고귀한 진리란 무엇인가? 태어남은 괴로움이며, 늙음도 괴로움이며, 병듦도 괴로움이며, 죽음도 괴로움이다. 슬픔, 비탄, 통증, 비애 그리고 절망도 괴로움이며, 원하는 것을 얻지 못하는 것도 괴로움이고, 싫어하는 대상과 만나는 것도 괴로움이며, 좋아하는 대상과 헤어지는 것도 괴로움이다. 간단히 말하면 인간을 구성하는 5가지 무더기에 대한 집착이 괴로움이다."

먼저 생로병사의 괴로움은 본래적인 것입니다. 태어나고 늙고 병들어 죽는 것은 누구나 겪는 괴로움이라서 본래적인 괴로움이라는 뜻의 '고고 (苦苦)'라는 말을 씁니다.

그 다음에 슬픔, 비탄, 통증, 비애, 절망이나 원하는 것을 얻지 못하는 것 (求不得苦), 싫어하는 대상과 만나는 것(怨憎會苦), 좋아하는 대상과 헤어지는 것(愛別離苦) 등은 괴고(壞苦)라고 합니다. 모두 다 즐거운 것이 사라질 때 경험하는 괴로움들이기 때문입니다. 좋은 상태가 사라지면 슬퍼지고 비탄에 잠깁니다. 그리고 통증을 느끼고 비애에 빠지고 또 절망을 느끼지요. 원하는 것을 얻지 못하는 것도, 싫어하는 것을 대하는 것도, 사랑하는 대상과 헤어지는 것들이 모두 괴고에 해당합니다.

그리고 5가지 무더기에 대한 집착(五取蘊苦)은 행고(行苦)입니다. 행고에서 행(saṅkhārā)이란 조건에 의해 생겨났다 사라지는 모든 현상들을 말합니다. 간단히 말해서 우리가 살아가며 경험하는 모든 현상들을 뜻하지요. 우리의 몸과 마음, 우리가 평생 동안 살아가면서 경험하는 모든 것들은 모두 행입니다. 그처럼 행은 조건에 의해 형성된 것이기 때문에 괴로운 것입니다. 특히 그중 우리의 몸과 마음 역시 조건에 의해 생겨났다 사라지기에 괴로운 것입니다.

앞으로 자세히 살펴보겠지만, 우리 몸과 마음은 5가지 무더기로 이루어져 있습니다. 그런데 그것에 우리는 '나'라고 집착하지요? 우리의 몸과 마음은 변하는 것이기에 불안정하고 늘 편치 못한 것임에도 우린 그 몸과 마음을 '나'라고 생각하며 집착합니다. 그 집착에서 오는 괴로움을 행고라고 하는 것입니다. 행고는 본래적인 괴로움인 고고와 좋은 것이 사라질 때 느끼는 괴고의 바탕을 이루는 괴로움입니다. 그러나 조건에 의해서 생겨난 것이기에 그 조건이 사라질 때는 그 괴로움 또한 사라져버린다는 것이 바로 행고의 핵심적인 내용입니다.

이렇듯 부처님은 생, 노, 병, 사 다음에 구부득고, 원증회고, 애별리고를 말씀하시고, 그 다음에 오취온고를 말씀하셨습니다. 그래서 불교에서는 생로병사의 4가지 괴로움(四苦)과 원증회고, 애별리고, 구부득고, 오취온고를 더해서 팔고(八苦)라고 말합니다. 반면 육체가 있기에 본래적으로 느끼는 괴로움(苦苦)과 즐거움이 사라질 때 느끼는 괴로움(壞苦), 모든 것은 조건에 의해 생겨났기에 느끼는 괴로움(行苦)의 3가지로 분류하는 것은 보다 철학적인 차원에서 괴로움을 이해하는 것이지요. 이처럼 2가지 입장에서 괴로움을 이해한다면 표면적인 현상으로서 괴로움을 느끼는 것이 아니라 보다 심층적인 차원에서 괴로움을 이해할 수 있게 됩니다.

1. 생로병사의 괴로움

부처님께서는 태어남이란 무엇인지부터 하나하나 정의를 내리기 시작합니다.

"비구들이여, 태어남이란 무엇인가? 생명이 있는 존재들이 이런저런 유정의 세계에 태어나는 것, 육도 윤회의 세계에 태어나는 것, 지각 작용이 생겨나는 것, 존재의 영역에 들어오는 것, 5가지 무더기가 생겨나는 것, 6가지 감각 기관이 발생하는 것, 이것을 태어남이라고 한다."

유정의 세계란 욕계, 색계, 무색계의 삼계를 말합니다. 그 다음 육도(六道) 윤회의 세계란 지옥, 아귀, 축생, 인간, 아수라, 천상을 말합니다. 불교에서는 태어나는 데 4가지 방식이 있다고 설합니다. 우선 인간처럼 부모의 태를 의지해서 태어나는 태생(胎生)이 있고, 조류나 파충류처럼 알에서 부화하는 난생(卵生)이 있습니다. 또 습기가 있는 곳에서 태어나는 습생(濕生)이 있지요. 마지막으로 화생(化生)이란 것이 있는데, 앞의 3가지 방식과는 전혀 다르게 갑자기 나타나는 것을 말합니다.

지옥의 존재나 아귀, 아수라, 천신 들은 모두 화생으로 태어납니다. 그러니까 인간과 축생을 제외한 모든 것들은 화생의 방식으로 태어나는 거지요. 가령 어떤 사람이 지옥에 떨어질 정도로 악업을 지었다면 죽는 순간에 바로 지옥에 가서 다시 태어납니다. 천상에 있던 범천이 공간이동을 해서 갑자기 지상에 나타나듯이 나쁜 업을 지은 중생은 순식간에 지옥에 가서 태어나게 됩니다. 아귀로 태어날 때도 마찬가지입니다. 아귀는 아주 욕심이 많은 존재라고 합니다. 몸은 산덩이만 한데 바늘처럼 가느다란 목구

멍을 가져서 아무리 먹어도 배를 채울 수가 없다고 하지요. 아수라는 성질이 난폭하고 싸움을 좋아하는 천신인데 이들도 화생으로 태어납니다.

그리고 욕계의 천신들과 무색계의 천신들도 자기가 닦은 선행과 선정의 힘에 의해서 욕계의 천상과 색계, 무색계에 바로 화생으로 태어납니다. 그곳에서 젊고 아름다운 모습으로 태어나서는 죽기 일주일 전까지 그 모습 그대로 유지한다고 합니다. 그처럼 천신들은 천상에서 젊고 건강한 모습으로 살다가 죽기 일주일 전에 입고 있던 옷이나 모습이 갑자기 남루해지며 여러 가지 변화가 찾아온다고 합니다. 그제야 천신은 천상에서의 삶이 얼마 남지 않았음을 알고는 두려움을 느낀다지요. 부처님 당시에도 제석천(帝釋天)^{주23)} 등의 천신들이 부처님의 가르침을 듣고는 천상의 삶을 이어가기 위한 수행을 함으로써 다시 천상에 천신으로 태어났다고 합니다. 이처럼 천상에서는 태어남의 고통부터 늙고 병드는 고통이 없다 보니 별로 수행할 마음이 들지 않습니다. 하지만 태어나는 것 자체가 이미 죽음을 전제한 것이기 때문에 죽음의 고통을 피할 순 없습니다. 또 지은 업에 따라 죽은 후 다시 인간으로도 태어나고 만약 그 업이 무겁다면 축생이나 지옥의 존재로 태어납니다.

이렇듯 어느 곳에 태어나는가는 업에 의해서 결정됩니다. 실제로 우리를 낳아준 부모는 조연자일 뿐이고 주연은 자기 업이라고 말할 수 있기에 우리는 업의 상속자라고 말합니다. 나는 내가 지은 업의 자식이라는 뜻이지요. 부처님은 바로 그런 업에 의해 태생과 난생, 습생, 화생이라는 4가지 생존의 형태로 태어난 것 자체가 바로 괴로움이라는 말씀을 하십니다.

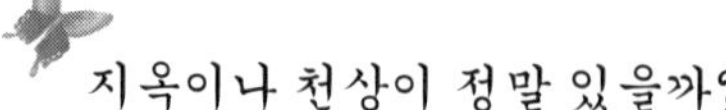

지옥이나 천상이 정말 있을까?

지옥이나 천상 등의 존재는 우리가 직접 경험해볼 수 있는 것들이 아니지요. 그러나 우리가 경험하지 못한다고 해서 그 존재들이 없다고 단정할 순 없습니다. 우리는 볼 수 없지만 부처님께는 그런 존재들을 볼 수 있는 눈이 있습니다. 그러므로 인간의 한정된 시각으로 세상을 보는 것에는 한계가 있음을 알아야 합니다. 인간은 인간의 눈에 의해서만 세상을 봅니다. 이는 시각이라는 감각의 한계만 말하는 것이 아니라 인식의 한계와도 밀접한 관련이 있습니다. 개는 인간보다 수천 배나 후각이 발달해 있고 박쥐는 초음파로 컴컴한 공간 속에서도 부딪히지 않고 움직일 수 있는 능력이 있습니다. 동물도 그러한데 천신이나 부처님의 능력을 인간인 우리가 어떻게 상상이나 할 수 있겠습니까?

부처님은 이어서 늙음의 괴로움에 대해서 말씀하십니다.

"비구들이여, 늙음이란 무엇인가? 생명 있는 존재들이 이런저런 유정의 세계에서 늙어가는 것, 나이를 먹는 것, 허약해지는 것, 흰머리가 생기는 것, 피부에 주름살이 생기는 것, 생생하던 기운이 쇠잔해지는 것, 감각 기관들의 기능이 떨어지는 것 등을 늙음이라고 한다."

어떻습니까, 요즘 말하는 갱년기 증상을 딱 짚어내셨지요? 태어난 존재들은 모두 이런 과정들을 거쳐 갑니다. 특히 인간에게는 이런 노화현상이 대개 40대부터 구체적으로 나타나지요. 아직 젊은 사람들은 잘 모르겠지만 노화현상이 진행되고 있거나 이미 몸이 노쇠해진 분들은 늙는다는 것이 얼마나 불편한 일인지 잘 압니다. 그러니 젊은 사람들은 자기만은 영원히 늙지 않을 듯한 아만심을 버리고 노인을 대해야 합니다. 누구라도 늙음을 피할 수 없고 늙음 자체가 우리네 삶의 과정이라는 사실을 받아들여야 하지요. 늙어서 몸이 불편해지는 육체적인 고통이 있다고 한다면 마음은 더 불안해지고 더 힘들어지는 경우도 있습니다. 경제적인 어려움을 겪거나 애지중지하며 키웠던 자식들에게 홀대받는다면 심리적으로도 굉장히 큰 괴로움을 겪게 될 겁니다. 이런 것들은 늙음 자체가 초래하는 심리적인 괴로움으로써 슬픔이나 비탄 쪽에 해당한다고 할 수 있습니다.

하지만 한편으로는 나이가 들어가며 얻을 수 있는 마음의 안정도 있습니다. 물론 이것은 거저 생기는 것이 아닙니다. 젊었을 때 꾸준히 삶의 목적에 대해서 생각하고 삶의 문제들을 풀어가려고 노력하며 살아온 사람들은 나이가 들수록 점점 더 세상일에 큰 집착 없이 차분하게 삶을 받아들이는 여유가 생깁니다. 부처님께서는 나이를 먹었다고 해서 꼭 존경받을 사람이 아니라는 말씀도 하셨습니다.

"머리가 희다고 해서 장로(長老)가 아니다. 단지 나이만 들었을 뿐, 헛되게 늙은 이라고 부른다."[주24]

단지 나이만 먹었을 뿐 수행이 없고 아는 것이 없다면 그는 한낱 늙은이에 불과할 뿐 장로가 아니라는 말씀입니다. 반면에 아무리 어리더라도 부처님의 가르침을 깊게 이해하고 수행한 사람이야말로 진정한 장로라고 하셨지요. 그러니 늙는다는 것이 괴로움이란 사실을 인지하고 이왕 늙는다면 좀 더 잘 늙어갈 수 있도록 노력해야 합니다.

부처님께서는 병드는 것도 괴로움이라고 말씀하셨습니다. 병에는 육체의 병과 마음의 병이 있습니다. 부처님께서는 말씀하시기를, 육체의 병이 없을 수는 있지만 마음의 병이 없이 사는 사람은 아주 드물다고 하셨습니다.[주25]

육체의 병이든 마음의 병이든 생명이 있는 존재라면 항상 부딪히는 문제입니다. 이때도 마음가짐이 중요합니다. 몸이나 마음이 아프면 '나에게 병이 생겼구나'라고 수용하며 치료를 시도해야겠지요. 하지만 죽음을 앞두고 찾아오는 병은 어찌할 도리가 없습니다. 그러므로 미리 마음의 준비를 해둘 필요가 있습니다. 몸이 병들어 죽을 수밖에 없다면 마음으로 받아들이는 자세가 필요하다는 말입니다.

또 부처님께서는 병들어 아픈 환자를 돌보는 일이 아주 중요하다고 강조하셨습니다. 병든 이를 간병하는 것은 부처님을 공양하는 것과 같은 공덕이 있다고 하셨지요.

우리에게 또 하나의 피할 수 없는 고통은 죽음입니다. 그래서 부처님께서는 말씀하셨습니다.

"비구들이여, 죽음이란 무엇인가? 생명 있는 존재들이 이런저런 유정의 세계를 떠나 소멸하는 것, 파괴되는 것, 사라지는 것, 일생의 종결, 5가지 무더기의 해체, 생명기관의 끊어짐 등을 죽음이라고 한다."

태어남에도 4가지 양태가 있듯이 죽음에도 여러 가지 모습이 있습니다. 오온이 무너지는 것, 생명기관이 끊어지는 것을 죽음이라고 하지요. 불교에서는 2가지 원리로 죽음을 이야기합니다. 즉 우리의 정신적인 생명 기능과 육체적인 생명 기관이 완전히 끊어진 것을 죽음이라 말합니다. 꼭 들어맞는 것은 아니지만, 정신적인 기능을 요즘 말로 하자면 뇌의 생명 현상이라 할 수 있겠고 육체적인 생명 기능은 심장과 폐의 생명 현상이라고 할 수 있겠지요.

요즘 뇌사나 심폐사 문제가 언론에 보도되는 것을 자주 봅니다. 그중 안락사는 정말 간단한 문제가 아닙니다. 오늘날 죽음에 대한 문제는 의료기

술이 발달하면서 생겨난 현상들이 많습니다. 가령 인공호흡기로 생명을 연장하는 경우가 있습니다. 이럴 땐 연명장치를 떼어버리면 더 이상 살아 있을 수 없게 됩니다. 이런 경우 안락사는 심각한 의료윤리 문제로 등장하지요. 그렇다면 이런 경우에 불교는 어떻게 가르칠까요? 불교는 가능할 때까지 치료하라는 가르침을 전제로 합니다. 사는 것보다 죽는 게 낫다고 판단해서 환자의 죽음을 방치 혹은 방조하는 것은 살인에 해당한다고 보기 때문입니다. 이렇듯 소극적 의미의 안락사까지 기본적으로 반대하는 입장이지만 자연스러운 죽음을 맞이하는 존엄사는 어느 정도 수용될 수도 있다고 봅니다. 병원의 중환자실이나 집중치료실에서 온갖 연명장치로 생명을 연장하면서 고통스럽게 생을 마감하느니, 더 이상 회복 가능성이 없을 때는 스스로 자연스럽게 인간다운 존엄을 지니고 죽음을 맞이하겠다는 의사를 존중하는 거지요.

죽음과 관련해 또 하나 제기되는 문제가 바로 사형제도입니다. 불교는 사형을 살인에 해당한다고 봅니다. 사형을 명령하는 사람도 살인하는 것이고 사형을 집행하는 사람도 살인하는 것이지요. 따라서 불교는 사형제도를 폐지해야 한다는 입장입니다. 그렇다고 불교가 잘못을 저지른 사람에 대해 아무런 제재를 가하지 않는 것은 아닙니다. 가령 승단에서 어떤 스님이 계를 어기면 대부분 격리시킵니다. 승가에서 가장 큰 죄로 여기는 것에 바라이죄(波羅夷罪)라는 것이 있습니다. 살인이나 음행, 도둑질, 거짓말을 했을 때, 특히 자기가 깨닫지 않았으면서 깨달았다고 엄청난 거짓말을 했을 때는 승려 자격을 박탈당하고 승단에서 쫓겨나게 됩니다. 하지만 체벌이나 고문을 가하거나 옥에 가두는 일은 없습니다. 바라이죄보다 작은 계를 범하면 승잔죄(僧殘罪)에 해당합니다. 특히 성적인 행위에 관련된 잘못들이 승잔죄에 해당합니다. 직접 성행위를 하지 않더라도 그와 유사한 행위를 저지르면 승잔죄라고 보아 일시적으로 발언권을 박탈합니다. 일종의 집행유예와 같은 선고를 함으로써 참회하게 만드는 것이지요. 그렇게 일정 기간 동안 참회를 한 다음에 다시 승려의 권한을 복원시켜줍니다. 이때도 체벌은 없습니다.

이런 불교적 사고를 바탕으로 한다면 살인이나 국가반역죄 같은 심각한 죄를 지은 사람은 어떤 식으로 처리해야 할까요? 격리수용하는 수밖에 없습니다. 무기형에 가까운 형벌을 내릴 수밖에 없겠지요. 그런 극악무도한 범죄에도 사형은 불가하다는 게 불교의 입장입니다. 형기 동안에 자신의 잘못된 업을 조금이라도 가볍게 할 수 있는 기회를 주는 것이 불교적인 처벌이라고 생각합니다.

율장을 보면 이런 이야기가 있습니다. 어떤 스님이 길을 지나가다가 곧 사형을 당하게 될 사람을 보게 되었습니다. 죽음의 공포로 벌벌 떨고 있는 그 모습이 안쓰러워 보였던지 스님이 이렇게 말합니다. "저렇게 떨고 있는데 공포에서 벗어나도록 빨리 죽이지 그래." 어찌 보면 스님은 안락사에 가까운 의견을 표현한 것이지요. 하지만 불교 정신에 의하면 이 또한 살인죄에 해당합니다. 왜냐하면 죽음을 재촉하거나 지시했기 때문입니다. 극악무도한 죄를 저질렀다면 언젠가 어떤 형태로든 그 과보는 받을 수밖에 없습니다. 그런데 그 과정에 개입하여 또 다른 살인, 또 다른 죄를 짓게 하는 행위가 있다면 안 된다는 것이 불교의 입장입니다.

이렇듯 태어남처럼 죽음은 인간의 근원적인 문제인 동시에 아주 복잡한 문제들로 얽혀 있습니다. 그리고 죽은 후에 어떻게 태어나는가 하는 문제와도 직결됩니다. 초기경전에 의하면 죽은 후에는 곧바로 다른 양식의 존재로 태어난다고 합니다. 열반을 얻지 못한 존재들은 죽음 뒤에 곧바로 다음 생으로 연결된다는 거지요. 초기경전은 우리의 삶이, 우리의 생각이 찰나찰나 이어지듯이 우리의 생멸 현상 또한 순간순간 이어진다고 가르칩니다. 그런데 이 생에서의 죽음과 내생에서의 태어남 사이에 중유(中有, 中陰)라는 개념이 생겨나기 시작합니다. 중유란 죽은 후 다시 태어날 때까지 일정 기간 동안 거치는 존재 양식인데, 이런 개념을 처음으로 나타낸 것은 설일체유부입니다. 그것이 티베트 불교로 전해지면서, 49일의 중유 기간을 거쳐 새로운 모습으로 태어난다는 설로 확립되지요. 어쨌든 죽은 후에는 다음 세계에서 곧바로 태어난다는 것이 불교의 기본적인 입장이고, 또 다른 해석으로 중유의 과정을 설하는 입장도 있다는 정도만 알아두시면 되겠습니다.

그렇다면 죽은 사람을 위해 지내는 천도재는 어떻게 이해해야 할까요? 남방불교권에서는 우리와 다르게 천도재라는 것이 없습니다. 하지만 스님들에게 공양을 하거나 선업을 쌓으면서 "이 공덕으로 돌아가신 부모님께서 좋은 과보를 받길 바랍니다" 하고 기원합니다. 이처럼 조상들에게 자신의 공덕을 돌리는 풍습은 부처님 당시부터 있었습니다. 그렇게 하면 부모에게 내 선행의 공덕이 전달될 수 있는 통로가 열린다는 거지요. 만일 그렇지 않다면 그 공덕은 자신의 것이 된다고 합니다. 이렇게 볼 때, 우리가 천도재를 통해 부처님과 스님들께 공양물을 바치면서 부모님을 생각하는 마음을 일으키는 것도 의미 있는 일이라고 생각합니다.

이처럼 죽음은 괴로운 일이지만 우리 삶의 의미가 죽음에 의해 완전히 사라지는 것은 아닙니다. 오히려 죽음이 있기에 삶의 가치가 한층 더해지지요. 죽음이 언제 올지는 모르지만 그런 죽음이 있기 때문에 우린 오늘을 더 귀중하고 값지게 살아갈 수 있습니다. 이것이 바로 죽음의 고통이 우리에게 주는 교훈입니다. 그래서 불교는 죽음을 굉장히 귀중하게 생각합니다. 부처님께서는 여러 차례 죽음에 대해 말씀하시면서 수행으로 삼으라고 하셨습니다. 그리고 죽음을 생각함으로써 인생이 더욱 진지해지고 다른 이를 용서할 수 있으며 자기 마음을 안정시킬 수 있다고도 하셨습니다. 법구경에는 "우리가 죽는다는 사실을 언제나 자각하고 있다면 사람들의 다툼은 그칠 텐데"[주26)라는 말씀이 나옵니다. 자신이 내일 죽는다고 생각해보십시오. 당장이면 죽을 텐데 누구와 다툴 시간이 어디 있겠습니까? 얼마 남지 않은 그 시간을 미움 속에서 다투며 살겠습니까? 나처럼 그 사람도 죽어야 할 존재라고 생각한다면 미움이나 원한 속에 빠져 살지 않을 수 있을 것입니다.

진정으로 삶을 변화시키고 싶다면 죽음에 대해 늘 생각하고 있어야 됩니다. '죽기 전에 내가 반드시 내려놓아야 할 것은 무엇인가?', '인생에서 내가 갖춰야 할 것이 있다면 무엇인가?', '어떻게 죽을 것인가?' 등등. 죽음의 시점은 가장 불확실한 것이지만 반드시 죽는다는 측면에서는 가장 확실한 사건이기도 합니다. 따라서 평소에 죽음을 생각하며 살아간다면 훨씬 여유를 가질 수 있겠지요.

《아미타경》에는 죽는 순간에 아미타불을 열 번 염하면 극락세계에 태어난다고 합니다. 평소에 염불을 하지 않는 사람이 죽는 순간이라고 염불할 수 있겠습니까? 평소에 철저히 깨어있는 마음으로 어떤 한 대상에 집중할 수 있는 능력이 없다면, 죽는 순간에 염불한다는 것이 불가능한 일임을 알 수 있습니다. 따라서 저 말은 살아있을 때의 내 사고나 행위 및 습관이 자신의 죽음을 결정한다는 뜻이 됩니다.

우리가 살아가면서 수행을 열심히 한다면 죽음은 또 하나의 좋은 계기가 될 수도 있습니다. 그러니 아직 생각을 할 수 있고 자유롭게 몸을 움직일 수 있을 때 끊임없이 부처님을 생각하고 자관(慈觀, 자애 명상) 등을 닦으면서 마음을 깨끗이 해야 합니다. 부처님께서는 우리가 살아있을 때 열심히 자애 명상을 닦으면 죽은 뒤에 범천의 세계에 태어난다고 말씀하셨습니다. 자애 명상을 열심히 닦으면 혼미한 상태로 죽지 않는다고도 하셨습니다. 그러므로 죽음이 또 하나의 좋은 기회가 될 수 있도록 삶 속에서 늘 수행하는 자세를 지녀야 합니다. 죽음에 임박한 순간에도 '모든 존재들이 행복하고 평화롭기를 기원합니다'라고 생각할 수 있다면, 우리는 그 힘으로 천상 세계에 태어날 수 있는 선업을 쌓을 수 있습니다. 매일 시간이 날 때마다 모든 존재들이 행복하고 평화롭기를 바라는 마음을 반복해서 일으키다 보면 그 힘을 곧 느끼게 될 것입니다. 자신이 처해 있는 곳에서 마음을 닦지 않으면 어디에서도 할 수가 없습니다.

그처럼 평소에 죽음을 생각하면서 모든 존재들이 행복하고 잘되고 궁극적으로 열반을 얻기를 원한다면, 죽음이라는 것이 그렇게 두려운 일만은 아닐 겁니다. 부처님이나 아라한들을 보면 얼마나 평온하게 육신의 죽음을 맞이하는지를 알 수 있습니다. 부처님은 선정 속에서 죽음을 맞이하셨지요. 선정에서는 엄청난 기쁨과 행복과 평온을 경험하는 상태가 쭉 이어집니다. 부처님의 제자인 아라한들의 죽음도 그랬습니다. 그러니 우리도 부처님의 가르침대로 살아간다면 평온하고 행복한 죽음을 맞이할 수 있으리라는 믿음으로 수행해야겠습니다.

우리 마음을 보호하는 4가지 방법

우리 마음을 보호해주는 수행에는 4가지가 있습니다. 그중 하나가 염불 수행입니다. 부처님의 명칭만 외우는 게 아니라 부처님이 갖고 계신 덕목을 생각하면서 '어떻게 하면 나도 부처님을 닮을 수 있을까?' 하고 반성하는 것입니다. 그런 식으로 부처님을 계속 생각하며 "석가모니불"을 외도 좋고 "부처님, 부처님" 혹은 "아라한, 아라한" 이라고 외도 좋습니다. 우리 마음을 보호해주는 또 하나의 수행법은 죽음에 대한 마음챙김입니다. 죽음을 생각하면 우리 마음이 나태해지는 것을 막아줍니다. 언제 죽을지 모르는데 지금이라도 열심히 수행해야 하지 않겠습니까? 이처럼 죽음이 두려워서 벌벌 떨고 있는 게 아니라 죽기 전에 내 업을 더 정화해야겠다고 생각하게 만드는 수행법을 '죽음에 대한 마음챙김', '죽음에 대한 생각을 하는 것', '죽음에 대한 명상' 이라고 합니다. 또 하나의 수행법은 부정관입니다. 우리의 육체는 결국 죽음으로 끝나버리는 것입니다. 그리고 자세히 들여다보면 그 어디에도 애착을 느낄 만한 곳이 없습니다. 몸은 우리가 인생을 더욱 행복하게 살 수 있도록 해주는 도구일 뿐입니다. 그렇기 때문에 몸에 대한 부정관을 통해 몸에 대한 집착을 극복하고 욕심을 가라앉히는 수행을 해야 합니다. 또 하나의 수행법이 바로 자관, 자애 명상입니다. 자애 명상은 모든 중생이 행복하고 평화롭기를 바라며 자애심을 끊임없이 일으키는 수행입니다. 세상의 모든 존재들이 행복하고 평화롭기를 바라는 마음이 끊어지지 않을 때, 이것은 엄청난 힘으로 우리를 보호해줍니다. 우리 마음의 화만 다스려져도 인생은 많이 편해집니다.

2. 슬픔, 비탄, 통증, 비애, 절망이라는 괴로움

부처님은 생로병사에 이어 또 하나의 괴로움인 슬픔에 대해 설명하십니다.

"비구들이여, 슬픔이란 무엇인가? 이런저런 손실이나 고통스런 일들과 부딪힘으로 생겨나는 걱정, 놀람, 내적인 슬픔, 내적인 재난 등을 슬픔이라고 한다."

우리가 일상생활에서 여러 가지 힘든 일과 부딪힐 때 생겨나는 감정들, 즉 슬픈 감정들을 말씀하신 거지요. 걱정이나 충격, 마음속으로 슬퍼하고 마음속으로 여러 가지 어려운 일에 부딪히는 것을 슬픔이라고 합니다. 슬픔이 일어날 때 우리는 분명히 괴로움을 경험하게 됩니다.

그런 슬픔보다 더 강력한 슬픔이 있습니다. 그것을 우리는 비탄이라고 합니다. 부처님은 말씀하십니다.

"비구들이여, 비탄이란 무엇인가? 이런저런 손실과 고통스러운 일들 때문에 울부짖고 비탄해하면서 슬픈 상태에 있는 것을 비탄이라고 한다."

가족이나 재산 등을 잃었을 때, 우리가 소중하게 생각하는 것을 잃었을 때 빠지는 아주 슬픈 상태를 비탄이라고 합니다. 슬픔처럼 비탄도 우리의 정서적·심리적인 괴로움이겠지요.

또 하나의 괴로움은 통증입니다. 바로 육체적인 고통이지요. 부처님은 통증에 대해 이렇게 설명하십니다.

"육체에서의 고통, 육체에서의 불쾌감, 육체에 의한 접촉에서 느껴지는 불쾌함을 통증이라고 한다."

병에 걸려 몸이 아플 때뿐 아니라 모기에만 물려도 우린 고통을 느낍니다. 혹은 칼에 베이거나 뜨거운 물에 데어도 통증을 느끼지요. 이 통증을 팔리어로는 둑카(dukkha)라고 합니다. 괴로움의 고귀한 진리를 말할 때도 그 괴로움을 일러 둑카라고 하지만, 좁은 의미로 육체적인 고통을 일컬을 때도 둑카를 씁니다. 몸으로 느끼는 이런 고통은 막을 수가 없고 누구나 겪게 되는 고통입니다. 부처님께서도 이러한 고통은 겪으셨지요. 복통을 느끼실 때도 있었고 오래 앉아있어서 등이 불편하신 적도 있습니다. 통증은 육체가 있는 한 누구나 느끼게 되는 고통이라고 할 수 있습니다.

슬픔, 비탄, 통증에 이어 또 하나의 고통은 바로 비애입니다. 부처님은 비애를 이렇게 설명하십니다.

"정신의 고통, 정신적인 불쾌감, 정신에 의한 접촉에서 느껴지는 불쾌감을 비애라고 한다."

마음으로 느끼는 고통을, 마음에서 느껴지는 불쾌한 느낌을 비애라고 한다는 말씀이지요. 우리는 육체적인 고통 말고도 이런 정신적인 고통을 받습니다. 몸이 괴로우면 마음도 힘들어지고 불쾌한 느낌이 일어나는 상황에 빠지지 않습니까? 부처님은 이런 경우를 두고 "두 번째 화살을 맞는다"는 표현을 쓰십니다. 예컨대 모기가 우리를 물었습니다. 그러면 가렵거나 따가운 느낌이 들지요? 그런 느낌은 육체적인 고통이나 통증에 해당합니다. 그런데 여기서 그치지 않습니다. 모기한테 물려 가려운 느낌을 싫어하는 정신적인 불쾌감이 생깁니다. 이것은 정신적인 고통에 해당하지요. 이처럼 우리와 같은 보통 사람들은 육체적인 고통이 생겼을 때 그것이 정신적인 불쾌감으로 바로 연결되어 두 번째 고통을 받게 됩니다. 하지만 부처님이나 아라한은 육체적인 고통을 느낄지라도 정신적인 고통이나 불쾌감은 느끼지 않는다고 합니다. 그래서 "두 번째 화살에 맞지 않는다"고 말하기도 하지요. 이처럼 신체적인 고통이야 어느 정도 피할 수 없지만 신체적인 고통이 왔을 때 짜증을 내고 싫어하는 등 여러 가지 불쾌한 감정에 휩싸인다면, 바로 두 번째 고통에서 더 큰 심리적인 어려운 상황에 놓이게 되는 것을 알 수 있습니다. 따라서 정신적인 고통은 우리가 극복해야 하는 고통이기도 합니다.

그 다음 괴로움은 절망입니다. 절망이라는 것은 이런저런 손실 및 고통스런 일들과 부딪힘으로 인해 실의에 빠져 있는 상태를 말합니다. 세상을 살아가다 보면 손해를 볼 때가 있지요? 사기를 당할 때도 있고 내가 싫어하는 일이나 고통스러운 일과 자꾸 부딪히게 되는 순간이 있습니다. 그럴 때 우리는 절망에 빠집니다. 이런 상태도 우리에겐 큰 괴로움으로 다가옵니다. 믿었던 사람에게 배신을 당하거나 잘되리라 믿었던 일이 실패했을 때 우리는 크게 낙담하고 괴로워합니다.

하지만 그런 상황을 모두 이해하진 못할지언정 여러 조건들에 의해서 일어난 상황이라는 것을 헤아려본다면 어느 정도 극복할 수 있습니다. '내가 바라는 것이 있었구나', '너무 큰 기대를 했었구나' 하고 제대로 바라보기만 해도 그 상태를 빨리 벗어날 수 있지요. 절망과 실의에 빠져서 힘들어하기만 한다면 상황은 훨씬 더 악화될 뿐입니다. 그러니 마음을 가볍게 하고 자기 인생이 행복해지고 안정되는 데 소중한 것이 무언지 생각해야 합니다. 그렇게 하면 절망스런 상태에서 벗어날 수 있는 길이 보이기 마련입니다.

3. 원증회고, 애별리고, 구부득고

그렇다면 싫어하는 것들과 만나는 괴로움이란 무엇일까요? 우리는 눈, 귀, 코, 혀, 몸, 마음의 6가지 감각 기관(六根 혹은 六處)으로 세상을 경험합니다. 눈으로는 모양과 형태(色)를 보고, 귀로는 소리(聲)를 듣고, 코로는 냄새(香)를 맡고, 혀로는 맛(味)을 보고, 몸으로는 접촉(觸)을 하고, 마음으로는 마음에서 일어나는 여러 가지 현상(法)들을 경험합니다. 그럴 때 자신이 싫어하는 것을 보거나, 싫어하는 소리를 듣거나, 싫어하는 냄새를 맡거나, 싫어하는 맛을 보거나, 싫어하는 감촉을 느끼거나, 싫어하는 현상이 마음에서 떠오르면 우리는 괴로움을 경험하게 됩니다. 이것이 바로 싫어하는 대상과 만나는 괴로움인 원증회고입니다. 꼭 사람에게만 해당하는 것이 아니고, 어떤 물질이나 사건을 대할 때도 그처럼 싫어하거나 화내거나 짜증나는 느낌을 느낄 수 있습니다.

이와 반대로 자신이 좋아하고 아끼고 사랑하는 사람이나 대상과 이별하는 경우에도 괴로움을 느끼겠지요. 이것이 바로 애별리고입니다. 사랑하는 사람과 헤어지고, 아끼던 물건이 파손되고, 애지중지하던 재산을 잃어버렸을 때 우리는 매우 괴로워합니다. 부처님께서도 특히 사랑하는 사람과 헤어지는 것은 큰 괴로움이라고 말씀하셨습니다. 우리처럼 엄청난 정도로 받아들이지는 않으셨겠지만 부처님도 애별리고의 괴로움을 느끼셨다는 이야기가 경전에 나옵니다. 사리풋타와 목갈라나 존자가 열반에 들었을 때가 그런 경우였지요. 그때 부처님은 "아, 사리풋타와 목갈라나가 없는 이 세상은 참으로 쓸쓸하구나"라고 말씀하셨습니다.

남북으로 갈라져 있던 이산가족들이 며칠간 잠시 만났다 다시 헤어져야 하는 그 순간을 한번 보십시오. 사랑하는 사람들끼리 헤어져 살아야만 하는 것의 고통이 얼마나 큰지 알 수 있지 않습니까? 그 괴로움을 안다면 지금 사랑하는 사람들과 함께 있을 때 최선을 다해야 한다는 교훈을 얻을 수 있습니다.

원증회고, 애별리고에 이어 나오는 것이 원하는 것을 얻지 못하는 괴로움, 즉 구부득고입니다. 태어나게 되어 있는 중생에게 '아, 태어남의 고통을 받지 않았으면' 하는 바람이 있다고 칩시다. 더 이상 괴로움의 생존을 받지 않았으면 한다는 뜻이겠지요? 하지만 단순히 바란다고 해서 그런 괴로움의 상태가 없어지진 않습니다. 부처님은 이것이 바로 원하는 것을 얻지 못하는 괴로움이라고 말씀하십니다. 앞서 살펴보았던 여러 가지 괴로운 상황들이 닥칠 때 우리는 '고통을 경험하지 않았으면' 하고 바랍니다. 하지만 그 모든 것들은 조건이 있어서 생겨난 고통이기 때문에 그러한 상황들을 없애려는 노력을 해야 합니다. 아무런 노력도 하지 않고 그저 고통이 생기지 않기만 바란다면 더한 괴로움을 경험하게 됩니다. 이런 구부득고의 괴로움도 우리가 일상적으로 늘 경험하는 괴로움입니다.

4. 오취온고

부처님께서는 괴로움에 대해 결론적으로 말씀하십니다.

"비구들이여, 간단하게 말해서 인간을 구성하고 있는 5가지 무더기에 대한 집착이 괴로움이다."

인간을 구성하고 있는 5가지 무더기에 대한 집착을 우린 오취온고라고 말합니다. 색, 수, 상, 행, 식이라는 오온에 대한 집착이 바로 괴로움이라는 말이지요. 그렇다면 5가지 무더기란 무엇일까요? 바로 집착된 물질의 무더기(色取蘊), 집착된 느낌의 무더기(受取蘊), 집착된 지각이나 인식의 무더기(想取蘊), 집착된 행위의 무더기 혹은 의지의 무더기(行取蘊), 집착된 의식의 무더기(識取蘊)를 말합니다.

오온은 불교 교리에서 가장 핵심적인 부분이라고 할 수 있습니다.《반야심경》을 독송할 때 보면 제일 먼저 나오는 말이 '조견오온개공(照見五蘊皆空)'입니다. '오온이 모두 공한 것을 비추어 보았다'라는 뜻입니다. 오온이 모두 공한 것을 깨달아 모든 괴로움에서 벗어났다는 것이지요. 우리 인간을 구성하는 5가지 무더기인 오온을 지혜로 이해할 때, 우리는 거기에 '나'라고 할 만한 것이 없다는 사실을 깨달으면서 괴로움에서 벗어나게 됩니다.

우선 오온에서 가장 먼저 나오는 색(色)이란 우리 몸을 말합니다. 그리고 폭넓게 본다면 물질도 이 색에 속합니다. 우리 몸은 물질로 이루어져 있지요? 따라서 우리 몸을 이루고 있는 물질과 그 외부에 존재하는 물질 전체를 색이라고 합니다.

그 다음 나오는 수, 상, 행은 우리의 정신적인 현상들에 해당하고, 식은 우리의 의식 작용을 말합니다. 즉 색을 제외한 나머지 것들은 모두 정신 현상(마음부수, 心所法)에 해당한다고 볼 수 있으며, 육체와 정신, 몸과 마음을 통틀어 오온이라고 합니다. 따라서 우리 몸과 마음을 있는 그대로 이해하는 것이 바로 불교를 이해하는 가장 중요한 핵심이라고 할 수 있습니다.

오온을 바르게 이해하면 오온이 어떠한 것인가를 알 수 있고 그에 대한 집착을 덜어낼 수 있습니다. 그럴 때 끊임없이 변하는 모습(諸行無常)과 만족스럽지 못한 괴로움의 모습(一切皆苦)을 발견하게 되고, 그 다음에 불변하는 실체로서의 영혼과 같은 '나'가 없다는 사실(諸法無我)을 깨닫게 됩니다. 이처럼 오온의 관찰을 통한 무상, 고, 무아의 깨달음이 바로 불교에서 말하는 지혜입니다.

물질의 무더기

불교에서 말하는 색이란 '모양과 형태를 갖춘 것'을 뜻합니다. 그래서 색은 공간을 차지하고 있어서 같은 공간에 둘 이상이 공존할 수 없는 특징을 갖고 있기도 하지요. 부처님은 색온에 대해 이렇게 말씀하십니다.

"비구들이여, 과거의 것이거나 현재의 것이거나 미래의 것이거나 내부의 것이거나 외부의 것이거나 거칠거나 미세하거나 높이 있거나 낮게 있거나 멀거나 가깝거나, 그 어떠한 물질적인 것들도 물질의 무더기라고 한다."

부처님께서는 마찬가지로 수온과 상온, 행온, 식온에 대해서도 그렇게 설명하십니다. 즉 물질, 색온은 과거나 현재나 미래에 자기 몸과 마음에 속한 것이거나 자기의 몸 밖에 있는 것을 말합니다. 그러면서 우리가 접할 때 거칠거나 혹은 빛처럼 눈에 보이지 않을 만큼 미세한 것을 색온이라고 합니다. 또 천상 세계에 있거나 지옥에 있거나, 내게서 멀리 있거나 가깝게 있거나 그 어떤 물질도 물질의 무더기라고 한다는 이야기지요. 따라서 물질의 무더기, 즉 색온이란 물리적 세계를 이루는 물질의 총체라고 할 수 있습니다.

부처님께서는 말씀하십니다.

"비구들이여, 물질의 현상이란 무엇인가? 또는 물질적 현상에 대한 무더기란 무엇인가? 그것은 4가지 근원적인 요소와 그것들로부터 파생된 물질적 현상들이다."

여기서 4가지 근원적인 요소란 사대(四大)를 말하는 것으로, 지(地), 수(水), 화(火), 풍(風)을 일컫습니다. 사대색신(四大色身)이라는 말에서도 알 수 있듯이, 부처님께서는 우리 몸이 그와 같은 사대로 이루어졌다고 말씀하십니다. 그리고 사대로부터 파생된 물질이 있습니다. 그것을 사대소조색(四大所造色)이라고 하지요.

부처님은 우선 사대에 대해서 다음처럼 설명하십니다.

"4가지 근원적인 요소란 무엇인가? 땅의 요소, 물의 요소, 불의 요소, 바람의 요소를 말한다."

일반적으로 지, 수, 화, 풍이라 불리는 4가지 요소는 물질의 기본적인 성질, 즉 개별적인 특성이라고 이해해야 합니다. 땅의 요소는 딱딱하고 부드러운 성질을 지니며, 물의 요소는 흐르고 적시는 성질(유동성)과 무엇을 모으고 뭉치는 힘(응집력)을 지니지요. 또 불의 요소는 뜨거움과 차가움을 특성으로 합니다. 바람의 요소란 움직이고 지탱하는 성질을 일컫지요. 이 4가지는 비록 정도의 차이는 있지만 모든 물질 속에 존재합니다.

여러분의 몸을 한번 만져보세요. 살이 있는 곳은 부드럽지만 뼈가 있는 부분은 딱딱하지요? 뼛속에는 수분도 있고 열기도 있겠지만, 땅의 요소가 가장 많이 들어 있다는 뜻입니다. 또 숨을 쉬면 배가 불렀다 꺼졌다 하는 움직임이 있습니다. 팔다리를 움직이며 걸어 다닐 때도 동작이 일어나지요. 이럴 때는 바람의 요소가 작용하는 것임을 알 수 있습니다. 또 우리가 바르게 앉아있을 때도 우리 몸을 지탱해주는 힘이 있는데, 이때도 바람의 요소가 없으면 똑바로 앉아있거나 서있을 수 없습니다. 이처럼 사대에 대한 관찰을 통해서 우리 몸을 구성하는 것은 결국 여러 물질들임을 알 수 있습니다.

팔리 아비담마의 논서에 의하면, 사대로부터 파생된 것에는 24가지 물질적 현상이 있다고 말합니다. 우선 우리 (1)눈이나 (2)귀, (3)코, (4)혀, (5)몸이 가지고 있는 감각 기능이 있습니다. 눈은 보는 기능을 가지고 있지요? 요즘 말로 하면 시신경을 뜻하는데, 이처럼 보는 기능 자체도 물질적인 현상이라는 말입니다. 또 귀는 듣는 기능, 즉 청각신경을 갖고 있죠. 코는 후각신경을, 입은 미각신경을, 몸은 접촉하는 감촉신경을 갖고 있습니다. 쉽게 말해 이런 신경계통들이 바로 물질적인 현상이라는 뜻입니다. 이와 더불어 사대로부터 파생된 물질 현상에는 형체나 색깔로서의 (6)색이 있습니다. (7)소리, (8)냄새, (9)맛, (10)남성의 기관, (11)여성의 기관(생식기능을 담당하는 기관들을 말함)도 물질 현상입니다. 또 불교에서는 우리의 생명을 육체적 생명력과 정신적 생명력의 2가지가 결합된 것이라 보는데, 그중 (12)육체적인 생명력이 사대에서 파생된 물질 현상입니다. 또 육체의 기반인 정신이 깃들어 있는 (13)심장, (14)육체적 표현으로서의 몸짓, (15)언어적인 표현인 말 역시 물질 현상입니다. 또 남방불교에서는 (16)빈 공간도 하나의 물질 현상으로 봅니다. 그리고 몸의 상태가 좋을 때 느끼는 (17)경쾌함, (18)몸이 찌뿌드드하고 무거운 느낌도 물질 현상입니다. (19)몸의 적응성, (20)몸이 자라는 것, (21)몸의 지속, (22)몸이 늙는 것, (23)몸의 무상함, (24)우리 몸을 지탱시켜주는 양분도 모두 4가지 근원적인 물질 현상에서 파생된 물질입니다.

이러한 24가지는 모두 사대로 이루어져 있습니다. 따라서 이 모든 물질 현상의 기본적인 원료는 사대이고, 그 하나하나가 고유한 여러 가지 현상으로 나타난다고 볼 수 있습니다. 하지만 논서는 육체의 접촉에 대해서, 압력이나 차가움, 열기나 통증 등을 통해서 인지될 수 있는 땅의 요소나 물의 요소, 불의 요소, 바람의 요소들과 동일시되기 때문에 24가지의 파생된 물질 현상에 포함시키지 않는다고 설명합니다.

요약하자면 물질 현상이라는 것은 지, 수, 화, 풍이라는 근본적인 물질 현상과 그것에서 파생되어 우리 몸에서 경험할 수 있는 여러 가지 물질 현상이라고 할 수 있습니다.

맛지마 니카야의 〈코끼리발자국 큰 경(象跡喩大經)〉에는 부처님이 우리 몸의 구성요소들을 분석해서 사대를 설명하시는 내용이 나옵니다.

"비구들이여, 땅의 요소인 지대란 무엇인가? 내적인 것과 외적인 땅의 요소를 말한다. 내적인 땅의 요소란 무엇인가? 어떤 사람이든지 그 사람의 육체에는 업에 의해 얻어진 땅의 요소가 있다."

여기서 업이란 전생부터 자기가 지어온 행위를 말합니다. 우리 삶은 업에 의해서 형성된 것입니다. 우리 몸도 내 자신의 업과 부모의 어떤 인연을 조건으로 해서 만들어진 것이라고 할 수 있습니다. 업의 영향을 받는 식(識)이 정자와 난자라는 조건을 만나서 이루어진 것이 바로 우리의 육체이지요. 그리고 업이 그 육체를 바탕으로 해서 전개될 때 정신과 물질이 다시 전개된다고 볼 수 있습니다. 그래서 업에 의해 얻어진 땅의 요소가 있게 됩니다. 머리카락, 체모, 손발톱, 이, 피부, 살, 힘줄, 뼈, 골수, 신장, 심장, 간장, 횡격막, 비장, 위장, 창자, 대변 등을 내적인 땅의 요소라고 합니다. 우리 몸을 구성하고 있는 여러 가지 기관들이나 육체의 구성요소들을 뜻하는 것이지요. 그래서 부처님은 이렇게 말씀하십니다.

"이처럼 자신의 내부에 있든지 외부에 있든지 이런 것들을 모두 땅의 요소라고 한다. 이러한 육체적인 구성요소들에 대해 '나의 것이 아니다. 이것들은 내가 아니다. 이것들은 나의 자아가 아니다'라고 있는 그대로 알고 보아야 한다."

부처님은 육체의 구성요소들을 가리켜 '나의 것'이나 '나'가 아니고 '나의 자아'도 아니라고 말씀하셨습니다. 만약 그것들이 '나의 것'이라고 한다면 내 맘대로 할 수 있어야 합니다. 예컨대 늙지 않고 싶으면 늙지 않아야 되고, 병들지 않고 싶으면 병들지 않아야겠지요. 하지만 우리가 늙고 싶지 않고 병들고 싶지 않다고 해서 그런 바람이 이루어지진 않잖아요? 모두가 조건에 의해서, 업에 의해서 생겨난 것이지 고정되어 있는 나의 소유물이 아니기 때문입니다. 그리고 육체의 구성요소들은 내 것이 아니듯 남의 것도 아닙니다. 조건에 의해 형성되어 조건에 의해 끊임없이 변하는 현상들일 뿐이지요.

부처님께서는 마찬가지로 물의 요소에 대해서도 설명하십니다.

"비구들이여, 물의 요소인 수대란 무엇인가? 내적인 것과 외적인 물의 요소를 말한다. 내적인 요소란 무엇인가? 어떤 사람이든지 그 사람의 육체에는 업에 의해 얻어진 물의 요소가 있다. 즉 담즙, 가래, 고름, 피, 땀, 지방, 눈물, 피부의 기름기, 침, 콧물, 관절의 지방, 소변 등을 내적인 물의 요소라고 한다."

내적인 물의 요소란 결국 우리 몸 안에 있는 액체를 말합니다. 물론 그 속에는 땅의 요소가 섞여 있기도 하지만 물의 요소가 더 많습니다. 그래서 물의 요소라고 말씀하셨습니다. 만약 저런 것들이 다른 사람의 몸에 있다면 그것은 외부에 있는 물의 요소라고 할 수 있겠지요. 그리고 부처님은 다시 말씀하십니다.

"이것들에 대해 '나의 것이 아니다. 이것들은 내가 아니다. 이것들은 나의 자아가 아니다'라고 있는 그대로 알고 보아야 한다."

불의 요소도 마찬가지입니다.

"비구들이여, 불의 요소인 화대란 무엇인가? 내적인 것과 외적인 것의 불의 요소를 말한다. 내적인 불의 요소란 무엇인가? 어떤 사람이든지 그 사람의 육체에는 업에 의해 얻어진 불의 요소가 있다. 즉 열기를 받거나 더워지거나 뜨거워질 때, 또는 먹고 마시고 씹고 맛본 음식을 완전히 소화시켰을 때의 열기를 내적인 불의 요소라고 한다."

음식을 소화시키면 몸에서 열이 납니다. 이처럼 자신의 내부에 있는 열기나 외부에 있는 열기를 모두 아울러서 불의 요소라고 말합니다. 부처님의 말씀이 이어집니다.

"이것들에 대해 '나의 것이 아니다. 이것들은 내가 아니다. 이것들은 나의 자아가 아니다'라고 있는 그대로 알고 보아야 한다."

그 다음 바람에 대해서 부처님은 이렇게 설명하십니다.

"비구들이여, 바람의 요소인 풍대란 무엇인가? 내적인 것과 외적인 것의 바람의 요소를 말한다. 내적인 바람의 요소란 무엇인가? 어떤 사람이든지 그 사람의 육체에는 업에 의해 얻어진 바람의 요소가 있다."

가령 음식을 삼킬 때는 음식을 목 아래로 내려 보내는 움직임을 느낄 수 있습니다. 그때의 움직임은 바로 바람의 요소 때문입니다. 숨을 들이마실 때도 숨이 내려가는 힘이 느껴지지요? 이밖에 위와 장의 움직임에도 바람의 요소가 작용합니다. 또 사지에 스며있는 움직이는 힘이 없다면 우리는 손발을 뻗고 구부리는 동작을 할 수 없을 겁니다. 이런 바람의 요소가 내 몸 안에서 경험될 때 우리는 그것을 내부에 있는 것이라 말하고, 다른 사람의 몸 안에서 일어날 때 외부에 있는 것이라고 합니다. 이처럼 내 것이거나 다른 사람의 것이거나 할 것 없이 모두 바람의 요소라고 합니다. 부처님은 이어서 말씀하십니다.

"이것들에 대해 '나의 것이 아니다. 내가 아니다. 나의 자아가 아니다'라고 있는 그대로 알고 보아야 한다."

부처님은 이렇게도 말씀하십니다.

"목재와 골풀과 갈대와 진흙을 재료로 해서 만들어진 한정된 공간을 오두막 또는 집이라고 부르듯이, 뼈와 힘줄과 살과 피부를 재료로 해서 형성된 한정된 공간을 우리의 육신, 육체라고 부른다."

뼈와 힘줄과 살과 피부라는 재료는 모두 업에 의해서 형성된 것입니다. 내 업과 부모와 만나서 여러 가지 영양분을 취해가며 형성된 재료들이 한정된 공간을 차지하고 있지요? 이런 육신은 '나의 것'이나 '나' 또는 '나의 자아'가 아니라는 뜻입니다.

이처럼 부처님은 우리 몸을 구성하는 기관 등이 지, 수, 화, 풍의 요소에 해당한다는 사실을 하나하나 분석하며 설명해주셨습니다. 그 모든 것들이 물질적 요소로 이루어졌다는 측면에서 지, 수, 화, 풍에 해당하고, 그 사대는 '자아'나 '나'라는 것과 아무런 관련이 없다는 것이지요. 그것들은 조건이 있어서 생겨났고 조건이 없으면 사라지기 때문입니다.

이처럼 물질을 구성하는 지, 수, 화, 풍의 4가지 요소에 대해서는 2가지 방식으로 설명할 수 있습니다. 그중 하나는 우리가 앞에서 살펴본 것처럼 그 고유한 성질에 의해서 사대를 파악하는 것이고, 또 하나는 〈코끼리발자국 큰 경〉에서 말하듯이 우리 몸의 구성요소들을 하나하나 분석함으로써 사대를 파악하는 것입니다. 불교에서는 이 2가지 방법 모두를 수행 방법으로 제시하고 있습니다. 그중 〈코끼리발자국 큰 경〉에서 말하는 가르침은 몸의 32가지 요소를 관찰하며 사대를 파악합니다. 예컨대 머리카락, 체모, 손발톱, 이, 피부 등을 하나하나 구별해서 그 구성요소들을 분석하는 것이지요. 그럼으로써 그 각각에는 자아라는 것이 없음을, 조건에 의해서 생겨나는 물질의 현상에 불과하다는 사실을 알려줍니다.

이런 사실은 수행을 통해서도 경험할 수 있습니다. 지금 당장 왼손으로 오른손을 잡으면 부드러움이나 딱딱함을 느낄 수 있지요. 또 열기를 느끼기도 하고 촉촉한 땀을 느끼기도 합니다. 그러면서 꽉 쥐는 힘을 느끼기도 하고요. 이처럼 손 하나를 잡는 행위 속에서도 우리는 지, 수, 화, 풍을 전부 다 경험할 수 있습니다. 우리 몸을 구체적으로 살피면 그 모든 현상들이 조건으로 인해 몸에서 일어나는 물질적 현상임을 알게 됩니다. 그럼으로써 이 몸이라는 것이 어떠한 조건에 놓여 있는가를 알게 되면 몸에 대해 있는 그대로의 지혜가 생겨나게 되지요. 지혜가 생겨나면 영원불변하는 자아를 몸에서 찾으려는 잘못된 견해에서 벗어날 수 있습니다. 이처럼 사대로 우리 몸을 분석하는 방법은 몸에 대한 잘못된 견해를 벗어나기 위한 가르침입니다.

사실 몸이라는 것이 끊임없이 변한다는 사실은 과학적으로도 입증되었습니다. 우리 몸의 세포들은 끊임없이 생겨났다 사라지길 반복합니다. 한번 생긴 세포는 6개월이 지나면 완전히 새로운 세포로 교체된다고 합니다. 변하지 않는 나라는 것은 몸 어디에도 없습니다. 이처럼 끊임없이 변하는 우리 몸은 결코 만족스럽고 편한 것이 아닙니다.

편안하게 좌선한 상태로 우리 몸에서 일어나는 현상들을 관찰해봅시다. 우선 숨을 들이쉬고 내쉬는 행위를 지켜보세요. 그러면 바람의 요소에 의해서 그 행위가 이루어진다는 사실을 확인할 수 있습니다. 앉아있을 때나 누워있을 때도 바닥에 몸이 닿았을 때 생기는 딱딱한 느낌이나 부드러운 느낌 등 땅의 요소를 확인할 수 있습니다. 몸에서 땀이 나거나 소변을 보거나 입안에 침이 고일 때는 물의 요소를 확인하게 되지요. 또 몸이 춥거나 더울 때는 불의 요소를 관찰할 수 있습니다. 그러면서 몸이라는 것은 바로 지, 수, 화, 풍이 모여서 이루어진 일시적인 화합물에 불과한 것임을 알게 됩니다. 마치 집이 목재나 갈대, 진흙이나 시멘트 등으로 이루어져 있는 것처럼 우리 몸도 여러 구성요소의 집적물일 뿐입니다.

사대 가운데 가장 두드러진 요소는?

사대 가운데 가장 두드러지게 경험할 수 있는 요소는 바로 바람의 요소입니다. 우리가 움직이고 숨을 쉬고 앉아있고 서있을 때, 이 모든 것은 바람의 요소가 있기에 가능한 일입니다. 이처럼 바람의 요소는 가장 역동적인 것이기에 우리가 가장 쉽게 확인할 수 있는 몸의 구성요소입니다. 숨을 쉬거나 들이마실 때 배가 불러오고 꺼지는 움직임을 관찰해보세요. 그리고 팔다리를 움직이며 걸을 때는 팔다리의 움직임을 관찰해보세요. 하지만 그때 '이것이 바람의 요소다'라고 굳이 생각할 필요는 없습니다. 그러한 동작 자체를 있는 그대로 보면 우리 몸이 바로 바람의 요소로 이루어져 있다는 사실을 점차 알게 됩니다. 이것이 바로 수행입니다. 수행은 우리 사대육신을 떠난 다른 곳에서 이루어지는 것이 아닙니다.

감수 작용

오온에서 색온을 뺀 나머지는 모두 정신적인 현상들입니다. 그중 가장 먼저 나오는 것이 바로 느낌의 무더기, 수온이지요. 부처님은 느낌의 무더기에 대해 이렇게 말씀하십니다.

"과거의 것이거나 현재의 것이거나 미래의 것이거나 내부의 것이거나 외부의 것이거나 거칠거나 미세하거나 높이 있거나 낮게 있거나 멀거나 가깝거나 그 어떠한 느낌도 느낌의 무더기, 수온이라고 한다."

그리고 느낌에는 3가지가 있다고 말씀하십니다.

"비구들이여, 3가지 느낌이 있다. 즉 즐거운 느낌, 괴로운 느낌, 즐겁지도 괴롭지도 않은 느낌 이 3가지이다."

여기서 즐거운 느낌과 괴로운 느낌은 어렵지 않게 이해할 수 있습니다. 좋은 것을 보거나 아름다운 소리를 듣거나 맛있는 것을 먹거나 감촉이 좋은 비단 같은 것을 만질 때는 즐거운 느낌이 일어납니다. 반면 싫어하는 대상을 본다거나 아주 시끄러운 소리를 듣는다거나 맛없는 것을 먹을 때는 괴로운 느낌이 일어납니다. 그런데 즐겁지도 괴롭지도 않은 무덤덤한 느낌이라는 것은 도대체 무엇일까요?

사슴 한 마리가 있다고 가정합시다. 이 사슴이 모래밭을 걸어가다가 바위를 지나 진흙 때문에 질척거리는 땅을 지나갑니다. 이때 사슴 발자국이 어떻게 남겠습니까? 모래 위에는 사슴 발자국이 지나가는 대로 하나씩 찍혀서 남겠죠? 그런데 바위 위로 올라가면 발자국이 남지 않습니다. 그리고 진흙길에서는 발자국이 명확하게 찍혀 남을 겁니다. 이처럼 모래 위를 걸어가는 것은 즐거움을 느끼는 것이고, 바위 위를 걸어가는 것은 무덤덤함을 느끼는 것이며, 진흙을 걸어가는 것은 괴로움을 느끼는 것이라고 이해할 수 있습니다. 즐거운 느낌은 어느 정도 마음속에 자국이 남습니다. 그런데 즐거운 느낌이 끝나고 무덤덤한 느낌이 지나갈 때는 자국이 남지 않기 때문에 그런 느낌이 있었는지 없었는지조차 잘 모르게 됩니다. 그러다 갑자기 괴로운 느낌이 생기면 그때부터는 진흙에 사슴 발자국이 박히듯이 마음속에 자국이 선명히 남습니다. 이처럼 즐거운 느낌과 괴로운 느낌 사이의 무덤덤한 느낌은 중성적인 것이라 알아차리기 힘든 면이 있지요.

괴로움의 소멸에 이르는 길을 말하는 팔정도에는 정념(正念 : 바른 마음챙김) 수행이란 것이 있습니다. 그 정념 수행에서 몸(身)과 느낌(受)과 마음(心)과 법(法)이라는 4가지 대상을 관찰하는 내용이 나옵니다. 그중 느낌이라는 정신적 현상은 매우 중요합니다. 우린 어떤 느낌이 생기면 그에 대한 반응을 일으킵니다. 좋은 느낌은 더 붙들려고 하고 괴로운 느낌은 없애버리려고 합니다. 쉽게 말해서 즐거운 느낌에는 탐욕을 일으키고 괴로운 느낌에는 분노나 싫어하는 마음을 일으킵니다. 그래서 즐거운 느낌은 탐심(貪心)으로 이어지고 괴로운 느낌은 진심(瞋心)으로 이어집니다.

그런데 무덤덤한 느낌은 이와 다릅니다. 우린 보통 무덤덤한 느낌의 상태를 편안하다고 생각합니다. 별다른 자극이 없으니까요. 하지만 이 편안함이란 불안한 상태입니다. 어떤 자극이 들어오면 바로 깨질 수 있는 편안함이기 때문이지요. 그래서 이런 편안함에 안주하게 되면 그런 느낌 속에 빠져들어 헤어 나오지 못하게 됩니다. 이처럼 무덤덤한 느낌에 쌓여 있을 때는 변하는 것도 잘 느끼지 못하기 때문에 어리석음(癡心)의 잠재적인 성향으로 빠지게 됩니다. 이처럼 즐거움과 괴로움, 무덤덤함의 3가지는 탐, 진, 치라는 근본적인 번뇌와 연결되기 때문에, 우리가 느낌을 바르게 알지 못하면 끊임없이 탐, 진, 치를 더 키워나가는 일만 하게 됩니다. 그래서 마음챙김, 알아차림을 수행할 때는 느낌을 있는 그대로 보라고 강조합니다. 우리 마음이 느낌에 동요되지 않고 있는 그대로 보게 하는 것이지요.

이 즐거운 느낌과 괴로운 느낌, 무덤덤한 느낌은 2가지 방식으로 일어납니다. 하나는 우리 감각 기관과 관련되어 일어나는 것이고, 또 하나는 감각 기관과는 아무 관련 없이 이 느낌들이 일어나는 것입니다. 예를 들어 눈으로 아름다운 대상을 보면 즐거운 느낌이 일어납니다. 반면 아무것도 보지 않았는데도 마음속에서 즐거운 느낌이 일어날 때가 있습니다. 감각 기관과 관련 없이, 즉 세간적인 욕망과 관계없이 즐겁거나 괴롭거나 무덤덤한 느낌이 일어날 수 있단 말이지요. 대표적인 예로 우리가 수행할 때를 들 수 있습니다.

수행할 때는 감각 기관을 어느 정도 정지시키고 자기의 내면으로 몰입해 들어갑니다. 그러면 무언가 눈으로 보이거나 귀로 들려도 우리 마음을 별로 움직이지 않게 됩니다. 그럴 때도 우린 즐거움을 느끼기도 하고 슬프고 괴롭기도 합니다. 여러 가지 인연에 의해서 이런 일이 일어나겠지만,

수행 도중에 과거의 기억들이 떠올라서 그런 느낌을 갖게 되는 경우가 많습니다. 또 수행이 진척되지 않는 데에 섭섭함이나 슬픔, 괴로움을 느끼는 경우도 있지요. 이처럼 감각 기관과는 관련 없이, 세간적인 욕망이 없는 상태에서도 즐겁고 괴롭고 무덤덤한 느낌들이 일어날 수 있습니다. 이때 일어나는 평온함이나 행복감, 기쁨 등의 느낌은 수행에 도움이 될 수도 있지만, 중요한 것은 그 느낌에 집착해서는 안 된다는 점입니다.

괴로움의 발생과 소멸의 과정을 설명한 십이연기에서 느낌 다음에 일어나는 것이 바로 애, 즉 갈애입니다. 갈애란 목마를 때 물을 찾는 듯한 갈망을 뜻합니다. 특히 좋은 느낌에 대해서 더 얻고자 갈망하는 것, 이것이 바로 괴로움의 뿌리가 됩니다. 이처럼 갈애의 직접적 조건이 되는 것이 바로 느낌이기 때문에 우리는 몸에서 일어나는 육체적인 느낌과 정신적인 느낌, 또 우리의 감각 기관과 관련 있는 느낌과 관련 없는 느낌들을 잘 파악해야만 합니다. 그래서 어떠한 느낌에 대해서도 탐심과 진심과 치심을 일으키지 않도록 노력해야 하지요.

물론 느낌 자체를 없앨 수는 없습니다. 느낌이 없는 깊은 선정에 들어갈 수는 있지만, 살아있는 동안에는 끊임없이 느낌이 일어납니다. 부처님에게도 신체적인 즐거움이나 고통, 무덤덤한 느낌이 있었을 겁니다. 하지만 부처님은 그 어떠한 느낌에도 마음이 흔들리지 않았습니다. 깊은 선정과 지혜의 힘으로 평정한 마음상태를 유지하면서 평생을 사셨지요. 따라서 어떠한 느낌이 생기더라도 마음이 동요되지 않고 평정심을 유지하며 살 수 있는 태도가 중요함을 알 수 있습니다.

지각 작용

오온 가운데 세 번째로 나오는 것이 상온으로, 지각 작용 또는 표상 작용을 말합니다. 예컨대 빨간색을 보면 '빨갛다'라는 지각이 일어납니다. 하지만 이것은 단순한 감각 지각만을 말하는 것이 아닙니다. 왜냐면 우리가 빨간색을 과거에 몰랐다면 '빨갛다'라고 인식할 수조차 없기 때문입니다. 즉 '빨갛다'라는 것에 대한 지식이 없다면 빨간색을 봐도 '빨갛다'라는 인식이 일어나지 않습니다. 이미 습득된 지식에 현재의 감각 작용이 어우러져 대상을 인식하게 됩니다. 이처럼 빨간 것을 봤을 때 그것이 우리 마음속에 이미지나 언어적 개념으로 떠오르는 것을 바로 지각 작용이라고 합니다.

앞서 살펴본 느낌과 마찬가지로, 이런 지각 작용은 우리의 6가지 감각 기관(六根 : 眼耳鼻舌身意)이 6가지 감각 대상(六境 : 色聲香味觸法)을 접할 때 일어납니다. 다시 말해 눈으로 어떤 형태를 볼 때는 '이것은 빨갛다', 귀로 소리를 들을 때는 '이것은 노랫소리다', 코로 냄새를 맡을 때는 '이것은 망고 냄새다', 혀로 맛을 볼 때는 '이것은 신맛이다', 몸으로 감촉을 느낄 때는 '이것은 부드럽다', 마음속에 어떤 현상들이 떠오를 때는 '이것은 과거에 있었던 기억이다' 하는 식으로 지각 작용이 일어난다는 뜻입니다. 이처럼 6가지 지각 작용이나 표상 작용을 일러 상온이라 합니다.

형성 작용

오온의 네 번째는 행온으로, 의지 작용 또는 형성 작용을 뜻합니다. 눈으로 형태나 색깔을 볼 때 더 보고 싶다거나 그만 보고 싶다는 의지 작용이 일어나게 되지요. 마찬가지로 소리나 냄새, 맛, 감촉, 마음속의 현상들에 감각 기관이 발동할 때도 의지 작용이 일어납니다. 이를 형성 작용, 즉 행온이라고 합니다.

형성 작용의 무더기인 행온은 한순간의 의식에 느낌(감수 작용)과 표상(지각 작용)이 동반되는 수많은 정신적 활동의 기능 또는 양상을 의미합니다. 앞서도 말했듯이, 행은 팔리어로 상카라라고 하며 우리 마음속에서 끊임없이 일어나는 수많은 정신적 활동의 기능들을 뜻합니다. 아비담마에서는 이에 대해 50가지로 분류하기도 하지요. 남방의 팔리 문헌 전통에 따르면 50가지 가운데 7가지가 우리 마음과 함께 항상 일어난다고 합니다. 그중 맛지마 니카야의 〈정견경(正見經)〉에 의하면 행온에서 3가지 대표적인 것은 바로 의지 작용(思)과 접촉(觸), 그 다음에 주의를 기울이는 것(作意)이라고 합니다. 이 가운데서도 가장 중요한 것이 바로 의지 작용이어서, 부처님이 행온을 설명하실 때는 이 의지 작용을 대표적인 예로 삼은 것일 뿐 다른 것들도 포함되어 있다고 말합니다.

수, 상, 행 가운데 행은 실제로 우리가 무엇을 하려는 의지, 무엇을 하지 않으려는 의지로 나타납니다. 우리의 의지가 없다면 눈을 깜빡이는 일조차 어렵습니다. 눈을 깜빡이는 동작은 마치 자동적인 일처럼 생각되지요? 하지만 조금 깊게 관찰해보면 눈을 깜빡이기 전에 눈에서 느껴지는 불편함이 있고, 그 불편함을 없애려는 의지가 작용하는 것을 알 수 있습니다. 그리고 나서 눈을 깜빡이는 동작을 취하게 되지요. 이처럼 눈을 한 번 깜빡이는 동작 속에서도 느낌과 의지 작용이 있다는 것을 알 수 있습니다. 조금만 관찰해보면 걷거나 말할 때도 마찬가지로 의지 작용이 끊임없이 그 안에서 활동하고 있음을 알게 됩니다. 이런 관찰을 통해 우리 정신과 육체가 서로 밀접하게 연관되어 있다는 사실을 파악할 수 있지요.

불교는 의지 작용을 중시해서 의지 작용이 바로 업이라고 이야기하기도 합니다. 우리가 카르마(karma), 즉 업이라고 하는 것은 바로 의지 작용, 즉 행을 뜻한다는 말이지요. 이처럼 행과 업은 서로 겹치기도 하지만, 행이 더 넓은 뜻으로 사용될 때도 있습니다. 앞서 말했듯이 행은 몸과 입과 마음으로 짓는 행위를 뜻하기도 하지만, 조건에 의해서 만들어진 모든 현상들을 일컫기도 합니다. 부처님은 시냇물도 행이고, 산도, 들도, 나무도 전부 행이라고 말씀하셨습니다. 이때 행은 '조건에 의해서 이루어진 모든 것'을 뜻합니다. 가장 넓은 의미에서의 행인 셈이지요. 또 제행무상이라고 말할 때의 제행(諸行) 또한 '모든 것'이라는 뜻으로, 가장 넓은 의미에서 사용되는 것입니다. 그리고 십이연기에서 무명 다음에 나오는 행은 오온의 행과 서로 겹치기도 하지만 특히 무명을 근거로 한 행으로 나타난다는 차이점이 있습니다.

그중에서 행이 업과 같은 의미로 쓰일 때는 오온을 만들어내는 힘임을 알 수 있습니다. 행의 힘에 의해서, 의지적인 행위에 의해서 오온은 하나하나 특성 있게 만들어진다는 뜻입니다. 이처럼 행은 행위의 의지 작용이자 그 의지 작용에 의해서 남겨지는 습관과도 같은 수동적인 업의 힘이라고 할 수 있습니다.

의식 작용

오온에서 마지막으로 나오는 것이 식온, 즉 의식 작용입니다. 의식 작용에는 눈의 의식 작용(眼識), 귀의 의식 작용(耳識), 코의 의식 작용(鼻識),

혀의 의식 작용(舌識), 몸의 의식 작용(身識), 마음의 의식 작용(意識)의 6가지가 있습니다.

부처님은 다시 이런 의식 작용도 여러 가지 조건에 의해서 생겨난다는 것을 강조하십니다. 즉 의식이라는 것도 어떤 고정불변한 것이 아니라 끊임없이 조건에 의해서 생겨났다 사라지는 현상에 불과하다는 말씀이지요.

"비구들이여, 내적인 눈의 감각 기능이 온전하더라도 외적인 색깔과 형태가 시야에 들어오지 않을 경우, 그리고 그것에 응해서 주의력이 없을 경우, 그것에 대한 눈의 의식 작용은 생겨나지 않는다."

다시 말해 시각 기능이 정상적으로 작동하더라도 눈을 감았거나 컴컴한 어둠 속에 있다면 그 어떤 대상도 보이지 않는다는 뜻입니다. 또 눈을 멀쩡히 뜨고 있는데도 대상에 주의를 기울이지 않는 경우가 있습니다. 그럴 때도 대상에 대한 의식 작용은 일어나지 않겠지요? 하지만 부처님은 "내적인 눈이 온전하고 외적인 색이 시야에 들어왔으며 그것에 응해서 주의력이 있는 경우에는 그 대상에 대한 의식 작용이 생겨나게 된다"고 말씀하십니다. 이를 통해 감각 기관이 제 기능을 발휘해야 하고, 형태나 색깔 등의 감각 대상이 실제로 있어야 하며, 그 대상에 우리가 주의를 기울여야만 의식 작용이 생겨난다는 것을 알 수 있습니다. 불교에서는 이런 감각 기능을 근(根)이라고 하며 감각 대상을 경(境)이라고 합니다. 이처럼 의식 작용(識)은 감각 기능과 감각 대상, 그리고 주의력이라는 3가지 조건이 있어야만 일어납니다.

"비구들이여, 나는 다음과 같이 말한다. 의식 작용의 발생은 조건에 의존되어 있다. 그리고 이러한 조건이 없으면 의식 작용은 발생하지 않는다.

그러면 어떠한 조건에 의존되어 의식 작용이 발생하는가? 눈과 색에 의존되어 발생한 의식 작용을 눈의 의식 작용이라고 한다. 즉 시각 기능과 시각의 대상에 의존해서 발생한 의식 작용을 눈의 의식 작용이라고 한다. 귀와 소리에 의존되어 발생한 의식 작용을 귀의 의식 작용이라고 한다. 코와 냄새에 의존되어 발생한 의식 작용을 코의 의식 작용이라고 한다. 혀와 맛에 의존되어 발생한 의식 작용을 혀의 의식 작용이라고 한다. 몸과 접촉에 의존되어 발생한 의식 작용을 몸의 의식 작용이라고 한다. 마음과 마음의 대상에 의존되어 발생한 의식 작용을 마음의 의식 작용이라고 한다.”

이 말씀에서도 식이란 감각 기관이 감각 대상을 만나 끊임없이 만들어가고 끊임없이 소멸하는 것임을 알 수 있습니다. 조건이 있으면 식도 발생하고 조건이 사라지면 식도 소멸하는 것이지요. 즉 식이란 것도 연기적인 조건에 의해서 생겨났다 사라지는 현상에 불과하다는 말입니다.

그런데 우리는 보통 의식 작용이라는 것이 마치 윤회의 주체인 양 생각하기도 합니다. 초기경전이나 상좌부불교에서는 우리의 생명이 끊어진 후 다음 생으로 연결하는 것을 식이라고 합니다. 업을 지닌 식이 정자와 난자가 수정되는 순간에 들어가야만 하나의 독립된 개체로 형성될 수 있다는 거지요. 그런데 부처님은 의식 작용 또한 조건에 의해서 생겨난 현상임을 강조하셨습니다. 그렇다면 의식 작용, 즉 식이 윤회를 결정하는 중요한 요인이 된다 하더라도 결코 고정된 것은 아님을 알 수 있습니다.

부처님 당시에도 영원히 지속되는 자아나 영혼의 형태로 된 의식이 인간 내부에 존재한다는 믿음이 있었습니다. 그런 존재가 일생을 통해 지속되며 죽음에 이르러서는 다른 생명체로 윤회하여 이 생과 다음 생을 연결시켜준다고 생각한 것이지요. 맛지마 니까야 38번째 경인 〈갈애의 부숨에 대한 큰 경〉에는 그와 관련된 재밌는 이야기가 있습니다.

사띠라는 비구가 있었다고 합니다. 이 스님이 부처님께 이렇게 말합니다.

"저는 세존께서 가르쳐주신 법을 '식이 끊임없이 다시 태어나면서 윤회하고 떠돌아다닌다'고 이해했습니다."

자기 나름대로 식에 대해 이해한 내용을 말한 것이지요. 그러자 부처님께서 물으십니다.

"사띠야, 그 의식이라는 것이 무엇이냐? 의식이 무엇이라고 생각하느냐?"

사띠 비구가 답합니다.

"여기서 행한 선하고 악한 행위의 결과를 느끼고 경험하는 것을 의식이라고 합니다."

그러자 부처님은 사띠 비구를 꾸짖으십니다.

"이 어리석은 사람아, 내가 언제 그런 식으로 법을 가르친다고 했느냐? 도대체 그런 얘기는 누구한테 들었느냐? 의식은 조건이 있어야 일어나고 조건이 없으면 의식도 일어나지 않는다고 내가 여러 번 말하지 않았더냐?"

우리가 보통 마음이라고 부르는 식도 결국은 여러 가지 조건에 의해서 끊임없이 생겨났다 사라지는, 조건에 의해서 생성과 소멸을 끊임없이 이어나가고 있는 현상일 뿐이라는 말씀입니다. 또 의식이라는 것은 고정되어 있지도 않고 영혼처럼 변하지 않은 채 내생으로 옮겨가는 것이 아니라는 말씀이기도 합니다.

태아는 인간이 아닌가?

불교에서는 낙태를 살인으로 봅니다. 태내에 있는 태아도 하나의 생명체라고 보는 겁니다. 태내의 아이를 언제부터 생명체로 볼 것인가 하는 문제에 대해서는 대략 3가지 입장이 있습니다. 경전에 의하면 정자와 난자가 만나는 순간에 바로 식이 개입하면 그때부터 하나의 독립된 개체가 된다고 말합니다. 또 다른 해석에 따르면 식(건달바라고도 함)이 어머니의 태속에 착상되는 순간이라고도 합니다. 보통 수정된 후 일주일에서 열흘 후에 착상된다고 하니 그때부터 생명이 시작되는 것이라 보는 셈입니다. 또 하나는 착상 후 약 일주일 뒤에 원시선이라는 신경계통의 분화가 일어난 후부터 독립적인 생명체로 인정하는 입장입니다.

몸과 마음을 바로 봄으로써 오온을 이해해야

부처님께서는 오온에 대해 종합적으로 말씀하십니다.

"그 어떠한 물질적 현상이 있더라도 그것은 물질적 현상의 무더기, 즉 색온에 속한다. 그것이 내 몸에 있든 내 몸 바깥에 있는 외부에 있는 어떠한 물질이더라도 색온, 물질적 현상의 무더기에 속한다. 어떠한 감수 작용이 있더라도 그것은 감수 작용의 무더기에 속한다. 그 어떠한 지각 작용이 있더라도 그것은 지각 작용의 무더기에 속한다. 그 어떠한 형성 작용 또는 의지 작용이 있더라도 그것은 형성 작용의 무더기에 속한다. 그 어떠한 의식 작용이 있더라도 그것은 의식 작용의 무더기에 속한다."

부처님은 이처럼 색, 수, 상, 행, 식온이라는 5가지 무더기로 모든 존재의 물질적·정신적 현상을 설명하셨습니다. 다시 말해 색, 수, 상, 행, 식이 개별적으로 있다 하더라도 그것들을 한꺼번에 모아놓은 집합체로 본다면,

오온이라는 전체적인 틀 안에서 우리의 경험 세계가 모두 설명된다는 것을 알 수 있습니다.

그중 수, 상, 행이라는 느낌과 지각, 형성 및 의지 작용은 동시에 일어나기도 하고 순차적으로 일어나기도 합니다. 가령 어떤 대상을 보았을 때 시각 기능이 살아있고, 대상이 있으며, 거기에 주의를 기울이면 대상에 대한 인식이 일어납니다. 그 대상을 알아보는 식이 일어나는 거지요. 그러면서 좋다, 싫다, 좋지도 싫지도 않다는 3가지 느낌 가운데 한 가지가 일어납니다. 그런데 이 느낌이 일어나는 것과 거의 동시에 대상에 대한 지각이나 판단 또는 관념이 일어납니다. 이때의 느낌이 수온이고 지각이나 판단, 관념 등은 상온에 해당합니다. 또 그러한 느낌, 지각, 판단, 관념 같은 것이 일어나면서 대상에 대해 어떻게 하고 싶다는 의지 작용, 즉 행온도 발생합니다. 그런데 이 과정이 너무 빠르게 일어나기 때문에 동시에 일어나는 것처럼 느껴질 때가 있지요. 하지만 사실은 우리의 오온 가운데 색온과 식온이 함께 일어나고 그 다음에 수, 상, 행의 3가지가 발생하는 것입니다. 물론 오온은 분리되어 있지 않기 때문에 항상 함께합니다. 그렇지만 원인과 결과의 관계로 따져보면 색이 있기에 식이 발생하고, 그처럼 발생한 식에 따라서 느낌과 지각, 관념, 개념 같은 것들이 생기고, 그런 후에 대상에 대한 어떤 행동을 일으키려는 의지가 생긴다고 볼 수 있습니다.

이처럼 수, 상, 행, 식의 4가지는 모두 우리의 감각 기관이 감각 대상과 만나면서 일어나는 정신적인 현상입니다. 그리고 색, 수, 상, 행의 무더기와 마지막 식온의 무더기는 의존되어 있습니다. 우리들이 영혼이나 자아 같은 실체를 상정할 때 흔히 범하는 오류처럼 식만 따로 돌아다니는 것은 불가능하다는 뜻입니다. 부처님은 말씀하셨지요.

"비구들이여, 만일 어떤 사람이 '나는 물질적 현상과 감수 작용과 지각 작용과 형성 작용을 제외하고서 의식 작용의 죽음과 태어남과 성장과 증가와 성숙이 있다'라고 주장한다 하였을 때, 이 말은 근거 없는 것임을 알아야 한다."

즉 식이라는 것이 독립된 어떤 실체로 존재하는 것이 아니라 색, 수, 상, 행과 늘 함께 존재함을 의미합니다. 그래서 윤회를 말할 때도 식이 개별적으로 작용하는 것 같지만 실제로 그 식은 나머지 무더기를 담지하는 통일체라는 것에 주의해야 합니다. 우리의 생명이 끊어지는 순간에는 오온, 즉 색, 수, 상, 행, 식도 무너지기 시작합니다. 남방불교에 의하면 그런 후 업의 힘에 의해서 내생의 존재 방식이 바로 결정되지요. 이는 곧 죽음의 순간과 태어남의 순간이 바로 연결되어 있다는 뜻입니다. 우리의 의식이 순간순간 이어지듯이 죽음의 순간과 태어남의 순간이 맞붙어서 새로운 오온이 바로 생겨난다는 것입니다. 이때 오온은 자신의 업에 가장 걸맞은 존재 양식에 이끌린다고 합니다. 즉 인간으로 태어날 업을 지었다면 인간으로, 그렇지 않다면 짐승이나 지옥의 존재로, 혹은 천상의 존재로 다시 태어나는 것이지요. 이때도 색, 수, 상, 행이라는 물질 및 느낌, 지각, 의지 작용은 없이 식만 따로 가는 게 아니라, 그 모든 것이 한 덩어리가 되어 옮겨갑니다.

이처럼 오온을 있는 그대로 보게 되면 영원불변한 독립적인 실체란 없음을 알 수 있습니다. 그래서 이 가르침은 특히 자아와 같은 존재가 있다고 믿는 어리석은 사람들을 위한 것이기도 합니다. 우리는 내 육체, 내 느낌, 내 지각, 내 의지, 내 의식이라고 생각하면서 이 오온 자체를 '나'라고 여기며 살아갑니다. 이런 생각이 어리석은 것이라는 말이지요. 이 몸이 영원한 자아와 어떤 관계가 있다고 생각하는 것, 이런 인간에 대한 무지를 극복해주기 위해서 부처님은 오온에 대해 가르쳐주셨습니다.

우리가 앞에서 살펴본 생로병사의 괴로움은 실제로 세계 전체를 이루고 있는 이 5가지 무더기에 해당하는 것이라고 할 수 있습니다. 몸과 마음에서 일어나는 이 현상들로부터 어쩔 수 없이 경험하게 되는 괴로움도 있겠지만, 결국엔 오온이 '나'라고 집착하는 데서 일어나는 괴로움이 근원이 됩니다.

이렇듯 괴로움의 고귀한 진리는 오온에 대한 집착으로 귀결되고, 오온에 대한 이해는 결국 우리 인생의 현실에 대한 이해로 직결됩니다. 그래서 오온을 교리적으로만 이해하는 것에 그치면 안 됩니다. 그것을 바탕으로 우리 자신의 몸과 마음을 직접 관찰함으로써 오온을 이해해야만 하지요. 지금까지 설명한 내용들을 실제로 자기의 몸과 마음에서 하나하나 발견할 수 있을 때 오온의 가르침은 분명하게 다가올 겁니다.

부처님은 이런 비유를 드신 적이 있습니다. 음식을 먹기 위해서는 음식의 재료들을 섞어서 요리합니다. 카레를 만들 땐 감자와 양파, 향신료 등 여러 가지 재료들을 넣고 끓이지요? 그리고 카레를 먹을 때도 '아, 이것은 감자에서 난 맛이다, 이것은 양파에서 난 맛이다'라는 식으로 하나하나 구별해보는 것처럼, 우리의 마음속에서 일어나는 여러 현상들에도 '아, 이것은 느낌이다', '이것은 지각이다', '이것은 의지 작용이다', '이것은 의식이다'라고 분명히 구별해볼 수 있다는 것입니다.

상윳타 니카야의 〈거품경〉을 보면 부처님은 이런 말씀도 하셨습니다.

"비구들이여, 눈이 멀지 않은 어떤 사람이 갠지스 강에서 떠내려가는 수

많은 물거품들을 바라보고 있다고 하자. 그는 물거품을 살피면서 아주 주의 깊게 검토하고 있었다. 주의 깊게 검토해보니 그 물방울들은 비어 있는 것, 실재하지 않는 것, 견고하지 않은 것임을 알게 되었다. 비구들이여, 물거품에 어떻게 견고한 것이 있을 수 있는가? 이와 똑같은 방식으로 어느 비구가 과거의 것이거나 현재의 것이거나 미래의 것이거나 멀리 있거나 가까이 있거나 자신의 내부에 있거나 외적인 것이거나 거친 것이거나 미세한 것이거나 저열한 것이거나 뛰어난 것이거나 긴 것이거나 짧은 것이거나 모든 물질적 현상, 감수 작용, 지각 작용, 형성 작용, 의식 작용만 보고 있다. 그는 5가지 무더기를 살펴보고 주의 깊게 검토하였다. 주의 깊게 검토해보니 이 5가지 무더기들이 비어 있는 것, 실재하지 않는 것, 견고하지 않은 것임을 알게 되었다. 비구들이여, 의식 작용에 어떻게 견고한 것이 있을 수 있겠는가?"

여기서 부처님은 "우리의 몸과 마음을 살피고 주의 깊게 검토하였다"라고 말씀하십니다. 머릿속으로 생각한 것이 아닙니다. 실제로 우리에게 일어나는 육체적 현상, 감수 작용, 지각 작용, 형성 작용, 의식 작용을 있는 그대로 주의 깊게 관찰했다는 말이지요. 그래 보니 그 어떤 것도 고정되어 있지 않고 속이 비었으며 실체로서 존재하지 않는다는 사실을 알게 되었다는 얘기입니다. 이처럼 있는 그대로 오온의 모습을 이해하게 되면 오온에 대한 집착을 점점 내려놓을 수 있는 지혜가 생깁니다.

하지만 우리는 오온이 변하지 않는 실체라고 생각하며 그것에 집착합니다. 그중에서도 특히 마음만은 변하지 않을 것처럼 여기곤 하지요. 태어나서부터 하나의 마음이 지금껏 쭉 이어지고 있다고 생각합니다. 하지만 그 마음이란 것도 실제로는 육체적·물질적 현상보다 훨씬 더 빠르고 불안하게 변화하고 있음을 알 수 있습니다. 보통 사람이라면 그 변화를 도저히 알아차릴 수 없을 정도로 말이지요.

아비달마(abhidharma)에서는 마음이 육체적 현상보다 17배나 빠르게 변화하고 있다고 말합니다. 우리는 그처럼 빨리 움직이는 마음을 따라잡지 못하고 그 마음에 휘말려 삽니다. 그 때문에 마음의 주인이 되지 못하고, 오히려 마음이 주인이 되는 지경에 이릅니다. 불안한 마음, 욕망이 서린 마음, 성내는 마음, 어리석은 마음이 주인이 되어 우리 삶을 관장합니다. 그러니 불안할 수밖에요. 우리가 불안한 이유는 무상한 마음이 우리의 주인 노릇을 하기 때문입니다.

마음에서 일어나는 현상을 놓쳐버리면 바로 그때 일어난 마음이 우리를 장악합니다. 화가 날 때나 욕심이 일어날 때를 돌이켜보세요. 욕심이 일어나는 순간을 놓쳐버리면 그 욕심이 마음 전체를 장악해서 다른 일을 생각할 수 없게 만듭니다. 이것이 우리 마음의 흐름입니다. 다른 사람의 마음도 마찬가지입니다. 그래서 자기 마음을 잘 보면 다른 사람의 마음도 보이게 마련입니다. 자기 마음에서 일어나고 사라지는 생각들을 보지 못하면 다른 사람의 마음도 볼 수 없습니다. 여러분은 어떤가요? 자기 욕심이나 분노에 가려서 다른 사람이 하는 말도 있는 그대로 듣지 못할 때가 많지 않습니까?

하지만 무상하고 텅 비어 있고 실체가 아닌 이 마음을 있는 그대로 바라보면 마음이 날뛰지 못하게 제어할 수 있습니다. 마음에 의해 사는 것이 아니라 마음을 부리며 살 수 있는 힘이 생기게 됩니다. 이것이 바로 불교에서 말하는 수행의 힘이 될 테지요. 그런 힘을 갖추기 위해서라도 우리의 몸과 마음을 있는 그대로 주의 깊게 살펴야 합니다.

내 마음속에서 일어난 번뇌가 마음을 장악해버리는 사태가 일어나면 우리는 있는 그대로 자신의 몸과 마음을 관찰하는 일에서 멀어지게 됩니다. 다른 사람의 몸과 마음을 보는 일은 말할 것도 없지요. 그러니 좋은 것을 볼 때마다 집착하며, 싫은 것을 볼 때마다 화가 나고 짜증을 일으키게 되는 것입니다. 이러면 평생 불안하게 살게 됩니다. 불안하고, 불만족스럽고, 화가 나고, 욕심만 부리고, '또 뭐 없을까', '또 누가 나한테 잘못하지 않을까' 하며 전전긍긍하며 살게 됩니다. 그렇게 평생을 산들 마음속에 남는 것은 아무것도 없습니다. 나이가 들수록 남은 시간은 점점 짧아지니 마음만 조급해질 뿐입니다. 욕심과 집착만 커질 뿐입니다.

그래서 부처님은 "네가 지금 그렇게 집착하는 마음이 과연 견고한 것이냐? 변하지 않는 것이냐? 너를 안정되게 하는 것이냐?"고 물으십니다. 자신을 되돌아보라는 말씀이지요. 네 자존심이라고 생각하는 그 마음이 과연 얼마나 견고한 것이냐? 얼마나 의지할 만한 것이냐? 하고 자신을 성찰하라는 가르침입니다. 그렇게 해서 그것이 견고하지도 못하고 끊임없이 변하며 나라는 생각으로 보는 것이라면 빨리 내려놓아야 합니다. 내려놓아야만 마음이 자유로워집니다. 행복하고 슬기로운 삶이란 많은 것을 안에다 가둬두는 것이 아니라 많은 것을 내려놓는 삶입니다.

오온을 즐기는 자, 괴로움을 즐기는 자이니

부처님은 계속해서 이렇게 말씀하십니다.

"비구들이여, 물질적 현상, 감수 작용, 지각 작용, 형성 작용, 의식 작용을 즐기는 사람은 괴로움을 즐기는 사람이다. 괴로움을 즐기는 사람은 괴로움에서 벗어날 수 없는 사람이라고 나는 말한다."

우리는 괴로움에서 벗어나기를 원하면서 괴로움을 즐기고 삽니다. 우리의 몸과 마음에서 일어나는 각각의 현상들을 즐기면서 괴로움에서 벗어나려고 합니다. 얼마나 이율배반적입니까? 부처님은 이런 모순된 중생의 모습을 보셨습니다. 그래서 중생이 괴로움에 빠지는 조건을 만들어놓고 괴로워한다고 말씀하신 겁니다. 그리고 오온을 괴로움이라고 정의하시고 그 오온을 있는 그대로 보라고 그처럼 강조하셨습니다.

조금은 어려운 내용인가요? 실은 불교가 어려운 것이 아니라 삶이 어렵습니다. 삶 자체가 괴로운 조건 속에 놓여 있기 때문에 괴로움에서 벗어나기란 쉽지 않습니다. 하지만 삶의 괴로움을 통찰한다면 우리는 많은 지혜를 얻을 수 있습니다. 삶에 대한 괴로움을 있는 그대로 바라보면 그 괴로움을 바르게 이해할 수 있게 되고, 그럼으로써 우리는 삶을 더욱 향상시킬 수 있습니다.

오온을 즐기는 자가 괴로움을 즐기는 자라고 한다면, 오온을 즐기지 않는 자가 진정한 즐거움을 느끼는 자라고 할 수 있을 겁니다. 진정한 즐거움이 해탈을 뜻한다고 본다면, 바로 오온을 즐기지 않는 자가 해탈한다고도 할 수 있겠지요. 이와 관련된 의미심장한 이야기가 있습니다.

어느 스님이 사리풋타 존자에게 "도대체 열반이라는 것이 무엇입니까?" 하고 질문했다고 합니다. 그러자 사리풋타 존자는 "즐거움과 괴로움과 즐겁지도 괴롭지도 않은 느낌이 사라진 상태이다"라면서 "열반은 가장 즐거운 상태이다"라고 대답합니다. 스님이 다시 되묻지요. "어떻게 즐겁지도 않고 괴롭지도 않고 또는 즐겁거나 괴롭지도 않은 느낌이 없는데 가장 최상의 즐거움이라고 말할 수 있습니까?" 이때 사리풋타 존자는 간단하게 대답합니다. "바로 느낌이 없는 것, 우리가 일상적으로 경험하는 느낌이 존재하지 않는 것이 최상의 즐거움이다."

우리는 아직 '오온으로 경험하는 느낌이 존재하지 않는 상태'라는 것을 한 번도 경험한 적이 없습니다. 그래서 사리풋타 존자가 경험했던 열반을 그대로 이해하기는 어렵습니다. 하지만 기본적으로는 우리의 경험 세계와는 궁극적으로 다른 느낌을 열반에서 경험한다는 사실을 알 수 있지요. 수행을 하다 보면 열반까지는 아니더라도 열반에 가까워지는 즐거운 느낌들이 점점 더 깊어지는 것을 알 수 있습니다. 이 또한 오온에 대한 즐김을 버릴 때만 가능한 일입니다.

일상에서 바른 노력을 통해

법구경에는 이런 말씀이 나옵니다.

"무엇을 웃고 어찌하여 즐거워하는가? 끊임없이 불타고 있는 세상에서 그대는 어둠에 둘러싸여 있는데도 등불을 찾지 않고 있구나! 보라, 이 꾸며 놓은 몸뚱이를, 상처덩어리인 이 몸뚱이를. 병치레 끊일 새 없고, 욕망에 불타오르고, 견고하지도 영원하지도 못한 꺼풀. 이 몸은 늙어서 시들어버리고 깨지기 쉬운 질병의 둥지. 썩은 육신은 마디마디 흩어지고 생명은 반드시 죽음으로 끝난다."

매우 실존적인 관점에서 우리 삶이 얼마나 위태로운지를 보여주는 가르침이지요? 우리는 눈으로 무엇을 보고, 귀로 소리를 듣고, 코로 냄새를 맡고, 혀로 맛보고, 몸으로 감촉하는 것을 즐기고 삽니다. 하지만 이런 감각적인 쾌락은 괴로움의 비탕이자 괴로움 그 자체가 됩니다. 반면 성인들은 오온은 즐길 만한 것이 아니라 괴로운 것이라는 인식을 가지고 살아가지요.

오온에 대한 보통 사람들의 잘못된 생각을 전도망상이라고 합니다. 그 잘못된 생각에는 상(常), 락(樂), 아(我), 정(淨)이라는 4가지 생각이 있습니다. 즉 영원하다는 생각, 즐겁고 행복하다는 생각, 나라는 생각, 깨끗하다는 생각을 뜻합니다. 우리는 오온을 상락아정이라고 생각하며 삽니다. 그런데 오온은 조건에 의해서 형성된 괴로운 것이기 때문에, 거기서 즐거움을 얻는다고 하더라도 일시적일 수밖에 없습니다. 오온이 그처럼 불안정하다는 사실을 이해한다면 오온이 상락아정이라는 생각은 더 이상 하지 않게 되겠지요.

부처님은 오온의 즐거움에서 위험을 보시고 오온을 즐기지 않으셨습니다. 오온에서 일어나는 현상들을 철저하게 관찰함으로써 거기에 휘말려들지 않고 자유롭게 사셨습니다. 이것이 바로 부처님과 보통 사람, 혹은 성인과 우리들의 차이라고 할 수 있습니다. 하지만 우리라고 해서 부처님이나 아라한처럼 자유롭게 살지 못하리란 법은 없습니다. 어떤 일을 하더라도 '이 모든 것이 오온인 마음과 몸이 하는 일인데, 내가 과연 이 속에서 무엇을 즐기고 있는가?', '무엇을 찾고 무엇을 바라는가?' 하고 끊임없이 성찰한다면 많은 것들을 내려놓을 수 있는 여유가 생깁니다.

그렇다고 아무 일도 하지 말라는 이야기가 아닙니다. 부처님은 열심히 살라고, 정진하라고 말씀하신 분입니다. 하지만 정진을 하더라도 올바른 방향으로 정진하라고 강조하셨지요. 그래서 팔정도의 여섯 번째 항목이 바로 '정정진(正精進)'입니다. 항상 깨어있으면서 마음을 집중하려면 올바른 정진이 필요합니다. 그런데 우리는 대부분의 시간을 오온을 키우는 데 쓰고 있습니다. 우리의 육신을 보존하기 위해, 즉 먹고 입고 자는 데 대부분의 시간을 쓰고 있지요? 하루에 마음을 향상시키고 정화하는 데 들이는 시간은 얼마나 되는지 한번 생각해보십시오.

이런 반성이 없다면 우리 삶은 끊임없이 무상하게 흘러갈 뿐입니다. 열심히 살아도 무상한데, 열심히 살지 않으면 더욱 빨리 무상하게 흘러갑니다. 그뿐일까요? 끊임없이 잘못된 행위를 통해서 괴로움의 씨앗을 뿌리며 살게 됩니다. 괴로움의 씨앗이 뿌려지면 나중에 겪는 것은 고통밖에 없겠지요.

오온을 즐기지 말라고 해서 우리 몸을 학대하라는 말도 아닙니다. 불교는 고행주의를 말하지 않습니다. 단지 몸에 대한 집착을 다스려야 한다고 가르칩니다. 1도 화상을 입은 사람을 치료하기 위해선 여러 가지 약도 바르고 붕대도 감아줘야 되지 않겠습니까? 그런데 거기다 다시 뜨거운 물을 부어버리면 화상은 더 심해질 겁니다. 우리의 몸과 마음에 집착하는 것은 바로 1도 화상을 입은 사람에게 더 뜨거운 물을 붓는 것과 똑같은 결과를 초래합니다. 그래서 오온이란 끊임없이 변하고 불만족스럽고 안정되지 못한 것이라고, 그러한 오온에는 나라고 할 만한 것이 없다고 바르게 알아야 합니다.

끊임없이 이렇게 생각하십시오. '나는 무엇을 즐기고 사는가? 혹시 고통을 즐기면서 고통에서 벗어나기를 바라는 것은 아닌가? 괴로움의 씨앗을 뿌리면서 괴로움에서 벗어나려고 하는 것은 아닌가? 지금 내가 심는 생각의 씨앗이 과연 무엇을 싹틔울 것인가?' 이렇게 끊임없이 성찰할 때 우리 삶은 부처님이 말씀하신 최상의 행복인 열반을 향하는 방향으로 조금씩 나아가게 됩니다. 방향을 바르게 잡는다면 세상 사람들이 즐기는 것과는 다른 차원의 즐거움을 느끼게 됩니다. 세상 사람들이 경험하는 것은 언제 없어질지 모르는 불안한 즐거움입니다. 하지만 올바른 방향으로 즐거움을 얻기 시작하면 그 무엇에도 파괴될 수 없는 내면의 순수한 즐거움들을 경험하면서 살게 됩니다.

부처님 가르침을 공부하고 수행하면서 이러한 즐거움을 맛보지 못했다면 아직 부처님의 가르침에 대한 깊은 믿음이 생기지 않은 것이라 할 수 있습니다. 사찰의 수련회나 템플스테이에 참가해서 며칠만 지내도 마음이 안정되지 않습니까? 심지어는 등산할 때 잠깐 들린 법당에서 삼배만 하더라도 우리 마음은 그만큼 안정됩니다.

하지만 굳이 절에 가야 마음의 안정을 찾을 수 있는 건 아닙니다. 마음의 참된 방향성은 일상생활에서도 계발할 수 있습니다. 바로 바른 노력을 하면 됩니다. 유마 거사는 수행 도량을 일러 마음을 바르게 하는 것(直心)이라 말씀하셨습니다. 지금 부처님의 말씀을 접하고 있는 이 자리에서 마음을 바르게 쓴다면 그 자리가 바로 진정한 도량입니다. 괴로움의 씨앗을 더 이상 뿌리지 않고, 오온을 있는 그대로 관찰해 오온에 대한 집착과 분노를 덜어내고, 끊임없이 오온을 다스리며 살아갈 수 있으면 우리는 점점 자유로워집니다. 점점 안정되고 점차 행복해집니다. 부처님의 가르침이란 바로 그처럼 소중한 것들을 찾게 해주는 것입니다. 선방에서 정진하는 스님들이나 강원에서 공부하는 스님들이 찾고자 하는 그 진리, 2,600년의 역사 속에서 불교의 수많은 수행자들이 경험했던 그 행복을 오늘날의 우리가 체험하지 못한다면 불교를 공부한들 무슨 소용이 있겠습니까? 그처럼 개인적인 체험을 통한 행복을 제시한다는 점에서 불교는 보편적인 진리라고 할 수 있습니다. 가장 개인적이어야만 가장 보편적이 될 수 있다는 진리를 다시금 확인하게 됩니다.

대승불교나 초기불교나 모두 부처님 말씀

대승불교나 초기불교나 부처님이 하신 말씀은 다를 게 없습니다. 부처님의 말씀은 아비달마 논서에도 나타나고 선불교에서도 확인됩니다. 그러니 초기불교에서 남방불교, 북방불교에 이르기까지 그 맥은 쭉 이어져왔다고 볼 수 있지요. 초기경전의 가르침이 부파불교를 통해서 해석되었으며, 그것이 대승의 경전을 통해서 되살아났고, 다시 중국으로 들어와서는 선불교가 되었습니다. 그리고 우리나라에는 1,600년 전 여러 경로를 통해 불교가 들어옵니다. 그 모든 가르침의 핵심은 바로 지혜의 추구(自利 : 上求菩提)와 자비의 실천(利他 : 下化衆生) 그리고 자유(解脫)의 맛입니다.

5. 오온의 보편적 특징, 삼법인

앞서 오온이라는 5가지 무더기가 지닌 개별적인 특성을 살펴보았습니다. 그런데 오온에는 개별적인 특징뿐 아니라 그 모두를 포괄하는 보편적인 특징이 있습니다. 바로 삼법인(三法印)이라는 3가지 가르침이 그것이지요. 삼법인을 통해 우리는 진리에 대한 불교의 기본적인 입장을 알 수 있습니다. 앙굿타라 니카야에는 다음처럼 나와 있습니다.

“형성된 것은 모두 무상하다(諸行無常). 형성된 것은 모두 괴로움이다
(一切皆苦). 존재하는 것들은 모두 실체가 없다(諸法無我).”

여기서 우리는 모든 법(諸法) 및 모든 행(諸行), 즉 오온의 3가지 특징을 알
수 있습니다. 결국 오온이란 그 모두가 무상하고 괴롭고 무아라는 것입니다.

형성된 것은 모두 무상하다

법구경은 이렇게 말합니다.

“형성된 것은 모두 무상하다는 것을 지혜로 볼 때 그는 괴로움에 대해
싫어하게 된다. 이것이 청정함에 이르는 길이다. 형성된 것은 모두 괴로움
이라는 것을 지혜로 볼 때 그는 괴로움에 대해 싫어하게 된다. 이것이 청
정함에 이르는 길이다. 모든 법들은 무아이며 영원한 자아란 없다는 것을
지혜로 볼 때 그는 괴로움에 대해 싫어하게 된다. 이것이 청정함에 이르는
길이다.”

우선 제행과 제법에 대해서 살펴봅시다. 제행무상과 일체개고의 주어
는 ‘행’입니다. 앞서도 말씀드렸듯이 행은 상카라라고 해서 ‘조건에 의해서
생겨난 모든 현상’을 말합니다. 간단히 말하면 우리가 살아가면서 경험하
는 모든 현상들을 뜻하지요. 우리의 몸과 마음, 집이나 산천초목 등 우리
가 평생 동안 살아가면서 경험하는 모든 것들은 전부 다 행에 해당합니다.
앞서 이 행이 조건에 의해서 생겨나고 사라지는 것이라고 말씀드렸지요?
그렇듯 우리의 일상생활 속에서나 우리가 평생 살아가면서 경험하는 것들
은 모두 조건에 의해서 생겨난 것들입니다. 우리가 경험하는 경험 세계가,
우주 전체가 어떤 조건에 의해서 생겨난 것들입니다. 그래서 그 모든 행을

제행이라고 합니다. 부처님은 이렇게 말씀하십니다.

"비구들이여, 지금부터 수십만 년 후에 제2의 태양이 출현하면서 그 뜨거운 열기로 인해 비가 내리지 않게 되고, 모든 초목이 시들어 말라죽고, 냇물과 작은 강들이 말라붙을 때가 올 것이다. 또 제3의 태양의 출현과 더불어 갠지스나 야무라와 같은 큰 강들도 말라버리고, 모든 호수뿐만 아니라 큰 바다조차 시간이 지남에 따라 마를 것이다. 뿐만 아니라 수미산처럼 큰 산, 아니 이 광활한 대지마저 거대한 우주적 대 참극 속에 김을 품기 시작하여 마침내 불바다를 이루게 될 것이다. 비구들이여, 이렇듯 조건에 의해서 형성된 모든 것들은 무상하며 불안정하며 안락을 꾀할 거리가 못되니, 그 무상한 본성을 성찰하여 그에 대한 집착을 반드시 버려야 한다."

우리가 사는 세계 전체가 바로 조건에 의해서 만들어진 것이기 때문에 그 조건이 사라지면 우리의 세계 또한 없어져버린다는 말씀입니다. 우리가 살아가면서 경험하는 것들도 모두 마찬가지입니다. 눈에 보이는 것, 귀로 들리는 것, 코로 냄새 맡고 혀로 맛보고 몸으로 감촉을 느끼는 것들은 모두 다 조건에 의해서 만들어졌습니다. 평범한 우리 인간들이 경험하는 모든 세계의 대상들, 심지어는 경험하는 마음들까지도 모두 조건에 의해서 이루어진 것들입니다. 그러므로 '그러한 것들은 영원하지 않다'는 것이 제행무상의 진리입니다.

자기의 몸과 마음의 현상들을 관찰한다면 무상을 쉽게 이해할 수 있습니다. 우리 몸과 마음에서 일어나는 모든 현상들은 끊임없이 변하고 있지요? 이처럼 알아차리는 것이 지혜에 의해서 무상을 본다는 의미입니다. 우리의 분별의식으로 파악하는 것이 아니라 통찰력에 의해서, 끊임없는 관찰을 통해서 모든 행들이 조건에 의해서 만들어진 것이라는 사실을 있는 그대로 알게 된다는 뜻입니다.

부처님은 제행무상의 진리를 지혜로써 있는 그대로 알아내면 괴로움에 대해서 싫어하게 된다고 말씀하셨습니다. 우리 몸과 마음에 대한 집착, 즉 오온에 대한 집착이 괴로움이라고 하지 않았습니까? 따라서 괴로움을 싫어하게 된다는 것은 5가지 집착의 무더기를 싫어하게 된다는 뜻으로 이해할 수 있습니다. 싫어할 수밖에 없지요. 그 모든 것이 변할 게 분명하니까요. 아무리 좋은 상황이라도 언젠가는 어떻게든 변하기 마련입니다. 변하는 것에 싫어하는 마음을 일으키면 멀리하게 되겠지요? 그러면서 거기에 대해 좋다 나쁘다 등의 감정을 개입시키지 않게 됩니다. 이것이 바로 열반이라는 '청정(淸淨)'에 이르는 길입니다. 청정이란 아무런 때가 없이 맑고 깨끗한 상태를 말합니다. 무상한 우리 몸과 마음을 있는 그대로 알아서 싫어하는 마음을 일으킬 때 우리는 비로소 그처럼 청정한 열반에 이를 수 있습니다.

모든 것은 불만족스럽고 불편하다

삼법인의 두 번째인 일체개고란 조건으로 인해 생겨난 현상은 모두 무상하기 때문에 괴롭다는 뜻입니다. 기본적으로 괴로움이란 심리적으로 괴롭고 불안한 것이 아니라 불만족스럽고 불편하다는 뜻입니다. 우리가 인생을 살아가면서 편안하게 안주할 수 있는 곳이 있습니까? 어느 정도 재산도 있고, 살 집도 있고, 안정적인 가정을 꾸리고 있으니 편안한 셈이라고요? 하지만 그 편안함이 얼마나 유지될 것 같습니까? 우리가 지닌 부나 권력, 명예나 지위 등이 얼마나 무상한지 우리는 살면서 숱하게 경험합니다. 재산을 아무리 많이 모아놓았다 해도 어떤 사고 때문에 순식간에 없어질 수 있습니다. 재산을 많이 지닌 사람들은 그 재산을 유지하기 위해 불안함을 느끼고, 재산이 없는 사람은 없다는 이유로 불안해합니다.

이처럼 모든 것은 조건에 의해서 생겨났기 때문에 근본적으로 불만족스럽고 편안하지 않으며 안주할 수 없습니다. 그래서 괴로운 것이지요. 따라서 부처님은 "우리의 몸과 마음이 본래부터 불만족스럽고 편안하지 않은 것임을 지혜에 의해서 보라"고 가르치셨습니다. 인생의 있는 그대로의 모습을 직시하게 하는 가르침이라고 할 수 있습니다.

하지만 불교는 괴로움을 인식하는 것으로 끝나지 않습니다. 그 괴로움에서 벗어날 수 있는 길을 정확하게 제시하는 것이 바로 부처님의 가르침입니다. 인생은 원래 괴로운 것이니까 평생 괴로워하다가 죽으라는 것이 아니라, 지혜로 바라볼 때 그 괴로움을 멀리하게 되고 그 괴로움에서 벗어날 수 있음을 알려주는 긍정적인 메시지이지요. '삶은 괴로운 것'이라는 부정적 시각에 사로잡히라는 것이 아니라 있는 그대로 직시하라는 것이며, 그렇듯 있는 그대로 파악한 삶의 모습에서 괴로움을 벗어날 수 있는 길을 발견할 수 있다는 가르침입니다.

생겨나고 사라지는 모든 것들은 실체가 없다

삼법인의 세 번째는 제법무아입니다. 한마디로 모든 법들은 실체가 없다는 말이지요. 여기서 말하는 모든 법에는 제행은 물론 열반까지 포함되어 있다고 봅니다. 앞에서 행이란 조건에 의해 생겨난 것이라고 설명했지요. 하지만 열반은 조건에 의해 생겨난 법(有爲法)이 아닙니다. 즉 무위법 (無爲法 : 조건에 의해 생겨난 것이 아닌 법)입니다. 그러니 조건에 의해 생겨난 것이 아닌 무위법마저 실체란 없다는 뜻이지요. 우리가 살아오면서 경험하는 모든 일들에 실체가 없다는 사실은 이해하기 어렵지 않습니다. 내 몸이든 마음이든 아니면 바깥세상이든 모든 것은 끊임없이 변화하고 있음을 알 수 있으니까요. 그런데 열반에도 실체가 없다는 가르침은 선뜻 이해하기 힘듭니다.

열반은 내가 얻는 것이 아닙니다. '나'라는 존재가 있어서 그 존재가 열반을 체험하는 것이라고 생각하면 안 됩니다. '내'가 체험하는 것이 아니라 '나'라는 것이 다 사라질 때, 우리 몸과 마음이 끊임없이 생겨나고 사라지는 현상이 모두 소멸될 때, 그것을 열반이라고 합니다. 이것이 바로 유명한 "제행무상 시생멸법 생멸멸이 적멸위락(諸行無常 是生滅法 生滅滅已 寂滅爲樂)"이라는 게송이 뜻하는 바입니다. 즉 "형성된 모든 것은 무상하며, 이것은 전부 다 생겨났다 사라지는 속성을 가지고 있다. 바로 이 생겨났다 사라지는 것이 완전히 사라져버리면 그것이 바로 열반, 고요함이고 그것은 즐거움이다"라는 뜻입니다. 열반이란 이처럼 생멸하는 현상들이 모두 끊어지는 체험을 하는 순간에 맛보는 것입니다. 이것은 '나'라는 존재가 있어서 맛보는 것이 아니라, 열반이라는 현상이 제행의 소멸과 함께 체험되는 것이지요. 따라서 열반에는 '나'라고 할 만한 것이 붙어 있을 수 없습니다.

다른 말로 하자면, 생멸하는 모든 현상들이 사라질 때 그 자리에 열반이 드러난다고 할 수 있습니다. 열반은 다른 어딘가에 있다가 나타나는 것이 아닙니다. 무엇에 의해서 생긴다면 열반도 유위법이 되겠지요? 하지만 열반은 조건에 기인해 생겨난 행이 아닙니다. 만들어진 법, 형성된 법, 조건에 의해서 생겨난 법이 아닙니다. 그렇기에 열반은 '무아'로 체험됩니다. 이런 가르침은 부처님에서부터 대승불교에까지 이어집니다. 대승에서 말하는 불성(佛性 : 붓다의 본성)이나 여래장(如來藏 : 여래가 될 가능성) 역시 무아나 공(空)의 체험을 바탕으로 언급되지요.

그런데 부파불교 시대의 설일체유부는 무아란 사람에 해당하는 것이지 법에는 해당되지 않는다고 주장하기도 했습니다. 열반에 대해 너무 형이상학적이거나 실체적으로 이해한 탓도 있겠지요. 하지만 그런 주장들은 후대 대승불교, 특히 반야사상이나 중관사상에 와서 많은 비판을 받게 됩니다. 중요한 것은 초기불교에서는 열반을 포함한 모든 법에는 실체가 없다고 가르쳤다는 사실입니다. 즉 실체적인 '나'가 있어서 열반을 얻는 것이 아니라는 말이지요. 따라서 열반에 대해 실체적으로 접근하면 제법무아의 가르침에 위배된다는 점을 유념해야 합니다.

우리가 살고 있는 세계 전체와 마찬가지로 개인적인 존재는 모두 오온에 의해서 구성되어 끊임없이 변화하는 현상의 흐름일 뿐입니다. 이처럼 모든 것은 무상이라는 점에서만 실재합니다. 이처럼 현상의 변화는 우리가 기억할 수 없는 시간에서부터 시작되어 우리가 죽은 후에도 끝없는 시간에 걸쳐 이어질 것입니다. 또한 오온은 자아와 같은 영원불변하는 실체가 아닙니다. 자아에 속해 있지도 않습니다. 모든 존재의 무상함과 조건에 의존되어 있음을 볼 때, 자아에 대한 믿음은 모두 환상이라고 볼 수밖에 없습니다.

우리들이 집이라고 부르는 것은 여러 가지 자재로 구성되어 일정한 공간을 차지하게 된 것에 대한 편의상의 명칭일 뿐이지, 독립적으로 존재하는 실체가 아닙니다. 마찬가지로 우리가 존재나 사람 또는 나라는 이름으로 부르는 것들은 모두 끊임없이 변하는 육체적·정신적 현상의 결합에 지나지 않습니다. 그 자체에 실재적인 존재나 변하지 않는 실체로서의 존재란 없다는 말입니다. 이것이 모든 존재에는 영원한 자아나 실체가 없다는 가르침, 즉 무아에 대한 가르침입니다. 무아설은 다른 종교나 철학에서는 찾아볼 수 없는 부처님만의 가르침입니다. 따라서 그 의미를 완전하게 파악하고 이해하려면 추상적이고 지적인 방식이 아니라 끊임없는 체험을 통해서만 가능합니다. 무아의 가르침은 실제적인 현상을 철저히 알아차렸을 때 얻게 되는 필연적인 결론입니다. 이때의 분석이란 머리에 의한 것이라기보다 수행을 통한, 체험에 의한, 지혜에 의한 분석을 말합니다.

부처님의 말씀이 들어 있는 경전도 표지판이나 뗏목에 불과합니다. 언어로 표현되는 부처님의 가르침을 도구로 삼아, 있는 그대로의 무아의 모습을 바르게 볼 수 있는 것이지요. 하지만 언어적 이해에 그쳐서는 궁극에 도달할 수 없습니다. 예를 들어 우리는 산을 오를 때 지도를 봅니다. 지도가 가리키는 데로 가면 어느 산이든 갈 수 있습니다. 하지만 실제 산에 올라 풍경을 보는 것과 지도로 그 산을 확인하는 것에는 차이가 있습니다. 지도를 보는 것만으론 실제로 산에 올랐을 때와 같은 경험을 할 수 없습니다.

무아와 윤회

죽음 뒤에 다시 삶이 반복된다는 것이 불교에서 말하는 윤회입니다. 부처님은 윤회에 대해서 이렇게 설명하고 계십니다.

"비구들이여, 이 윤회는 그 처음을 알 수가 없다. 최초의 시간은 알려질 수 없다. 어리석음에 의해, 무명에 의해 뒤덮여 있고 갈망에 의해 속박되어 있는 중생들은 이 생사의 세계에서 이리저리 헤매며 삶과 죽음을 되풀이 한다.”

부처님은 이렇게 죽음과 삶이 반복되는 윤회의 세계를 말씀하십니다. 윤회(samsara)라는 것은 존재의 수레바퀴를 말하는데, 어원적으로는 ‘끊임없는 헤맴’이라는 뜻입니다. 끊임없이 부침하는 생사의 바다를 의미하는 용어로 쓰이면서 태어남과 늙음, 죽음의 연속적인 흐름을 상징하는 말이 되었지요. 더 정확하게 말하자면 윤회라는 것은 순간순간 변하는 오온의 결합이 헤아릴 수 없는 때부터 끊어짐 없이 계속 이어지는 것을 말합니다.

우리는 보통 윤회를 확인할 수 없고, 대부분 사람들에겐 전생이 있었는지 내생이 있을 것인지 스스로 확인할 수 있는 능력이 없습니다. 우리가 태어나서 지금까지 살아왔다는 사실은 확실한데, 그 이전에 무엇이었는지 죽음 뒤엔 어떻게 될 것인지 대부분 모르고 삽니다. 그래서 윤회에 대해서 부정하는 사람들도 많이 있지요.

윤회의 가르침은 부처님 이전에도 인도 사상 속에 있었습니다. 그때는 일종의 영원한 영혼이 육체 속에 갇힌 채 끊임없이 생사를 반복한다는 식의 윤회 사상이었지요. 그러나 불교는 영원한 실체는 없지만 업에 의해서 생존이 이어진다는 방식으로 윤회를 분명하게 이야기합니다. 부처님 당시 출가한 제자들 중에서도 윤회를 믿지 않는 사람들이 있었습니다. 만약 죽으면 모든 게 끝이라고 생각하는 단멸론자가 승단에 들어오면 비구가 되는 것을 조금 유보시킵니다. 4개월가량 부처님의 가르침을 공부하고 수행을 한 후 윤회의 가르침을 올바르게 받아들이고 연기와 인과의 가르침을 어느 정도 이해하면 그때 비로소 승려로 받아들입니다. 그만큼 윤회는 부처님 당시나 불교의 전 역사에서 매우 기본적으로 인정해야 할 진리입니다.

하지만 불교는 '나'라는 실체가 과거에도 있었고 현생에도 있고 내생에도 이어지며 윤회한다고 가르치지 않습니다. 지금 나를 나라고 부르게 하는 오온 전체, 즉 육체적인 조건과 정신적인 조건들이 결합된 5가지 무더기가 어떤 업의 힘에 의해서 이어진다고 설명하지요. 이처럼 우리는 윤회라는 것을 끊임없이 변화하고 불만족스러우며 나라고 할 만한 실체가 없다는 무아설에 근거를 둔 채 이해해야 합니다.

윤회를 믿을 수 없어서 불교도 못 믿겠다는 사람들을 종종 봅니다. 하지만 그렇게 해서는 아주 큰 손해를 볼 수 있습니다. 부처님의 가르침에는 윤회설 말고도 굉장히 중요한 것들이 많으니까요. 아직 윤회를 믿지 못하겠다면 마음을 좀 더 여유롭게 가지면서 공부를 계속 해나가십시오. 그렇게 공부가 조금 더 진행되면 '아, 윤회가 가능하겠구나. 나도 전생에 어떤 존재였겠구나. 그 업이 지금의 현생에 이어졌고 지금의 업이 또 내생으로 이어지겠구나'라고 이해할 수 있는 날이 옵니다. 그러다 더 구체적으로 수행에 들어가서 자기의 전생을 기억해낸다면 윤회를 확신하게 됩니다.

이런 윤회 속에서 한 번의 삶은 아주 짧은 시간에 지나지 않습니다. 인간이 80년을 살든 100년을 살든 우리가 지금까지 윤회해온 세월에 비하면 한순간에 불과하다는 이야기입니다.

현재의 삶에서 별로 부족함 없이 편안하게 잘살고 있는 사람이라면 세상이 살 만다고 여길 수도 있습니다. 조금 부족하더라도 그냥 큰 문제라 생각하지 않고 사는 사람들도 있을 수 있습니다. 하지만 이처럼 풍족한 한 번의 삶, 별 문제가 없는 한 번의 삶이 우리가 윤회를 이해하는 데 장벽이 될 수 있습니다. '인생은 살 만한데 뭐가 그렇게 괴롭다고 하는 거지? 뭘 그렇게 벗어나려고 애쓰지?'라는 잘못된 생각을 할 수도 있다는 거지요.

그런 시각을 지니고 살아간다면 이 생에서 한 번의 잘못으로, 잠깐의 분노로 큰 악업을 지을 수 있습니다. 그 악업의 과보는 엄청난 괴로움을 초래합니다. 지옥의 고통을 받을 수도 있고 아귀가 될 수도 있고 짐승으로 태어날 수도 있습니다. 인간의 삶은 그래도 어느 정도 안전한 편입니다. 물론 언제 어떻게 죽을지 모르는 게 인간의 삶이긴 하지만, 그래도 우리는 문명의 발전으로 비교적 안정된 삶을 누릴 수 있지요. 하지만 짐승들의 삶을 보세요. 그야말로 적나라한 약육강식의 세계가 펼쳐지지 않습니까?

인간보다 나은 존재인 천상에 태어났다고 해서 더 좋을 것도 없습니다. 부족함이 없는 삶에 도취되어 그런 삶에 더 집착할 수 있거든요. 앞으로 설명하겠지만 괴로움의 원인 가운데는 '존재에 대한 갈망(有愛)'이란 것이 있습니다. 행복하고 편안하고 안정된 삶에 대한 갈망을 말합니다. 인간으로 치자면 아주 좋은 삶의 조건을 갖추고 살아가는 사람이 되고픈 갈망입니다. 또 천상에 태어나서 행복한 경험만 하며 즐거움을 먹고사는 천인들도 그런 갈망의 대상이 될 테지요. 하지만 그러한 삶의 조건조차 언젠가는 사라질 수 있는 무상한 것이기에 우리는 어떤 생을 살더라도 항상 윤회에 대한 두려움을 가지고 있어야 합니다.

생의 반복이 뭐 그렇게 두려운 것이냐고 반문하는 사람들도 있습니다. 어리석은 소리입니다. 지금 행복하다고 해서 그 행복이 영원할까요? 모든 것들은 끊임없이 생겼다 사라지는 현상의 흐름입니다. 그처럼 무상한 것에서 찾은 기쁨과 행복이 얼마나 오래가겠습니까? 그러니 윤회, 즉 순간

순간 생겨났다 사라지는 찰나적인 생사를 바르게 꿰뚫어서 이해해야 합니다. 그처럼 무상한 현상 속에서는 어떠한 것에도 안정될 수 없고 편안할 수 없다는 사실을 이해해야 합니다. 그렇다면 내가 잠시 동안 경험하는 평온과 안락이 자칫 잘못하면 윤회의 삶에 붙들어 매는 집착이 될 수 있다는 사실을 알 수 있습니다.

불교에서는 태초를 어떻게 설명할까?

불교에서는 윤회의 처음은 알 수 없다고 말합니다. 시작을 알 수 없다는 소리지요. 하지만 보통 창조설을 주장하는 종교에서는 태초를 분명히 언급하며, 태초에 모든 것이 생겨났다고 주장합니다. 요즘 현대 과학도 최소한 150억~200억 년 전에 최초의 대폭발(빅뱅)이 있었다는 설을 전제하고 있습니다. 그런데 이 전제 속에는 150억~200억 년 전은 알 수 없다는 뜻이 들어 있습니다. 그 이전이라는 시간이 존재하지 않았다는 것이 아닙니다. 우리 우주가 시작된 이전은 우리의 인식체계를 넘어서 있습니다. 그렇기 때문에 그 이전이 있는지 없는지 우리로서는 알 수 없다고 전제하는 것입니다.

인간으로 태어나기란 참으로 어려워

부처님은 윤회에 대해서 이렇게 말씀하십니다.

"비구들이여! 생각해보라, 어떤 것이 더 많은가를! 이 생사의 세계에서 이리저리 헤매며 싫어하는 대상과 만나고 좋아하는 대상과 헤어지면서 슬픔 때문에 울부짖으며 흘린 눈물과, 저 사해(四海)의 바닷물 중 어떤 것이 더 많은가를! 비구들이여, 그대들은 오랫동안 생사를 거듭하면서 부모, 아들, 딸, 형제, 자매와 사별 때문에 괴로워했다. 이처럼 이 생사의 세계에서 이리저리 헤매며 삶과 죽음을 되풀이하면서 싫어하는 대상과 만나고 좋아하는 대상과 헤어지면서 슬픔 때문에 울부짖으며 흘린 눈물이 더 많지 저 사해의 바닷물이 더 많지는 않다. 비구들이여, 어떤 것이 더 많은가를 생각해보라! 생사의 세계에서 이리저리 헤매며 삶과 죽음을 되풀이하면서 참수형을 당해 흘린 피와 저 사해의 바닷물 중 어떤 것이 더 많은가를! 비구들이여, 그대들은 오랫동안 생사를 거듭하면서 마을의 도둑, 노상강도로 붙잡혔었다. 그리하여 참수형을 당해 흘린 피가 더 많지 저 사해의 바닷물이 더 많지는 않다. 그것은 어떤 이유에서인가? 비구들이여! 이 윤회는 처음을 알 수가 없다. 최초의 시간은 알려질 수가 없다. 어리석음으로 뒤덮여 있고 갈애에 속박되어 있는 중생들은 이 생사의 세계에서 이리저리 헤매며 삶과 죽음을 되풀이해왔기 때문이다."

이것은 상윳타 니카야의 〈눈물의 경〉에 나오는 내용입니다. 중생은 자기의 업을 모두 볼 수가 없습니다. 어리석음과 갈망에 속박되어 있기 때문에 자기의 업이 다 보이지 않습니다. 하지만 부처님은 어리석음을 모두 소멸하고 갈애를 없앴기 때문에 모든 업을 보시고 그 업의 조건과 결과까지 다 보십니다. 바로 그런 부처님의 혜안으로 보신 우리 윤회의 실상을 지금 말씀하고 있는 것입니다.

이 말씀을 이해할 수 있겠습니까? 얼마나 많은 세월 동안 우리가 윤회를 했으면 우리가 흘린 눈물과 피가 저 바닷물보다 많다고 하셨을까요? 우리의 인식 능력으로는 이 말씀을 완전히 이해할 수 없습니다. 부처님 제자 가운데 지혜제일이라는 사리풋타 존자조차 부처님의 이러한 깊은 말씀에 대해 "믿음에 의해서 받아들입니다"라고 고백했지요. 따라서 부처님의 말씀에 대해 비유일 뿐 사실이 아니라고 치부한다면 깨달음의 경지를 우리 식으로 재단해버리는 오류를 범하는 셈입니다.

부처님의 말씀대로 우리는 수많은 세월 동안 한때는 서로 부모가 되기도 하고 한때는 형제가 되고 또 한때는 자매가 되는 관계를 맺으면서 지금껏 살아왔습니다. 설령 어느 생에서 어떤 관계로 말미암아 지금의 인연으로 만났는지는 알 수 없다 하더라도, 만남 자체가 그토록 오랜 세월 동안의 인연 관계로 형성된 것임은 알 수 있지요. 흔히 하는 말로 천생연분이라는 것이 있습니다. 과거 천 생 동안 서로 알고 지낸 인연이란 말이지요. 하지만 그 천 생 동안에 꼭 좋은 관계로만 만났겠습니까? 인연 관계가 어떻게 한평생 좋을 수만 있겠어요? 이처럼 부부나 부모자식, 형제자매 등 모든 인간관계는 전생의 좋고 나쁜 관계가 모두 얽히고설켜서 형성된 것입니다. 그런데 그토록 오랫동안 관계를 형성하고도 이 생에 태어나 내가 옳으니 네가 옳으니 하며 끊임없는 갈등 속에서 지냅니다. 얽히고설킨 업의 실타래를 조금이라도 풀어내려는 노력은 하지 않고 말이지요.

우리는 수없이 많은 생애를 윤회하면서 어떤 행위들을 저질러왔습니다. 또 그 과보를 받는 현생에서도 수없이 많은 행위들을 하며 새로운 생존의 씨앗을 끊임없이 만들고 있습니다. 우리가 순간순간 일으키는 의도적인 행위의 연속이 결국엔 우리 삶을 끌어가는 원동력인 셈입니다. 이처럼 윤회란 한순간에 시작되어 한순간에 끝나는 것이 아니라 무수히 많은 순간순간이 모여 만들어내는 것입니다.

하지만 다행히도 우린 인간으로 태어나는 인연을 만났습니다. 불교에서는 인간으로 태어나기가 얼마나 어려운지 맹구우목(盲龜遇木)이란 이야기에 비유합니다. 망망대해에서 살고 있는 눈먼 거북이가 있습니다. 이놈이 수백 년마다 한 번씩 바다 위로 떠오르는데 하나도 보이는 게 없으니 주위에 뭐가 있는지도 모릅니다. 그런데 그 바다 위로 떠다니던 구멍 난 나뭇조각을 만나 그 구멍 속으로 머리가 쏙 들어가게 됩니다. 이런 일이 발생할 확률이 과연 얼마나 될까요? 그처럼 악행을 해서 나쁜 세계(惡道)에 떨어진 중생이 인간으로 태어나기가 어렵다는 말입니다.

초기경전에 따르면, 우리는 살아오면서 선행보다 악행을 짓기가 더 쉽기 때문에 인간으로 태어나기가 상당히 어렵다고 합니다. 인간으로 태어나기도 어렵지만 인간답게 사는 것도 쉽지는 않지요? 그래서 우리는 개만도 못하다는 둥 짐승만도 못한 인간이라는 둥 남에게 욕을 하고 나 역시 그런 욕을 들으면서 이 세상을 살아갑니다. 그렇게 살아가는 사람이 다음 생에 인간으로 태어나기 어렵다는 것은 쉽게 이해할 수 있을 겁니다.

그래서 부처님은 인간으로 태어나기 위해서는 최소한 오계를 지키라고 말씀하셨습니다. 언제나 살생하지 말고 남의 물건을 훔치지 말고 잘못된 음행을 하지 말고 거짓말하지 말고 정신을 혼미하게 하는 약물이나 술을 먹지 말라고 하셨습니다. 인간으로 태어난 지금의 삶을 소중하게 여기는 것도 중요하지만, 다음 생에 다시 인간으로 태어날 수 있도록 씨앗을 뿌리는 일도 매우 소중함을 일깨워주는 가르침이지요.

인간으로 태어나기도 어렵지만 이렇듯 부처님 법을 만나 수행할 수 있다는 것은 더 희귀한 일입니다. 수행은 직접 자기의 업을 가꾸는 일입니다. 자신의 업을 선업으로 가꾸고 그 선업조차 극복하는 수행을 통해, 우리는 이 윤회의 세상에서 안전한 곳으로 인도받을 수 있습니다. 그러니 이처럼 귀중한 기회에 감사하며 조금이라도 더욱 부처님 법을 이해하고 실천하는 방향으로 생각과 말과 행동을 해야겠지요.

부처님은 말씀하셨습니다.

"비구들이여! 그대들은 오랫동안 생사를 거듭하면서 괴로움을 겪어왔고, 슬픔을 겪어왔고, 불행을 겪어왔으며, 죽어서 묘지를 가득 채워왔다. 그러므로 비구들이여, 바로 지금이 형성되고 조건 지어진 모든 것에 대해서 싫어하는 생각을 내기에 적당한 때이며, 탐욕을 버리기에 적당한 때이며, 이 모든 괴로움에서 벗어나 해탈을 얻기에 적당한 때이다."

우리가 끊임없이 윤회하며 괴로움을 겪어왔다는 사실을 지금이라도 알게 되었다면, 조건으로 형성된 모든 현상에 대해서 싫어하는 생각을 내라는 말씀입니다. 그래서 제행을 놓아버릴 수 있는 수행, 탐욕을 버리는 수행, 괴로움을 끝낼 수 있는 수행을 하라는 말씀이지요. 이처럼 부처님은 지금이야말로 수행하기에 적당한 때라는 것을 강조하셨습니다. 자신이 부처님의 제자라고 생각한다면 이 윤회의 괴로움을 있는 그대로 직시하고 그 괴로움의 덩어리인 오온에서 벗어나기를 바라는 마음을 일으켜야 합니다.

내일도 아니고 내년 휴가철도 아닙니다. 수련회를 가서도 아닙니다. 바로 지금 이 순간 수행해야 합니다. 수행이란 자신이 있는 바로 이 자리에서 마음으로 하는 것입니다. 그렇게 한순간이 하루가 되고 하루가 한 달이 되고 한 달이 1년이 되는 식으로 수행을 이어나간다면, 끝없는 윤회 속에서 인간으로 태어나 부처님 법을 만난 이 귀중한 인연이 우리 삶 속에서 꽃을 피우게 될 겁니다.

그렇다면 이제는 괴로움을 내려놓을 수밖에 없습니다. 그러기 위해선 우리의 몸과 마음이라는 이 괴로움을 지혜로써 있는 그대로 꿰뚫어 이해해야 합니다. 그리하여 괴로움에 헤매지도 집착하지도 않고 그 괴로움을 즐기지도 않으면서 괴로움을 내려놓을 수 있는 마음으로 열심히 정진해야 합니다.

머리가 아니라 체험으로 이해해야

우리는 지혜에 의한 체험을 통해서 우리가 경험하는 모든 것들, 유위법은 물론 무위법까지 포함한 모든 것들이 무상, 고, 무아라는 사실을 이해하게 됩니다. 무상, 고, 무아는 존재하는 모든 것들의 보편적 특성입니다. 존재하는 것들의 보편적인 특성은 개별적인 특성을 관찰함으로써 확인할 수 있습니다. 개별적인 특성은 앞서 오온과 사대에서 살펴보았지요. 아무리 머릿속으로 '아, 무상하다, 고이다, 무아이다!'라고 생각해도 그것은 우리의 식(識)에 의한 분별일 뿐입니다. 예를 들어 누가 내 귀에 거슬리는 말을 했다고 칩시다. 그 말도 무상한 것인데 우리는 화를 내지요? 거슬리는 말이 무상한 것인 줄 알아차리지 못했기에 내 마음을 움직인 것입니다.

이처럼 무상이나 고, 무아를 머리로 이해하는 것은 실제 상황에서 전혀 도움을 주지 못합니다. 끊임없이 우리 몸과 마음을 관찰하는 수행을 통해 실생활에서 무상과 고, 무아를 관찰할 때, 원하지 않는 상황에 맞닥뜨리더라도 그것에 휘말리지 않게 됩니다. 듣기 싫은 소리뿐 아니라 칭찬하는 말에도 마음이 우쭐해지거나 들뜨지 않게 됩니다.

바로 이러한 힘은 수행에 의해 갖출 수 있습니다. 이러한 힘이 없으면 아무리 많은 책을 읽고 공부하고 법문을 많이 들어도 마음은 허전할 뿐입니다. 좋은 소리가 들렸을 때나 아름다운 대상이 보였을 때, 마음에서는 곧바로 탐욕이 일어나게 됩니다. 결국은 무상한 대상을 보며 무상한 탐욕을 일으키는 것인데도 이제 미음속에서는 그 욕심이 주인 노릇을 하게 됩니다. 그러면 어떻게 될까요? 욕심이 시키는 대로 말하고 행동하고 생각하고, 그 욕심을 이루기 위해서 끊임없는 잘못을 범하게 됩니다. 무상한 것의 조건에 매여서 끊임없이 헤매는 것이지요. 이는 바로 괴로움이 발생하는 연기의 순서이기도 합니다.

자신의 체험을 통해 무상, 고, 무아를 이해한다면 지혜를 완성하게 됩니다. 그렇기에 삼법인은 간단한 가르침이 아닙니다. 부처님께서도 제자들에게 체험의 중요성을 누누이 강조했던 가르침이지요. 상윳타 니카야에는 다음처럼 부처님과 제자들의 말씀이 나옵니다.

"비구들이여, 생각해보라. 물질적 현상, 색은 영원한가 무상한가?"

"무상합니다, 세존이시여."

"그러면 무상한 것은 괴로움인가 즐거움인가?"

"괴로움입니다, 세존이시여."

"이처럼 무상하고 괴로우며 변하는 것들에 대해서 이것은 '나의 것'이다, 이것은 '나'이다, 이것은 '나의 자아'라고 간주할 수 있겠는가?"

"그럴 수 없습니다, 세존이시여."

"감수 작용, 지각 작용, 형성 작용, 의식 작용은 영원한가 무상한가?"

"무상합니다, 세존이시여."

"그러면 무상한 것은 괴로움인가 즐거움인가?"

"괴로움입니다, 세존이시여."

“이처럼 무상하고 괴로우며 변하는 것들에 대해서 이것은 ‘나의 것’이다, 이것은 ‘나’이다, 이것은 ‘나의 자아’라고 간주할 수 있겠는가?”

“그럴 수 없습니다, 세존이시여.”

“그러므로 비구들이여, 과거 현재 미래의 것이거나, 자신의 내부에 있는 것이거나 외적인 것이거나, 거친 것이거나 미세한 것이거나, 저열한 것이거나 뛰어난 것이거나, 긴 것이거나 짧은 것이거나 물질적 현상에 대해서 이것은 ‘나의 것’이 아니다, 이것은 ‘내’가 아니다, 이것은 ‘나의 자아’가 아니라고 있는 그대로 알고 보아야 한다.”

“과거 현재 미래의 것이거나, 자신의 내부에 있는 것이거나 외적인 것이거나, 거친 것이거나 미세한 것이거나, 저열한 것이거나 뛰어난 것이거나, 긴 것이거나 짧은 것이거나 모든 감수 작용, 지각 작용, 형성 작용, 의식 작용에 대해서 이것은 ‘나의 것’이 아니다, 이것은 ‘내’가 아니다, 이것은 ‘나의 자아’가 아니라고 있는 그대로 알고 보아야 한다.”

그리고 부처님께서는 물으십니다.

“오온은 무상하고 고이고 무아라는 것을 너희들 스스로 깨달았느냐? 너희들 스스로 수행을 통해서 체험적으로 이해가 되었느냐?”

아주 중요한 대목입니다. 부처님의 제자들은 부처님 법문을 듣고 삼법인의 진리를 곧바로 이해하는데 우리는 왜 깨닫지 못할까요? 이건 제가 어렸을 때부터 가졌던 의문이기도 합니다. 그런데 공부를 하다 보니까 문자를 통해서 이해한 것은 진정한 이해가 아니라는 것을 알게 되더군요. 불교에서는 그렇게 문자를 통해 얻은 지혜를 문혜(聞慧)라고 합니다. 말 그대로 귀동냥을 해서 얻은 지혜라는 뜻이지요. 하지만 무상, 고, 무아의 진리는 있는 그대로의 관찰을 통해, 수행하는 노력을 통해서만 알 수 있습니다. 따라서 우리도 수행을 하면서 그런 법문을 접하면 그 속에 담긴 의미를 어렵지 않게 이해할 수 있는데, 수행은 안 하면서 책만 보며 머릿속으로 생각하니 잘될 리가 없지요.

생활 속에서 눈으로 대상을 볼 때나 귀로 소리를 들을 때도 순간순간 깨어있지 않으면 무상, 고, 무아를 깨달을 수 없습니다. 우린 보통 생각 속에 잠겨 있을 뿐 그 생각 자체는 보지 못합니다. 예를 들어 눈으로 무엇을 볼 때는 '저것이 무엇일까?', '아, 저것은 어떻게 생겼을까?' 하고 이런저런 생각을 합니다. 귀로 소리를 들을 때도 '저건 무슨 소리지?', '어디서 나는 소릴까?', '아, 소리가 듣기 좋은데', '시끄러워 죽겠네' 하며 소리를 있는 그대로 듣지 못하고 그에 대한 생각으로 소리를 판단하게 됩니다. 물론 그처럼 생각하고 판단하는 것이 잘못되었다는 말은 아닙니다. 문제는 그러한 생각이나 판단 속에서 소리 자체가 지닌 무상함이나 불편함, 영원하지 않다는 속성을 놓쳐버린다는 것이지요. 그래서 눈, 귀, 코, 혀, 몸으로 끊임없이 감각 대상을 접하면서도 우리 마음속에서는 무상, 고, 무아에 대한 지혜가, 올바른 이해가 일어나지 않는 것입니다.

부처님은 다섯 비구들에게 처음 법문을 설하실 때 중도를 설하시고 사성제를 말씀하셨습니다. 중도를 통해 쾌락주의와 고행주의를 벗어나 올바른 길을 걷는 팔정도를 말씀하셨지요. 그렇게 다섯 비구들이 모두 초전법륜을 듣고 수타원이 되었을 때, 부처님은 〈무아상경〉을 설하셨습니다. 바로 무아의 특징, 즉 오온은 무상하고 고이고 무아라는 것을 가르치셨습니다. 이 무아의 가르침을 듣고 나서 다섯 비구들은 모두 아라한이 됩니다.

이처럼 오온이 무상하고 고이며 무아라는 진리는 아주 심오하고 고귀한 것입니다. 따라서 우리가 다섯 비구들처럼 치열하게 수행하지 않고 이 가르침을 이해하려고 하면 단순히 피상적인 이해에 그치고 말 것입니다.

고려시대 보조국사 지눌 스님이 이통현 장자의 《화엄론》에서 인용한 말씀 가운데 "땅에서 넘어진 자, 땅을 짚고 일어나라(因地而倒者 因地而起)"는 말이 있지요. 지금 우리는 땅에 넘어져 있는 자들입니다. 인생을 제대로 이해하지 못해서 길을 걷지 못하고 넘어져 있는 자들입니다. 땅에서 넘어진 사람이 허공을 붙들고 일어날 수 있습니까? 아니지요, 땅을 짚고 일어서야 합니다. 이는 곧 우리 삶을 이해하고 극복할 수 있는 열쇠가 바로 그 삶 안에 있다는 뜻입니다. 오온에 대한 무지가 우리의 근본적인 문제라고 한다면, 부처님의 가르침을 공부하기 위해서는 바로 나 자신을 이해하는 것에서부터 시작해야 합니다. 몸에서 일어나는 현상들을 무심코 흘려보내면서 그저 '나의 몸'이라고 생각한다면 육체를 이해할 수 없습니다. 우리 몸이 무엇으로 이루어져 있는지, 몸에서 어떻게 지금의 동작이나 현상이 일어나는지 있는 그대로 알 수 없습니다. 몸은 어느 정도 이해한다 하더라도 마음에서 일어나는 현상은 더더욱 알기 힘듭니다. 우리의 느낌과 지각 또는 관념 그리고 의지와 의식의 현상들이 어떤 원인으로 어떻게 일어나고 사라지는지 알 수 없습니다.

우리의 모습은 어떻습니까? 땅에 넘어져 있으면서도 땅을 짚지 못하고, 자신에 대해 잘 모르면서도 자신을 이해하거나 깊이 있게 통찰하려는 노력을 기울이지 않지요. 그렇기 때문에 괴로움의 실타래가 계속 얽혀가는 겁니다. 따라서 자신의 육체와 정신 현상으로 이루어진 5가지 무더기에 대해서 있는 그대로 파악해야 합니다. 그럼으로써 우리 문제가 근원적으로 해결되고, 종국에는 불교의 목적인 열반으로 향해 나아갈 수 있습니다.

불교는 이론적인 교리를 가르치는 종교가 아니라 개별적인 체험을 강조하는 종교입니다. 우리 자신의 체험만이 우리를 자유롭게 해줄 수 있다고 본다는 점에서 불교는 체험을 위한, 수행을 위한 가르침이라 할 수 있습니다.

3가지 해탈

경전은 우리가 무상, 고, 무아를 지혜에 의해서 볼 때 어떤 일이 일어나는지 알려줍니다. 우선 무상함을 끊임없이 보는 수행자는 무상삼매(無相三昧) 또는 무상해탈(無相解脫)을 이룬다고 합니다. 무상에서 '상(相)'이란 마음속의 인상을 말합니다. 따라서 지혜로 무상(無常)을 보게 되면 마음속에 어떤 인상도 남아 있지 않는 무상(無相)의 삼매, 무상의 해탈을 이룬다는 말입니다.

무상(無常)에서 무상(無相)으로

몸과 마음을 반복적으로 관찰하다 보면 관찰 대상의 고유한 특성을 알게 됩니다. 고유한 특성이란 딱딱함이나 부드러움과 같은 땅의 요소 등의 특성을 말합니다. 또 고유한 특성을 반복적으로 경험하면 그 고유한 특성이 끊임없이 변화한다는 보편적인 특성인 무상(無常)을 체험적으로 이해하게 됩니다. 끊임없이 변하는 대상은 마음속에 모습이나 인상을 형성하지 못하게 됩니다. 변화가 너무 빠르기 때문이지요. 이 상태를 무상삼매라고 하고, 무상삼매에 의해 무상해탈을 얻는 것입니다.

그 다음에 조건으로 생성된 것은 모두 괴로움이란 사실을 지혜로 보게 되면 무원삼매(無願三昧)를 통해 무원해탈(無願解脫)에 이릅니다. 다시 말해 원하는 것이 없게 됩니다. 우리의 몸과 마음으로 경험하는 모든 세계, 심지어는 우리의 몸과 마음마저 결국은 무상하고 불만족스러운 것인데 거기서 무엇을 원할 수 있겠습니까? 바라는 것이 없으면 우리 마음은 안정을 이루게 됩니다. 자기에 대해서도 남에 대해서도 뭔가 요구하는 것이 없다면 평온과 행복이 깃들게 되지요. 더 이상 바라는 것이 없다면 삶을 포기한 것이 아니냐고요? 아닙니다. 그 속에는 삶의 진정한 자유와 행복이 싹트게 됩니다. 그것이 바로 무원삼매이자 무원해탈입니다.

당신의 행복지수는 얼마입니까?

자신이 얼마나 행복한지를 나타내는 '행복지수'라는 것이 있지요? '실제로 자신이 얻을 수 있는 것'을 '바라는 것'으로 나누면 이 행복지수가 나온답니다. 바라는 것이 많은데 실제로 얻을 수 있는 것이 적다면 불행한 사람이 되겠지요? 수백억을 가진 사람이 수천억을 원하면 불행해질 수밖에 없습니다. 반면에 가진 재산이라곤 100원뿐이어도 10원을 바란다면 그 사람은 행복한 사람입니다. 부처님도 만족하는 사람이 가장 큰 부자라고 말씀하셨습니다. 물론 그렇다고 가난을 찬탄한 것은 아닙니다. 오히려 재가자들에게 열심히 노력해서 재산을 모으라고 말씀하셨지요. 하지만 무모한 욕심을 부리거나, 물질에 인생의 가치를 두는 것은 지혜롭지 못한 일이라고 말씀하셨습니다. 용타 스님의 동사섭수련에서는 지족구현(知足俱現)이라는 명상법이 있습니다. 이 역시 이미 가지고 있는 것에 만족할 줄 알고(知足), 아직 얻지 못한 것을 열심히 노력해서 현실화하는 것(俱現)이 현실에서 행복을 가꾸는 길이라는 가르침입니다.

그리고 지혜로 제법이 무아임을 보는 사람은 공삼매(空三昧)를 얻어 공해탈(空解脫)을 이룬다고 합니다. 공이 무엇입니까? 공이란 '영원한 실체로서의 자아란 없다'는 것을 지혜로 보는 것입니다. 우리는 흔히 "색즉시공(色卽是空)"이라고 말하지요? 이는 대승의 반야경에 나오는 말이지만, 공사상은 초기경전에서도 발견할 수 있습니다. 마치 빈 집처럼 모든 존재들은 실체가 없음을 보라고 하는데, 공의 입장에서 세상을 봐야 한다는 가르침이지요. 대승불교의 공사상은 바로 초기불교의 무아 사상을 확대한 것이라 볼 수 있습니다. 이처럼 무아는 공과 직결됩니다. 그래서 공해탈을 이루기 위해서는 제법무아를 지혜로써 있는 그대로 보아야 한다는 겁니다.

이처럼 무상해탈, 무원해탈, 공해탈을 이루는 것을 삼해탈문이라고 합니다. 자유에 이르는 3가지 문이라고 할 수 있지요. 우리는 그 해탈문을 거쳐서 열반을 체험하게 됩니다. 해탈을 이루는 것은 열반의 체험과 동일하다고 할 수 있습니다. 그처럼 3가지 해탈을 이룰 때 우리는 바로 수타원에서 아라한에 이르는 성인의 경지에 들어갈 수 있습니다. 그러니 무상, 고, 무아에 대한 가르침은 바로 해탈에 이르는 도입 부분인 셈이므로 아주 중요한 가르침이라고 할 수 있습니다.

6. 선행의 공덕조차 버리고 나아가야

고성제에서 괴로움이라는 것은 단순한 육체적인 통증과 정신적인 감정을 의미하는 것이 아니라 괴로움을 빚어내는 모든 것이라고 이해해야 합니다. 고성제, 즉 괴로움의 진리를 통해서 우리는 다음과 같은 사실을 배울 수 있습니다. 모든 현상은 조건에 의해 생겨났기 때문에 그 조건이 사라지면 그 현상 또한 사라지기 마련입니다. 그처럼 조건에 의해 생긴 것이기 때문에 괴로움, 즉 행고라고 하는 것입니다. 우리가 일상적으로 느끼는 즐거움 자체도 괴로움입니다. 즐거움이 언젠간 변해서 괴로움이 된다는 것이 괴고의 의미라고 한다면, 행고의 의미로 보면 즐거움을 느끼는 자체가 괴로움이 됩니다. 조건에 의해 생긴 것들은 모두 집착할 만한 대상이 아닙니다. 이처럼 행고를 제대로 이해해야 비로소 불교에서 말하는 괴로움을 기본적으로 이해했다고 볼 수 있습니다.

행고는 우리의 일상생활에서도 일어나지만 수행을 할 때도 생길 수 있습니다. 수행을 하다 보면 즐거움이나 행복감 같은 것들이 생길 때가 있지요? 사람들은 그때의 좋은 느낌에 집착해서 그런 느낌들을 더 얻고자 애를 씁니다. 하지만 열심히 수행해서 경험한 좋은 것들이라 해도 결국은 조건에 의해서 생겨난 현상에 불과합니다. 그런 현상들은 표지판일 뿐입니다. 표지판을 붙들고 마치 목적지에 다 온 것처럼 착각하면 되겠습니까? 열심히 수행한 결과를 그대로 느끼고 지나가야 합니다. 열심히 기도나 참선을 하거나 경전을 읽거나 염불을 해서 얻은 마음의 평안함이 있다면 '아! 이 수행법이 나에게 이런 도움을 주는구나. 내가 지금 길을 잘 가고 있구나'

하고 확인만 하고서 계속 길을 향해서 나아가야 합니다. 그러면 기쁨과 행복감은 더 깊어지고 마음속의 평온함을 더 깊게 경험하게 됩니다.

수행을 하다가 좋은 경험을 하면 큰스님들로부터 조심하라는 말씀을 듣곤 하지요? 수행이 깊어져 좋은 결과들을 경험할 때 속기 쉽다는 말입니다. 이제까지 한 번도 경험한 적이 없는 좋은 상태를 느끼게 되면 그러한 경험이 마치 깨달음인 양 착각하기 쉽습니다. 이때의 착각은 그러한 경험을 더 얻고자 하는 바람이나 자신이 그런 경험을 얻었다는 잘못된 집착에 기인합니다. 수행에서는 그 어떠한 경험도 내려놓아야 하는 짐이라는 사실을 제대로 이해한다면, 우리는 그 짐을 버리고 점점 자유로워질 수 있습니다. 그처럼 수행에서 얻는 행복이나 즐거움마저 버려야 하는데, 세속에서 경험하는 좋은 느낌은 더 말할 것도 없지요. 세속의 행복이나 즐거움은 우리를 세속에, 이 윤회의 세계에 붙들어 매는 결과만 낳을 뿐입니다.

불교는 선행과 악행을 다 버리라고, 선과 악을 다 초월하라고 가르칩니다. 악행은 그렇다고 치지만 선행마저 버리라니, 이해하기 힘들지요? 착한 일을 하고 수행을 했다 하더라도 자신이 그런 선업을 쌓았다는 사실에 집착하면 안 된다는 말입니다. 하지만 우리 같은 보통 사람으로서는 선을 초월하기도 힘들고, 악을 초월하기란 더더욱 어렵습니다. 자신이 지은 악행에 대한 과보를 받아야 하기 때문이지요. 부처님은 애초에 악행을 완전히 끊고 선행의 완성을 통해서 선악을 극복하신 분입니다. 하지만 우리는 여러 가지 조건으로 아직 번뇌를 극복한 상태가 아니기 때문에 종종 악행을 저지를 때도 있습니다. 따라서 끊임없이 노력해서 점점 악행을 저지르지 않도록 해야 하고, 선행을 하면서도 거기에 집착하지 말고 계속 나아가야 합니다.

하지만 우리는 평상시에도 착한 일을 해놓고 다른 이들이 알아주기를 바랍니다. 선행이나 수행을 하고서도 그것에 집착하지 않기까지는 시간이 필요합니다. 그래서 끊임없이 내려놓는 수행을 함께해야만 행고에 시달리지 않고 진정한 행복과 평온함 위에서 살아갈 수 있습니다. 이처럼 내려놓는 것을 선(禪)에서는 방하착(放下着)이라고 하지요. 씨를 뿌려놓고 열매가 한두 개 열렸다 해서 씨 뿌리는 일을 그만둔다면 우리는 더 이상 열매를 맛볼 수 없을 겁니다. 우리의 선행이나 수행도 그와 같습니다.

자기가 행한 선행마저 버릴 수 있는 마음은 불교에서 말하는 회향으로 직결됩니다. 회향이란 자신의 선행이나 수행으로 얻은 공덕을 다른 존재들에게 돌리는 것입니다. 자애 명상에서 "모든 존재들이 행복하기를, 평화롭기를 바랍니다" 하고 기원하는 것도 같은 맥락에서 이해할 수 있습니다. 이런 회향의 마음은 자기의 수행이나 선행을 더욱 극대화시키고 완성에 더욱 가까이 갈 수 있는 토대를 만듭니다. 내 공덕을 모든 중생들에게 회향한다고 해서 내 공덕이 없어지진 않습니다. 오히려 그 공덕은 더욱 깊어지고 완성되는 방향으로 나아갑니다. 공덕의 회향은 선행의 완성을 의미하지 선행을 포기하는 것이 아닙니다. 궁극적인 선행이란 그 공덕을 모두 회향할 때 생긴다는 것이 바로 부처님의 가르침이며, 부처님이 실천한 바라밀행이라고 할 수 있습니다.

괴로움의 발생에 대한

고귀한 진리, 고집성제

우리는 지금까지 조건으로 형성된 모든 것이 괴로움이라는 사실에 대해 살펴봤습니다. 괴로움이 있다는 사실을 직시했으니 이제부터는 그 괴로움의 원인에 대해 살펴봐야겠지요? 괴로운 현실을 가능하게 한 조건에 대한 인식, 이것이 사성제에서 두 번째 진리인 괴로움의 발생에 대한 고귀한 진리, 즉 고집성제(苦集聖諦)입니다.

1. 갈애, 괴로움의 원인

부처님은 고집성제를 다음처럼 간단히 설명하십니다.

"비구들이여, 무엇이 '괴로움의 발생'의 고귀한 진리인가? 그것은 바로 갈애다. 갈애란 또 다른 생존을 초래하며 쾌락과 탐욕을 동반하는 '감각적 쾌락에 대한 갈애', '존재(有)에 대한 갈애', '비존재(非有)에 대한 갈애'를 말한다."

갈애라는 말은 목 타는 듯한 갈망을 뜻합니다. 우리가 사막을 여행하거나 망망대해에서 표류하고 있다고 상상해봅시다. 목은 타들어 가는데 마실 물은 찾을 수가 없습니다. 이때 물을 찾는 듯한 갈망을 갈애라고 합니다. 부처님은 그와 같은 갈애가 괴로움을 발생시키는 원인이라고 말씀하십니다. 그리고 갈애에는 3가지가 있음도 가르치셨지요.

감각적 쾌락에 대한 갈애

감각적 쾌락에 대한 갈애는 팔리어로 카마 탄하(kāma taṅhā)라고 말합니다. 카마는 감각적인 쾌락 혹은 감각적 욕망을 뜻하고 탄하란 목말라 애타게 찾는 것을 뜻합니다. 다시 말해 감각적 쾌락에 대한 갈애란 우리의 눈과 귀와 코, 혀와 몸이라는 5가지 감관이 어떤 대상에서 즐거움을 얻고자 하는 욕망을 말합니다. 그야말로 감각적 쾌락을 좇는 욕망이지요? 눈으로는 좋은 것을 보려 하고, 귀로는 아름다운 소리를 듣고자 하고, 코로는 좋은 냄새를 맡으려 하고, 혀로는 맛있는 것을 맛보려 하고, 몸으로는 부드럽고 편안한 것을 감촉하고자 하는 욕망입니다.

우리는 기본적으로 욕망의 세계에 태어났기 때문에 감각적 쾌락을 추구합니다. 인간으로 태어나 감각적인 욕망을 극복하기란 정말로 어려운 일입니다. 그런데 카마는 감각적 쾌락 중에서도 성적인 욕망을 뜻합니다. 부처님께서 성적 쾌락을 얻는 정도의 쾌락이 2가지만 있었어도 출가해서 수행할 사람은 아무도 없을 것이라고 말씀하셨을 만큼, 이 성적 욕망은 대단히 강합니다. 그러니 욕계에 태어난 인간들이 감각적 쾌락에 속박되어 있는 것은 어찌 보면 당연한 일이지요. 하지만 감각적 쾌락을 추구하는 갈망이 있는 한 우리에게는 괴로움이 끊이질 않습니다.

감각적 쾌락은 일시적으로 즐겁고 매력적으로 다가옵니다. 하지만 또 다른 함정, 또 다른 고통을 유발하는 원인이 되지요. 그러니 눈으로 좋은 것을 보든, 귀로 좋은 소리를 듣든, 코로 좋은 냄새를 맡든, 혀로 맛난 것을 맛보든, 몸으로 부드러운 것을 감촉하든 스스로를 살펴야만 합니다. 자신이 지금 감각적 쾌락을 느끼고 있는지 없는지를 살펴보아야만 괴로움의 원인에서 벗어날 수 있습니다.

존재에 대한 갈애

존재에 대한 갈애란 지속적이거나 영원한 삶에 대한 갈망을 말합니다. 육체와 상관없이 존속하는 절대적이고 영원한 실체에 대한 믿음이기도 하지요. 또 이것은 우리가 좋은 상태를 경험할 때 그 상태가 계속 이어지기를 바라는 마음과도 연결됩니다. 우리 삶이 굉장히 만족스럽고 행복하고 편안하다면 그 상태를 지속하고 싶겠지요? 손에 넣은 권력을 다시는 내놓고 싶지 않은 욕망도 일종의 존재에 대한 갈애라고 할 수 있습니다.

존재에 대한 갈애는 특히 색계나 무색계에서 생존하려는 욕망으로 드러납니다. 괴로움이 거의 없는 색계와 무색계의 존재가 되어 그 상태를 영원히 지키고자 하는 갈망이 일어납니다. 하지만 이런 갈망이 일어나면 또 다른 생존을 초래하고, 결국은 윤회의 세계에 자신을 붙들어 매는 결과를 불러일으킵니다. 이처럼 존재에 대한 갈애는 우리를 색계와 무색계에 붙들어 매는 2가지 번뇌에 해당합니다. 우리를 색계와 무색계에 붙들어 매는 번뇌에는 모두 5가지가 있습니다. 색계에 대한 욕망, 무색계에 대한 욕망, 아만(我慢 : '나'라는 마음), 들뜸, 어리석음(無明)이 그것입니다. 이 5가지를 일러 오상분결(五上分結)이라고 하지요. 이 가운데 색계에 대한 욕망과 무색계에 대한 욕망이 바로 존재에 대한 갈애에 해당합니다.

그런데 인간은 욕계에 살면서도 색계나 무색계의 선정을 맛볼 수 있습니다. 바로 선정 수행의 힘으로 말이지요. 수행을 통해 그런 경지를 경험하게 되면 그 상태에 계속 머무르고자 갈망하게 됩니다. 불교의 수행 과정은 상당히 여러 단계로 이루어져 있습니다. 색계 선정은 우리가 욕계에서 경험하는 것보다 훨씬 더 큰 행복과 안락을 줍니다. 색계 선정을 한 번 맛본 사람은 욕계에서 얻을 수 있는 욕망의 거칠음과 불안전함과 위험을 보게 되지요. 그래서 색계 선정에 머물려고 합니다. 색계에서도 초선부터 제2선, 제3선, 제4선으로 올라갈수록 더욱더 심리적으로 안정되고 행복해지고 편안해지기 때문에, 각각의 상태에 애착을 느끼고 갈망하는 마음을 일으키게 됩니다. 그런 마음이 바로 존재에 대한 갈애로 이어지는 것이지요.

인간에겐 거친 물질의 세계를 벗어나서 섬세하고 미세한 물질로 이루어진 색계의 선정 상태를 경험할 수 있는 힘이 있습니다. 또 물질의 구애를 전혀 받지 않는 무색계까지 도달할 수 있는 힘이 있습니다. 욕계에 살면서도 늘 색계 선정을 경험한다면 색계의 천신들과 같은 정신적인 차원에서 사는 것이라 볼 수 있습니다. 하지만 문제는 색계 선정을 얻은 후 그 경지에 계속 머물고 싶다는 욕심을 내게 되면 색계라는 윤회의 세계, 고통의 세계에 묶어두는 결과를 초래하게 된다는 것입니다. 아무리 좋은 것이라 하더라도 조건에 의해서 생겨난 것이라면 거기에 머물러서는 안 됩니다.

비존재에 대한 갈애

비존재라는 것은 간단히 말해 죽음입니다. 삶 자체를 부정하고 완전히 사라지기를 바라는 것이지요. 고통스러운 삶을 살아가는 사람의 경우도 그렇겠지만, 특히 지옥이나 아귀의 존재들은 괴로운 상황에서 벗어나기 위해 완전히 죽어버리고 싶은 갈애를 일으킵니다. 이것은 파괴의 욕망이기에 우리 사회를 개인적으로 자살로 이끈다든지 집단적으로는 전쟁이나 파괴라는 상황으로 몰고 가기도 합니다. 앞서 말한 존재에 대한 갈망이 건설이나 번영의 욕망으로 연결된다면, 비존재에 대한 갈망은 파괴와 자살로 연결되는 것이라고 할 수 있겠지요. 하지만 둘 다 지금보다 더 나은 상태를 바라는 갈망임엔 분명합니다.

비존재에 대한 갈애는 죽으면 모든 게 끝이라는 단견, 즉 허무주의와 연관된 것일 수 있습니다. 또 지금 당장 너무 괴로우니까 그만 괴롭고 싶다는 회피이기도 합니다. 문제는 이러한 욕망만 가지고서는 근본적으로 괴로움을 없앨 수 없다는 사실입니다. 많은 사람들이 어려운 현실을 탓하며 자살까지 생각하지만, 자기 생명을 끊는 행위를 통해서는 근본적으로 문제를 해결할 수 없습니다. 이 사실을 잘 이해하지 못하기 때문에 우리는 극단적인 행위마저 서슴지 않는 것입니다.

2. 감관과 대상이 만났을 때

감각적 쾌락에 대한 갈애나 존재에 대한 갈애, 비존재에 대한 갈애의 목표는 행복입니다. 우리 주위에는 감각적인 쾌락을 누리는 것이 가장 큰 행복이라고 생각하는 사람들이 많습니다. 부처님 당시에는 심지어 감각적 쾌락을 느끼는 것이야말로 진정한 열반이라고 주장한 사람들도 있었습니다. 한편 선정의 상태가 진정한 열반이라고 주장하는 사람도 있었고, 괴로움을 빨리 끝내버리는 것이야말로 행복이라고 생각한 사람도 있었습니다. 하지만 부처님께서는 이런 생각들이 모두 괴로움을 발생시키는 원인이라고 말씀하십니다. 행복을 추구하는 마음이 잘못된 방향으로 진행될 때 괴로움은 발생한다는 것이지요. 참으로 역설적이지 않습니까? 모든 사람들이 행복을 추구하면서도 방향을 잘못 설정한 탓에 행복과는 정반대인 괴로움을 초래하니 말입니다. 이처럼 고집성제, 즉 괴로움의 발생에 대한 진리란 결국 잘못된 견해, 잘못된 이해로 말미암아 엉뚱한 곳에서 행복을 찾아 헤매고 있는 우리네 실상을 설명하는 가르침이라 할 수 있습니다.

다시 말해 괴로움의 직접적인 원인은 갈애에 있지만 갈애의 뿌리에는 어리석음, 즉 무명이 있습니다. 십이연기에서 확인할 수 있듯이 괴로움의 근원에는 사성제에 대한 무명이 있으며 이 어리석음은 다시 3가지 번뇌와 상호 조건적으로 관계를 맺고 있음을 알 수 있습니다. 맛지마 니카야는 "번뇌(漏)가 생기므로 무명(無明)이 생기고 번뇌가 소멸하므로 무명이 소멸한다. 무명이 생기므로 번뇌가 생기고 무명이 소멸하므로 번뇌가 소멸한다"고 말합니다. 3가지 번뇌란 앞에서도 말했듯이 감각적 욕망의 번뇌(欲漏), 존재의 번뇌(有漏), 어리석음의 번뇌(無明漏)를 말합니다. 감각적 욕망을 추구하는 것도 번뇌이고, 존재의 더 나은 생존을 추구하는 것도 번뇌입니다. 그런데 어리석음의 번뇌는 또 다른 어리석음의 원인이 된다는 말입니다.

어찌 보면 번뇌는 정서적·감정적인 측면이라고 할 수 있고 무명은 지적인 면이라고 할 수 있습니다. 2가지 정서적인 번뇌와 지적인 번뇌가 상호 조건적으로 서로 연결되어 있으며, 어리석음이 있다면 계속 어리석을 수밖에 없다는 가르침이기도 합니다. 지금 이 순간의 어리석음이 다음 순간 어리석음의 조건이 된다는 것입니다. 따라서 굉장한 노력을 기울이지 않고서는 그 어리석음의 흐름을 단절시키기 어려움을 알 수 있습니다. 이렇듯 무명은 모든 괴로움의 근본 원인이 아니라, 번뇌와 욕망과 또 다른 어리석음이 조건이 되어서 생겨납니다. 불교는 최초의 원인을 세우지 않습니다. 십이연기의 첫 번째 원인인 무명조차 또 다른 번뇌로 얽혀 있음을 설명하고 있지요.

부처님은 즐길 만한 대상이 있는 곳에서는 언제나 갈애가 생겨나고 그곳에 머무른다고 말씀하셨습니다. 눈으로 어떤 대상을 볼 때, 귀로 소리를 들을 때, 코로 냄새를 맡을 때, 혀로 맛을 볼 때, 몸으로 감촉을 느낄 때, 마음으로 그 대상을 생각할 때, 그 대상이 매력적이라고 생각하거나 즐길 만한 대상이라고 생각하는 바로 그 순간에 갈애가 생겨나고 그곳에서 머무른다는 뜻입니다. 이처럼 갈애란 멀리 있지 않습니다. 이는 곧 괴로움의 원인이 바로 우리 안에 있다는 뜻이기도 합니다.

눈, 귀, 코, 혀, 몸, 마음의 6가지는 내적인 감각 기관이고 형태나 빛깔, 소리, 냄새, 맛, 감촉, 마음이 생각하는 대상이라는 6가지는 우리 외부에 있는 감각 대상입니다. 부처님은 이 육근과 육경을 십이처(十二處)라고 부르시며 세상에 존재하는 모든 것이라고 말씀하셨습니다. 우리가 눈으로 보는 것, 귀로 듣는 것, 코로 냄새 맡는 것, 혀로 맛보는 것, 몸으로 감촉하는 것, 마음으로 생각하는 것을 떠나서는 그 어떤 세계도 존재하지 않습니다. 바로 이 6가지 감각 기관이 6가지 감각 대상, 감각 영역을 만나는 순간 갈애가 생겨납니다.

그러니 '내가 이토록 괴로운 원인이 무엇이지?', '도대체 뭐가 문제야?' 하고 찾지 마십시오. 눈으로 대상을 볼 때 바로 그 눈에서 대상에 대한 갈망이 일어나고, 귀로 소리를 들을 때 바로 그 귀에서 소리에 대한 갈망이 일어납니다. 마찬가지로 마음에서 떠오른 생각에 대한 갈망이 일어납니다. 이 모두가 우리 안에서 일어나는 일입니다. 얼마나 다행입니까? 내가 아닌 다른 사람 때문에 괴롭다면 그 사람을 바꿔야 괴로움이 없어지겠지만, 자기 안에 괴로움의 원인이 있다면 내 노력에 의해서 괴로움을 없앨 수 있으니 말입니다.

괴로움의 소멸은 괴로움의 원인이 있는 자리에서 가능합니다. 괴로움의 원인이 있는 바로 그곳에는 괴로움이 소멸될 조건이 갖춰져 있는 것입니다. 이처럼 인생의 근본적인 문제인 괴로움을 발생시키는 것과 괴로움을 소멸하는 것은 같은 자리에서 일어납니다. 대승불교에서 흔히 '번뇌 즉 보리'라는 말을 하지 않습니까? 번뇌가 일어나는 바로 그 자리가 깨달음을 이루는 자리라고 해석할 수도 있겠지요.

우리의 감각 기관인 육근과 감각 대상인 육경을 설명하는 십이처설은 부처님의 가르침에서 아주 중요한 것 가운데 하나입니다. 이 십이처설의 가장 중요한 메시지는 바로 갈망이 일어나는 그 자리가 갈망이 소멸되는 자리라는 것이기도 합니다. 자기가 무엇을 바라보고 무엇을 얻으려 하며 어디로 향해 있는가를 살펴보면 결국은 십이처를 벗어나 있지 않다는 사실을 알 수 있습니다.

앞서 고성제를 살펴볼 때는 오온에 대한 집착이 괴로움이라고 설명했지요? 지금 살펴보고 있는 고집성제에서는 우리의 감각 기관과 감각 대상을 바탕으로 일어나는 심리적 현상들이 괴로움의 원인이라는 사실을 알게 되었습니다. 이처럼 고성제와 고집성제를 연결해서 보면 오온이나 십이처를 이해하기가 훨씬 쉬워집니다. 그리고 우리 삶 속에서 괴로움 및 괴로움의 원인을 이해하기 위한 교리로 오온과 십이처가 제시되었다는 사실을 분명히 확인할 수 있습니다.

겉보다는 내면의 아름다움을 추구해야

요즘 많은 젊은 여성들이 성형수술을 한다는 말을 들은 적이 있습니다. 마치 화장하는 것처럼 쉽게 성형을 생각한다는 말에 격세지감까지 느껴지더군요. 그처럼 자기의 신체기관을 더 아름답게 보이기 위해 성형수술을 하는 것도 갈애의 한 형태라고 할 수 있습니다. 하지만 남에게 잘 보여서 느끼는 행복이란 결국 남이 가져다주는 것에 지나지 않습니다. 그래서 그런 행복은 언제든지 변할 수 있습니다. 또 겉을 아름답게 고쳐서 얻은 행복은 겉이 변할 때 사라지고 맙니다. 반면 바른 방향으로 열심히 노력해서 내적으로 쌓아올린 행복은 그 어떤 것에 의해서도 무너지지 않습니다. 그러니 언제든 쉽사리 바뀔 수 있는 외모에 신경을 쓰는 것보단 내면의 아름다움을 가꾸는 데 노력하는 편이 낫지 않을까요?

3. 마음이 흐르는 길에 갈애가 있어

괴로움의 원인인 갈애에 대해 좀 더 알아볼까요? 앞에서, 갈애란 6가지 감각 기관과 6가지 감각 대상이 만나 발생하는 것임을 살펴보았습니다. 이때 갈애는 바로 우리 의식, 즉 식(識)에서 발생합니다. 안식, 이식, 비식, 설식, 신식, 의식의 6가지 의식에서 갈애가 생겨납니다. 예컨대 우리는 눈으로 어떤 대상을 보았을 때 그 대상을 알게 되지요. 그 앎, 즉 의식에서 갈애가 생겨난다는 뜻입니다.

의식이란 어떤 것을 보았을 때 그것이 그것인 줄 그대로 아는 것을 말합니다. 눈으로 아름다운 꽃을 보았을 때 그것이 꽃인 줄 아는 것이 바로 의식입니다. 이런 의식이 생겨날 때 바로 그 의식에서 갈애가 발생합니다. 이는 곧 우리가 뭔가를 알았다고 하는 것이 우리를 속박할 수 있음을 뜻합니다. 지혜에 의해서 안 것이 아니기 때문이지요. 식은 대부분 감각 기관과 연결되어 있기 때문에 감각적인 욕망이나 쾌락을 추구하는 갈애가 일어나는 것은 당연합니다.

이렇듯 감각 기관과 감각 대상과 의식이 만나는 것, 다시 말해 감각 기관과 감각 대상과 의식의 3가지가 만나는 것을 촉(觸), 즉 접촉이라고 합니다. 예를 들어 눈으로 대상을 보아 의식이 생겼을 때, 그 사건을 일러 접촉이라고 합니다. 다른 것들과 마찬가지로 이 촉에도 안촉, 이촉, 비촉, 설촉, 신촉, 의촉의 6가지가 있겠지요? 이렇듯 접촉이 생겼을 때는 그 접촉에 대해서 갈망을 일으킬 수 있습니다. 우리는 접촉을 거의 피할 수 없지요. 우리의 눈이나 귀 등 감각 기관은 항상 열려 있기에 대상을 접촉하면서 살아갈 수밖에 없습니다.

그리고 우리의 감관이 어떤 대상을 의식해 접촉을 일으키면 곧바로 느낌(受)이 일어납니다. 앞서 살펴보았듯이 그 느낌에는 괴로운 느낌, 즐거운 느낌, 괴롭지도 즐겁지도 않은 3가지가 있지요. 이 3가지 느낌에서도 갈애가 일어납니다. 이처럼 감각 기관이 감각 대상을 만나 의식이 일어나면서 접촉으로 이어지고 접촉에 느낌이 발생하는 것은 우리의 정신적 활동의 패턴이라고 볼 수 있습니다. 그리고 갈애는 이러한 각각의 단계에서 일어날 수 있습니다.

느낌이 일어나면 그 다음에는 지각 작용 혹은 관념화 작용인 상(想)이 일어납니다. 표상 작용이라고도 하지요. 예를 들어 상이란 어떤 대상을 보고 '저것은 꽃이다', '저것은 빨갛다' 하고 아는 것을 말합니다. 혹은 어떤 소리를 듣고는 '저 소리는 사자 소리다' 등으로 아는 것 역시 관념화 작용입니다. 예를 들어 사자라는 것을 본 적도 들은 적도 없는 사람이 사자 소리를 들으면 어떻겠습니까? 그 소리는 알아들을 수 있지만 무엇이 내는 소리인지는 알 수 없습니다. 다시 말해 과거에 습득한 사자에 대한 지식이나 기억이 없다면 사자 소리를 들어도 그 소리를 사자와 연결하는 관념화 작용이 일어나지 않는다는 뜻입니다. 그처럼 상이란 과거에 있었던 자기의 앎과 기억 혹은 선입견이 지금 경험하는 접촉이나 느낌에 대해 일으키는 지각이나 표상, 관념을 말합니다. 이런 지각 작용, 관념 작용, 표상 작용이 일어날 때도 바로 그곳에서 갈애가 일어납니다.

관념이나 지각 혹은 표상 작용이 일어나면 우리 마음속에서는 의지 작용(思, cetana)이 일어납니다. 이때 의지 작용은 표상 작용이 일어난 후에 생길 수도 있고 동시에 생길 수도 있습니다. 눈으로 보이는 대상을 더 보려고 하거나 보지 않으려 하거나 혹은 귀로 들리는 소리를 더 들으려 하거나 듣지 않으려고 하는 등 마음속에서는 의지 작용들이 일어나지요. 따라서 의지 작용에도 6가지가 있게 됩니다. 이러한 의지 작용이 일어난 후에 갈애가 발생합니다. 이처럼 갈애는 느낌이 생긴 후에, 느낌 다음에 일어나는 지각과 의지에서도 일어납니다. 느낌과 지각과 의지 작용의 3가지는 순차적으로 일어나기도 하고 동시에 일어나기도 합니다. 이것이 동시에 일어날 때 우리는 느낌에서 갈애가 펼쳐지는 구조를 알 수 있습니다. 결국 우리가 갈애를 경험할 때 그 갈애에서 또 다른 갈애를 일으킵니다. 목말라하면서 더욱 목마름을 느끼는 것과 같은 이치이지요.

갈애가 일어나면 그 갈애의 대상에 대해서 자꾸 마음을 일으키게 됩니다. '어떻게 하면 돈을 더 벌 수 있을까', '어떻게 하면 오늘 또 맛있는 것을 먹을 수 있을까' 하면서 계속 마음을 일으키지요. 이것을 거친 사색 또는 일으킨 생각(尋, vitakka)이라고 하는데, 거친 사색 작용에도 6가지가 있습니다. 거친 사색 후에는 미세한 사색 또는 지속적인 고찰(伺, vicara)이 일어납니다. 거친 사색이 갈망의 대상에 끊임없이 마음을 일으키는 것이라면, 그 대상에 마음이 계속 머물러 있는 것을 미세한 사색이라고 합니다. 뭔가 욕망이 일어났다면 욕망의 대상이 있겠지요. 아름다운 여인일 수도 있고 멋진 남자일 수도 있습니다. 그러면 계속 그 여자나 남자에 대해 생각하는 마음을 일으키게 됩니다. 이것이 거친 사색입니다. 또 여자나 남자에 대한 생각이 머릿속에 고정되어 그 사람 생각이 떠나지 않는 것이 미세한 사색입니다. 머릿속에서 그 사람 생각이 계속 빙빙 도는 겁니다.

다른 예를 들어볼까요? 벌이 꽃을 향해 날아가는 장면을 떠올려봅시다. 꽃이라는 목적지를 향해서 벌이 윙하고 날아갑니다. 꽃에 자기 몸을 부딪치면서 자꾸 접근해 들어가지요. 이것이 바로 거친 사색입니다. 다시 벌은 꽃 안에 있는 꿀을 빨기 위해서 그 주위를 빙빙 돌아다닙니다. 이것은 미세한 사색에 해당합니다. 이번에는 우리가 꽃병을 닦을 때를 생각해봅시다. 꽃병을 닦기 위해선 손으로 꽃병을 잡아야겠지요? 이때 꽃병을 잡는 행위는 거친 사색에 해당합니다. 그리고 나서 꽃병을 깨끗이 닦는 행위는 미세한 사색이라고 볼 수 있지요.

이처럼 대상을 향하는 생각인 거친 사색과 그 대상에 머무는 생각인 미세한 사색이 일어날 때 그곳에서 또 갈애가 일어납니다. 그러니까 갈애는 우리 의식이 흘러가는 곳, 우리 마음이 전개되는 곳 어디에서나 일어난다는 것을 알 수 있습니다. 이는 곧 끊임없이 전개되는 우리의 심리활동 어디에서나 붙잡고 갈망하고 더 얻으려는 함정에 빠질 수 있다는 뜻입니다.

하지만 거친 사색이나 미세한 사색은 좋은 방향으로 전개될 수도 있습니다. 갈애의 대상이 아닌 선정 수행을 대상으로 할 때가 그렇지요. 선정 수행을 향해 끊임없이 마음을 일으키고(거친 사색) 선정 수행의 대상에 마음이 머물러 그 주위를 맴돈다면(미세한 사색) 그 마음은 긍정적으로 작용합니다. 특히 첫 번째 색계 선정인 초선에 들어갈 때는 반드시 필요한 심리적인 요소이기도 하지요.

이처럼 감각 기관과 감각 대상, 그리고 의식 작용의 접촉에서 느낌과 지각과 의지가 일어나고, 향하는 생각(일으킨 생각)과 머무는 생각(지속적 고찰)이 생겨납니다. 이 모든 단계에서 그것이 즐길 만한 대상 또는 매력적인 대상이라고 여긴다면 바로 그 자리에서 갈애가 생겨나고 거기에 머무는 것이지요. 괴로움의 원인인 갈애는 바로 이와 같이 우리의 감각 기관과 감각 대상 그리고 그 뒤에 끊임없이 전개되는 마음의 작용들과 분리되어 있지 않다는 사실을 명심해야 합니다. 그리고 우리의 눈이 무엇을 볼 때, 귀로 소리를 들을 때, 코로 냄새를 맡을 때, 혀로 맛을 볼 때, 몸으로 감촉을 느낄 때, 마음속에서 끊임없는 현상들이 일어날 때, 그리고 그 모든 것들이 사라질 때 우리가 어떻게 반응하는지 있는 그대로 보아야 합니다. 그러지 못한다면 갈애에 파묻혀버리고 맙니다.

갈애의 직접적인 원인은 무엇보다 느낌입니다. 그러니 느낌을 있는 그대로 알아차리지 못하면 그 느낌을 더 붙잡으려 하거나 없애려고 하는 갈애가 일어납니다. 그런데 갈애를 발생시키는 이 느낌이란 것은 어느 순간 어느 곳에서도 일어날 수 있습니다. 특히 우리의 감각 기관이 활동하고 있을 때, 감각 대상을 파악하고 있을 때는 항상 일어날 준비가 되어 있지요. 이렇게 이해하면 괴로움의 원인이 바로 우리의 몸과 마음에서 일어난다는 사실을 파악할 수 있습니다.

4. 탐하는 마음, 싫어하는 마음, 어리석은 마음

부처님께서는 이렇게 말씀하셨습니다.

"비구들이여, 눈으로 대상을 볼 때 그 대상이 즐거운 대상이면 그 대상에 집착하고 즐겁지 않은 대상이면 싫어한다."

여기서 즐거운 대상이란 매력적인 대상을 뜻합니다. 우리가 매력적인 대상을 보았을 때는 집착하고 그렇지 않은 대상을 보았을 땐 싫어한다는 말씀이지요. 어떤 대상을 눈으로 볼 때뿐 아니라 귀로 소리를 들을 때, 코로 냄새를 맡을 때, 혀로 맛을 볼 때, 몸으로 감촉을 할 때, 마음으로 마음속의 현상들을 생각할 때도 마찬가지 일이 일어납니다. 이때 매력적인 대상에 집착하는 것은 탐심이고, 싫어하는 것은 진심을 뜻합니다. 일상적으로 우리는 눈, 귀, 코, 혀, 몸, 마음으로 대상들을 경험하면서 매력적인 대상에는 집착하고 매력적이지 않은 대상에는 싫어하는 마음을 냅니다. 그러다가 어느 순간에는 탐심도 없고 진심도 없는 밋밋한 상태, 즉 어리석은 마음을 일으키지요. 이처럼 탐심과 진심과 치심이 부화뇌동하면서 흘러가는 것이 우리네 인생이라고 할 수 있습니다.

부처님께서는 이렇게도 말씀하셨습니다.

"끊임없이 불타고 있는 세상에서 그대는 어둠에 둘러싸여 있는데도 등불을 찾지 않는구나."

불타는 세상이라는 말은 우리가 자주 듣는 말입니다. 불교에서는 삼계화택(三界火宅)이라며, 삼계의 세계가 불타는 집과 같다는 말을 씁니다. 부처님은 우루벨라에서 카샤파 삼형제와 그들의 제자 1,000명을 교화하시며 이 불에 대한 가르침을 처음으로 펴셨습니다. 카샤파 삼형제는 원래 불을 섬기는 바라문이었다고 말씀드렸지요? 부처님은 그들에게 "세상은 불을 섬기는 사람들에게 불타고 있다"는 비유를 들어가며, 불이 섬겨야 할 대상이 아니라 꺼야 할 대상임을 가르치셨습니다. 눈이 대상을 보면서 불타고 있고, 귀가 소리를 들으면서 불타고 있고, 코가 냄새를 맡으면서 불타고 있고, 혀가 맛을 보면서 불타고 있고, 몸이 감촉을 느끼면서 불타고 있고, 마음이 여러 가지 현상들을 떠올리며 불타고 있으니, 바로 이 불을 꺼야 한다고 가르치셨습니다.

이 불은 우리의 감각 기관이 감각 대상과 만나면서 일어납니다. 그래서 우리는 탐욕의 불, 성냄의 불, 어리석음의 불에 의해서 타오르게 됩니다. 부처님은 그처럼 탐욕과 성냄과 어리석음이라는 3가지 근본적인 번뇌로 타오르는 이 세상에서 웃고 즐길 만한 것이란 없음을 말씀하십니다.

또한 활활 타오르는 불 속에서는 길이 보이지 않습니다. 빠져나갈 구멍이 어딘지 찾을 수 없습니다. 눈앞에 큰불이 났을 때 우리는 당황하게 되고 그 불에 휩싸여서는 어쩔 줄 몰라 합니다. 그것이 바로 무지의 어둠입니다. 그래서 부처님께서는 "탐진치 가운데 어리석음의 어둠에 둘러싸여 있는데 어찌하여 지혜의 등불을 찾지 않는가?"라고 말씀하십니다.

우리가 탐심과 진심과 치심에 둘러싸인 이유는 몸에 대한 마음챙김이 없기 때문입니다. 몸에 대한 마음챙김, 걷고 서고 앉고 누울 때의 동작에 대한 마음챙김, 세부적인 동작에 대한 마음챙김이 없기 때문입니다. 사대를 통해 몸을 분석하여 알아차리지 못하고, 부정관 수행을 통해 우리 몸이 얼마나 무상하고 괴로운 것인지 알아차리지 못하기 때문입니다. 경전의 주석문헌은 그중에서도 특히 우리 몸에 대해 싫어하는 마음을 일으키는 수행을 제대로 하지 않기 때문이라고 설명합니다. 몸의 32가지 구성요소를 관찰하지 않으면 몸에 대한 집착이 일어날 수밖에 없습니다.

하지만 몸에 대해 마음챙김을 하면 불쾌감을 제어하게 되어 불쾌감에 정복당하지 않게 됩니다. 불쾌감이 생겨날 때 즉각 알아차림으로써 불쾌감을 극복할 수 있습니다. 집착하는 마음이 생길 때도 그 마음을 바로 알아차리기 때문에 집착하는 마음이 사라집니다. 이렇듯 마음챙김을 지니면 감각 기관이 매력적인 감각 대상을 만날지라도 집착하지 않을 수 있고, 매력적이지 않은 대상에 대해서도 싫어하는 마음을 내지 않을 수 있습니다. 자기의 신체를 구성하는 요소들 및 그 신체에서 일어나는 현상들을 있는 그대로 보게 되면 탐심과 진심을 극복할 수 있는 이익을 얻게 됩니다. 이는 곧 자기 몸을 있는 그대로 알아차리지 못하면 결국 탐욕과 성냄, 분노에 휩싸여 살 수밖에 없다는 뜻입니다. 그처럼 번뇌에 물든 사람의 마음속엔 악하고 좋지 못한 현상들이 계속 일어나게 됩니다. 그래서 이런 악하고 좋지 못한 현상들이 남김없이 사라져버리는 마음의 해탈과 지혜의 해탈을 있는 그대로 알지 못합니다.

여기서 마음의 해탈(心解脫)이란 '마음에 의한 해탈'이라고도 풀이할 수 있고 '마음의 해탈'이라고도 해석할 수 있습니다. 우선 마음에 의한 해탈이라고 보았을 때, 그 마음은 선정을 닦은 마음 또는 선정 상태에 있는 마음을 뜻합니다. 색계사선이나 무색계사선과 같은 선정을 닦아서 집중되어 있는 마음에 의해 일시적으로 번뇌로부터 해탈한 것이 마음에 의한 해탈이지요. 한마디로 말하자면 선정에 의한 해탈이라고도 할 수 있습니다. 그렇다면 마음의 해탈이란 무슨 뜻일까요? 말 그대로 마음이 해탈한 상태를 뜻합니다. 우린 보통 부처님께서 완전한 깨달음을 얻으셨을 때 흔들리지 않는 마음의 해탈(不動心解脫)을 얻으셨다고 표현합니다. 이때 마음의 해탈이란 마음이 해탈한 상태에 있음을 뜻합니다. 그것도 동요되지 않는, 더 이상 흐트러지지 않는, 깨지지 않는 해탈을 얻었다고 말할 때 부동의 심해탈이라고 하지요. 그 다음 지혜의 해탈(慧解脫)이란 지혜에 의한 해탈을 뜻합니다. 궁극적인 해탈은 바로 이 지혜에 의해서 일어납니다. 지혜에 의한 해탈만이 우리의 번뇌를 완전히 끊어버릴 수 있습니다. 반면 선정에 의한 심해탈은 번뇌를 일시적으로 눌러놓을 순 있습니다. 번뇌의 활동을 무력화해서 번뇌가 활동할 수 없도록 하는 일은 가능하지만 그 번뇌가 완전히 끊어지지는 않습니다.

이처럼 심해탈과 혜해탈은 마음에 의한 해탈(또는 선정에 의한 해탈)과 지혜에 의한 해탈이라고 이해할 수도 있고, 마음의 해탈과 지혜에 의한 해탈이라고 볼 수도 있습니다. 그리고 마음의 해탈이 선정의 해탈을 가리킬 때는 아직 완성된 것이 아니라 선정의 힘에 의해서 일시적으로 마음이 자유로워진 상태를 의미합니다. 진정한 해탈은 지혜에 의해서 번뇌를 완전히 끊어버렸을 때 일어나는 것이라고 할 수 있습니다. 그래서 부처님은 탐심과 진심에 휘말려서 악하고 좋지 않은 법들이 계속 일어날 때는 결국 심해탈과 혜해탈을 알지 못한다고 말씀하셨습니다. 이는 곧 우리의 감각 기관이 감각 대상을 접하면서 갈애가 발생한다면 결국 마음이 자유롭지 못하고 지혜의 해탈도 불가능하다는 말씀입니다.

이처럼 우리는 대상에 집착하는 마음이나 싫어하는 마음을 내면서 거기에 집착합니다. 그리고 이 집착이 조건이 되어 존재 양식이 생겨나지요. 이때 존재 양식이란 앞서 살펴보았듯이 욕계, 색계, 무색계의 3가지 존재 양식을 말합니다. 집착을 조건으로 존재의 근본적인 가능태가 발생하고, 이 존재 양식으로 인해 새로운 태어남이 생겨나게 되며, 이 태어남을 의존해서 늙음, 죽음, 슬픔, 비탄, 고통, 비애, 절망 등의 온갖 괴로움의 무더기가 생겨나게 되지요. 그러니까 감각 기관으로 감각 대상을 접촉하며 탐욕과 분노를 일으키는 순간, 바로 이와 같은 과정이 전개되어 온갖 괴로움의 덩어리가 생겨난다는 뜻입니다.

탐욕과 성냄과 어리석음, 즉 탐진치는 불교에서 말하는 3가지 근본적인 번뇌입니다. 그런데 이 3가지 번뇌 가운데 어리석음은 잘 드러나지 않습니다. 어리석음은 탐욕과 성냄의 바탕에 있기 때문입니다. 어리석음은 감춰져 있는 상태에서 탐욕과 성냄이 일어나는 근거를 제공합니다. 우리가 어리석기 때문에 결국은 탐욕을 일으키고 성을 낸다고 이해하면 되겠지요. 이러한 번뇌를 극복하기 위해서는 몸에 대한 마음챙김을 해야 합니다. 우리의 몸을 있는 그대로 알아차리는 마음챙김을 닦음으로써, 우리 마음속의 악하고 좋지 않은 모든 현상들이 완전히 없어져버리는 심해탈과 혜해탈을 이룰 수 있습니다.

5. 감각적 욕망에 휘둘린 결과

부처님께서는 좀 더 구체적으로 갈애가 괴로움을 발생시키는 현상에 대해 말씀하십니다.

"정말로 감각적인 욕망 때문에, 감각적인 욕망에 의존되어, 감각적인 욕망에 강요되어, 감각적인 욕망에 완전히 동요되어 왕들은 왕들과 싸우고 왕자들은 왕자들과, 바라문들은 바라문들과, 부자들은 부자들과 싸운다. 아들은 어머니와 다투고, 어머니는 아들과 다투며, 아버지는 아들과 다투고, 아들은 아버지와 다툰다. 형제는 형제와 다투며, 형제와 자매끼리도 다투고, 자매도 형제와 다투며, 친구와 친구끼리도 다툰다. 이러한 불화와 말다툼과 싸움에 빠지게 되면 결국은 상대방을 주먹이나 몽둥이나 무기로 쓰러뜨린다. 결국 그들은 죽음이나 치명적인 상처를 입어 괴로워하게 된다.

더 나아가 감각적인 욕망 때문에, 감각적인 욕망에 의존되어, 감각적인 욕망에 강요되어, 감각적인 욕망에 완전히 동요되어 사람들은 집을 부수고, 도둑질을 하며, 강탈하고, 모든 집들을 약탈하며, 노상에서 강도질을 하고, 남의 부녀자를 범한다. 그러면 왕은 그런 자들을 잡아다 여러 가지 형벌을 내려 고통을 준다. 형벌을 받다가 죽기도 하고 죽을병에 걸리기도 하며 이와 같이 갖가지 고통을 받게 된다.

바로 이것이 감각적인 욕망 때문에, 감각적인 욕망에 의존되어, 감각적인 욕망에 강요되어, 감각적인 욕망에 완전히 동요되어 저지른 행위 때문에 바로 이 삶에서 받게 되는 고통의 무더기이며 감각적 욕망의 재앙인 것이다."

감각적 욕망이 마음에서 일어났다 사라지면 별로 문제되지 않습니다. 하지만 우리는 그러한 감각적 욕망에 휘둘려서 마음의 주인자리를 내줍니다. 그리고 그 욕망이 시키는 대로 몸과 입으로 행동하게 됩니다. 앞의 부처님 말씀도 몸과 입으로 짓는 나쁜 행위가 결국엔 괴로움을 초래한다는 것이지요. 감각적 욕망이 마음으로 짓는 악행이라고 한다면, 사람들은 그로 인해 입으로 다투고 몸으로는 상대방에게 해를 끼치면서 자기의 감각적 욕망을 충족하려 합니다. 그러한 행위들은 결국 자기에게 크나큰 괴로움으로 되돌아오기 마련입니다.

갈애가 일어나면 강한 집착이 생겨납니다. 집착과 비교하자면 갈애가 일어났을 때의 마음상태는 그나마 다스릴 수 있는 여지가 조금은 있는 편입니다. 하지만 그 갈애, 감각적인 욕망을 충족하기 위해 집착을 일으킬 때 문제가 발생합니다. 부처님은 우리가 갈애에 완전히 동요되었을 때, 감각적 욕망에 완전히 마음이 휩쓸려버렸을 때의 상황을 말씀하고 계십니다. 갈애가 일어난 뒤에 강한 집착에 의해서 악행을 저지르는 경우를 설명하신 겁니다.

어떤 대상에 좋아하고 갈망하는 마음이 생기면 그 대상을 강하게 붙잡으려는 마음이 일어납니다. 감각적 욕망이나 갈애는 한자로 '애(愛)'라고 합니다. 또 강한 집착에는 '취(取)' 자를 쓰지요. 무명으로 시작해서 죽음으로 끝나는 십이연기를 보면 그 중간에 애와 취가 있지 않습니까? 이런 갈애와 집착의 관계는 뱀과 개구리의 비유를 통해 좀 더 쉽게 이해할 수 있습니다. 굶주린 뱀이 개구리를 보고는 먹고 싶은 욕망을 일으킬 때, 그 욕망이 바로 갈애입니다. 그리고 개구리를 붙잡아서는 막 삼키려는 상태를 집착이라고 볼 수 있습니다. 그 후로는 개구리를 삼키는 등 여러 가지 행위들이 연결되겠지요. 이처럼 우리도 감각적 욕망에 휘둘려 온갖 악행을 저지르게 됩니다. 살생이나 도둑질 아니면 잘못된 음행 같은 짓을 저지르게 되지요. 이들은 모두 몸으로 짓는 거친 악행에 해당합니다.

이런 악행을 저지르면 어떻게 될까요? 물론 우리 사회에서는 사회적인 규범과 법률을 깬 범죄에 해당하므로 그에 상응하는 제재 및 처벌을 받겠지요. 부처님께서는 현재의 감각적 욕망으로 인해 받게 되는 미래의 과보에 대해 이렇게 설명하십니다.

"비구들이여, 더 나아가 사람들은 몸으로 악행을 저지르고 입으로 악행을 저지르며 마음으로 악행을 저지르게 된다. 이처럼 몸과 입과 마음으로 악행을 지음으로 해서 몸이 무너져 죽은 후에 나쁜 곳으로 떨어져 고통을 받게 되며 불행한 운명에 빠지게 된다. 하지만 이 모든 것은 감각적인 욕망 때문에, 감각적인 욕망에 의존되어, 감각적인 욕망에 강요되어, 감각적인 욕망에 완전히 동요되어 저지른 행위이기 때문에 다음 생인 미래에 받게 되는 고통의 무더기이며 감각적 욕망의 재앙인 것이다.”

이 말씀은 맛지마 니카야의 13번째 경전인 〈괴로움의 무더기의 큰 경(苦蘊大經)〉에 나옵니다. 여기서 부처님은 우리가 받는 여러 가지 괴로움이 감각적 욕망 때문에 발생한다고 말씀하십니다. 물론 우리로서는 내생이 있는지 없는지 직접 확인할 수가 없습니다. 하지만 내생이 없다고 생각하면 허무주의나 단멸론에 빠지게 되고, 변하지 않는 무언가가 내생에도 계속 이어진다고 생각하면 영원주의나 상주론에 빠지는 오류를 범하게 되지요. 불교는 그러한 단견과 상견의 양극단을 부정하고, 원인이 있으면 내생이 이어진다고 말합니다. 하지만 현생에서의 몸과 마음의 현상이 변하지 않고 이어지는 것이 아니라, 현재의 행위가 조건이 되어 내생의 결과로 나타난다고 가르치지요. 우리가 앞서 살펴본 용어를 빌자면 무상함과 무아의 입장에서 윤회를 설명하는 것입니다.

부처님께서 말씀하시는 나쁜 곳, 즉 악처(惡處)란 지옥, 아귀, 축생의 세계를 말합니다. 이런 곳에 떨어지면 즐거움보다 괴로움을 훨씬 많이 겪게 되겠지요? 특히 지옥의 세계에서 감수해야 하는 고통은 말로 설명할 수조차 없습니다. 기독교에서는 하느님을 믿지 않으면 지옥에 간다고 하지만, 불교의 입장은 다릅니다. 지옥에 갈 만한 행위를 했으면 지옥에 가고 지옥에 가는 행위를 안 했으면 지옥에 가지 않습니다. 단순하면서도 합리적인 이치 아닙니까? 어떠한 중생이라도 감각적 욕망에 휘둘려 악행을 하게 되면 그처럼 나쁜 곳에 태어난다는 겁니다. 악행 중에서도 마음으로 짓는 악행(意惡業)보다는 입으로 짓는 악행(口惡業)이, 입으로 짓는 악행보다는 몸으로 짓는 악행(身惡業)이 더 나쁜 결과를 초래합니다.

물론 나쁜 짓을 저지르고도 잘사는 사람들이 있습니다. 하지만 그 과보를 언젠가는 받게 됩니다. 실제로 악행의 결과가 나타나기까지는 시간이 걸릴 수도 있기 때문이지요. 그 결과가 바로 이 생에서 나타날 수도 있고 다음 생에서 나타날 수도 있습니다. 아니면 아주 많은 생을 지나 나타날 수도 있지요. 따라서 악행을 저지른 사람들이 그 악행에서 자유로워지는 때는 악행의 과보를 받고 나서임을 명심해야 합니다. 하지만 문제는 악행의 과보를 받으면서 또 악행을 저지른다는 점입니다.

우리는 가끔 나쁜 짓을 해놓고 아무도 본 사람이 없으니 괜찮다고 생각합니다. 절대 그렇지 않습니다. 악행을 저지른 자기 자신은 알고 있으며, 그 행위의 결과는 남는 법입니다. 다른 사람은 모른다고 하더라도 악행을 한 당사자는 알고 있습니다. 그렇다면 정신착란증이나 혼수상태에서 악행을 저질러 자기의 행위를 자각하지 못하는 경우는 어떨까요? 불교는 그런 상황에서 저지른 악행은 의도적인 것이 아니기 때문에 그 과보가 그리 무겁지 않다고 말합니다.

앙굴리말라의 예가 대표적입니다. 앙굴리말라는 스승의 잘못된 가르침으로 일종의 환각상태에서 사람을 죽이던 살인마였습니다. 1,000명을 죽이면 자기의 수행이 완성된다고 믿어서, 사람을 죽인 후 그 사람의 손가락으로 목걸이를 만들어 걸고 다녔다고 합니다. 그렇게 악행을 저지르며 999

명을 죽이지요. 앙굴리말라가 이제 한 명만 더 죽이면 수행이 완성된다고 좋아하고 있을 때, 부처님이 앙굴리말라를 찾아가십니다. 앙굴리말라가 1,000번 째로 죽일 대상이 바로 그의 어머니임을 보셨기 때문입니다. 마침 앙굴리말라는 그날 가장 먼저 마주치는 사람을 죽이겠노라 벼르고 있었습니다. 그러다 부처님을 보게 되자 광분한 앙굴리말라는 부처님을 좇으면서 "거기 서라!" 하고 외쳐댔습니다. 그러자 부처님은 "나는 서있는데 너는 왜 서지 못하느냐"라면서 앙굴리말라의 광분한 마음을 가라앉혀주십니다. 그러고는 앙굴리말라가 어머니를 살해하는 오역죄의 하나를 저지르는 잘못으로부터 벗어날 수 있도록 해주시지요. 부처님께서는 앙굴리말라가 999명을 죽였다 해도 고의로 그런 것이 아니며, 또 그에게 깨달음의 선근이 있다는 것을 보십니다. 그렇게 부처님께 교화된 앙굴리말라는 비구가 되어 결국에는 아라한을 이루게 되지요. 하지만 아라한이 되었다 하더라도 악행에 대한 과보는 남아 있기 마련입니다. 어느 날 탁발하기 위해 마을로 내려간 앙굴리말라는 많은 사람들이 던진 돌에 맞아 죽기 직전에 이릅니다. 앙굴라말라 때문에 가족을 잃은 사람들이 복수를 한 것입니다. 앙굴리말라는 고통을 끌어안고 부처님을 찾아갑니다. 그러자 부처님은 앙굴리말라에게 "참아야 한다"고 말씀하십니다. 앙굴리말라는 이미 아라한이 되었기 때문에 육체적인 고통에 동요되지 않고 마지막 숨이 끊어질 때까지 평온한 상태를 유지할 수 있었다고 합니다.

이처럼 앙굴리말라는 999명의 사람을 죽이고 나서 부처님을 만나 자기의 잘못을 깨닫게 되었습니다. 악행을 저지른 자에게 그 잘못을 일깨워주는 것이 쉬운 일은 아니지요. 앙굴리말라의 경우에는 부처님의 지혜로 가능한 일이었습니다. 하지만 앙굴리말라의 이야기에서 무엇보다 중요한 메시지는 의도적으로 어떤 행위를 할 때는 항상 조심해야 한다는 것입니다. 우리가 지금 살펴보고 있는 업이라는 것도 바로 그러한 의도적인 행위를 뜻하지요. 의도적인 행위는 항상 그에 상응하는 과보를 불러일으킨다는 점을 잊으면 안 됩니다.

악행의 과보로부터 도망갈 곳은 없으니

"허공 속도 아니고 바다 속도 아니다. 산속의 바위틈에서도 몸을 숨길 수 없다. 지상의 그 어떤 곳에서도 찾을 수 없다. 사람들이 악행으로부터 도망칠 곳을."

법구경에 나오는 게송입니다. 다른 게송들처럼 이 게송에도 배경이 되는 이야기가 전해집니다. 신통력을 가진 어떤 사람들이 죽을 때가 되었답니다. 그러자 죽음의 신(死神)을 피해 어떤 이는 허공 속으로 숨어버리고, 또 어떤 이는 바다 속으로 숨고, 다른 이는 산속의 바위틈으로 숨어버립니다. 하지만 결국엔 모두 다 죽음을 맞이합니다.

죽음이라는 것은 생명체라면 모두가 그 생에서 마지막으로 겪어야 할 과보라고도 할 수 있습니다. 법구경의 게송은 우리가 악행이든 선행이든 어떤 업을 지어서 현생에 태어났다면 그 행위의 결과인 죽음은 어디서도 피할 수 없다는 메시지를 전합니다. 거꾸로 생각해보면 선행을 지은 사람은 그에 대해 좋은 과보를 받는다는 것을 이해할 수 있지요. 하지만 불교는 선행에도 매이지 말라는 이야기를 합니다. 선과 악을 초월하라고 가르칩니다. 그렇다고 자신이 지은 악행에 개의치 말라는 뜻은 아닙니다. 악행에서 도망칠 곳은 없다고 부처님이 단언하셨듯이 악행의 과보는 반드시 받게 되어 있습니다.

악행도 하나의 조건입니다. 그 조건으로 말미암아 괴로움을 받을 수밖에 없습니다. 그리고 그 괴로움을 다 받을 때까지 악행은 소멸하지 않습니다. 그래서 불교에서는 악행을 삼가고 선행을 하라는 이야기를 강조합니다. 부처님은 행위를 강조하는 분이고 정진을 말하는 분이고 업을 말하는 분입니다. 행위와 정진과 업에 대한 강조는 초기불교의 근본적인 특징이기도 하지요. 그처럼 행위와 정진과 업을 강조하는 데는, 선업을 열심히 쌓아서 그 결실인 행복을 경험하더라도 그 행복에 속박되지 않는 상태로 수행을 끝까지 진행해나가야 한다는 깊은 뜻이 들어 있습니다.

악행으로 인한 과보를 받을 때도 마찬가지입니다. 또 다른 악행을 짓지 않도록 자기 마음을 잘 다스려야 합니다. 누군가에게 이유 없이 피해를 입었다고 생각할 때 우리는 어떻게 됩니까? 굉장히 억울해하면서 분노에 휩싸여 또 다른 악행을 저지르게 됩니다. 자신이 피해를 입은 이유를 알 수 없다면 지금 일어나는 고통을 있는 그대로 알아차리고 그 고통을 잘 겪어내면서 고통의 힘이 자신을 정복할 수 없도록 제어해야 합니다. 하지만 수행은 하지 않고 감각적인 쾌락에만 빠져 사는 사람들은 고통에 압도되어버리기 때문에 그러한 마음의 여유를 갖기가 어렵습니다. 그래서 고통을 겪으면서 또 다른 악행을 짓게 되고 그 과보로 또 다시 괴로움에 빠지는 악순환이 계속됩니다.

악행의 과보를 받는 과정에서도 우리는 선행을 할 수 있습니다. 이때 선행이란 남과 나에게 도움이 되는 행위, 즉 남과 나의 괴로움을 소멸하는 데

도움이 되는 행위를 말합니다. 어떤 말이나 행동, 마음을 쓰더라도 있는 그대로의 사실에 대한 이해를 바탕으로, 올바른 견해에 의지해서 진정한 행복으로 나아갈 수 있는 선행을 한다면 반드시 좋은 결실을 가져오게 되어 있습니다. 그리고 그처럼 좋은 결실을 얻었을 때도 거기서 그치지 말고 그 결실을 모든 중생들의 행복으로 회향해야 합니다. 이렇듯 악행으로부터는 도망칠 곳이 없지만 선행에는 묶이지 않을 수 있습니다. 부처님이 선행의 완성을 향한 수행을 함으로써 결국 깨달음을 얻었듯이, 우리도 선행을 하면 점점 유익하고 행복한 쪽으로 나아갈 수 있습니다. 선행을 하고도 그에 집착하지 않는 행위를 통해서 진정한 수행의 삶을 이어나갈 수 있습니다.

부처님의 제자인 앙굴리말라 존자조차 자신의 악행 탓에 결국은 피해자 가족들에게 폭행을 당해서 돌아가셨습니다. 하지만 아라한을 이루었기 때문에 마지막 고통을 어렵지 않게 이겨내며 열반에 들 수 있었지요. 앙굴리말라 존자가 아라한이 되었을 때 부처님께서는 이런 게송을 읊으셨다 합니다.

"마치 구름에 가린 달이 구름이 걷히면 다시 세상을 비추듯이, 악행을 한 사람들도 악행을 버리고 선행을 할 때 그와 같이 세상을 비출 수 있다."

잘못된 사람들도 교화될 수 있고, 선행을 실천할 수 있다는 뜻입니다. 아무리 극악무도한 악행을 저질렀다 하더라도 자신의 잘못을 뉘우치고 올바른 견해를 지닌 채 살아가면, 괴로움의 소멸이라는 삶의 궁극적인 목적을 이룰 수 있다는 말입니다.

자기 마음속에 있는 악행의 원인을 살피고, 나아가 그 원인을 스스로 없앨 수 있다면 얼마나 좋겠습니까? 하지만 우리는 그 원인이 무엇인지도 잘 모르고, 설령 원인을 찾아냈다 하더라도 그것을 없앨 수 있는 방법을 알지 못합니다. 그렇다면 결론은 하나뿐이지요. 스스로 부지런히 그런 길들을 찾아서 공부하는 수밖에 없지 않겠습니까? 그래서 여러분도 지금 이 책을 읽고 있는 것입니다. 우리 삶에 구체적으로 적용시켜 괴로움의 원인을 제거하고 선업을 쌓기 위해서 부처님의 말씀을 듣는 것이지요.

보살의 마음으로 악행을 저지할 때

가끔 저는 부처님께서 미리 앙굴리말라를 제도하셨다면 좋았을 텐데 하고 생각합니다. 그랬다면 그처럼 많은 인명의 피해가 생기지도 않았을 것 아닙니까? 인연이 성숙하지 못하면 제도할 수 있는 길이 없기 때문에 때를 기다리셨던 건지도 모르지요. 하지만 나중에 앙굴리말라를 만나 교화하시는 것을 보면 부처님에겐 분명히 앙굴리말라를 제도할 수 있는 힘이 있었습니다. 보통 사람이라면 불가능한 일입니다. 여러분이라면 연쇄살인마 앞에 나아가 말 한마디로 마음을 돌려놓을 수 있겠습니까?

그렇다면 우리가 무방비 상태로 있을 때 앙굴리말라 같은 사람이 나타난다면 어떻게 해야 할까요? 어떤 사람의 악행으로 말미암아 수많은 피해자가 속출한다면 우리는 무엇을 할 수 있습니까? 초기불교에서는 그 부분에 대해 특별히 언급하지 않습니다. 하지만 대승불교 유식학파의 논서《유가사지론(瑜伽師地論)》이나 신라시대 원광법사가 말씀하신 세속오계의 한 항목인 살생유택(殺生有擇)에 비추어 생각해볼 수는 있습니다. 《유가사지론》에는 대승의 입장에서 살생을 어느 정도 허용하는 가르침이 나옵니다. 어떤 사람이 오랜 세월 동안 괴로움을 받게 되는 악행을 저지르려고 할 때, 보살은 연민의 마음으로 그 사람의 목숨을 끊을 수 있다는 것입니다. 여기서 중요한 부분이 있습니다. 우선 보살은 그 사람이 악행을 저질러서 받는 과보보다 보살 자신이 그를 죽임으로써 받는 괴로움이 훨씬 적다는 것을 압니다. 또 미워하는 마음이 아니라 연민하는 마음을 지닌 채 그 사람을 죽입니다. 그리고 그 사람을 죽일 때도 감정에 들뜨지 않고 평정심을 유지합니다.

우리 사회에서도 자기 생명을 방어하는 차원에서는 다른 이에게 상해를 입히거나 심지어 다른 이를 죽이는 일마저 정당방위로 인정하는 경우가 있습니다. 국가적인 전쟁도 마찬가지지요. 침략전쟁을 일으키는 것은 당연히 안 되지만, 전쟁이 불가피한 경우라면 지도자는 보살의 마음으로 최소한의 희생을 치르고 전쟁을 마무리해야 합니다. 대승경전을 보면, 상대방이 나를 공격할 경우나 다른 국가가 우리 국가를 공격할 경우에는 전쟁의 피해를 줄이기 위해 최선의 노력을 다하며 상대방을 죽이지 않으면서도 전쟁을 빨리 끝낼 수 있는 방법을 취하라고 제시되어 있습니다. 전쟁이나 살생에 대해서도 보살행의 입장으로 임하라는 가르침이지요.

초기경전에서는 이런 내용을 쉽게 찾아볼 수 없습니다. 초기불교는 기본적으로 굉장히 출세간적인 입장이어서 사회의 일상적인 규범에는 그다지 관여하지 않습니다. 하지만 초기경전에도 부처님께서 전쟁을 제지했다는 이야기들이 나옵니다. 예컨대 코살라국에서 석가족을 침입하려고 하자 부처님께서 세 번이나 만류하시지요. 그런데 부처님께서 이때 하신 행동에 주목해야 합니다. 코살라 국왕을 찾아가 전쟁을 일으키지 말라고 말씀하신 게 아니라, 코살라 군인들이 지나가는 길목에 있던 말라죽은 나무 아래서 선정에 드십니다. 요즘으로 치자면 침묵시위를 하면서 전쟁의 부당

함을 몸소 보여주신 겁니다. 다른 사람도 아닌 부처님이 그렇게 떡하니 버티고 계시니 전쟁을 일으킬 수 있겠습니까? 군대를 돌릴 수밖에요. 부처님은 그런 식으로 모두 세 번에 걸쳐 코살라 군대를 돌려보내십니다. 그러다 결국은 마지막 네 번째에서 포기하시고 말지요. 부처님도 더 이상 막을 수 없는 인연이라는 판단으로 석가족을 침공하려는 코살라 군대를 어쩔 수 없이 그냥 놔두십니다.

또한 부처님은 제자들에게 수행을 완성한 후 다른 사람들의 유익함과 행복을 위해 가르침을 설하라고 이르셨습니다. 이는 결국 사람들의 악행을 부지런히 막아서 그들이 선행을 통해 궁극적인 행복인 열반을 이루도록 이끌어주라는 가르침입니다. 따라서 불교가 아무리 출세간적인 성향이 강하고 평화주의적인 입장을 취한다 해도 악행에 대해서는 묵과하지 않는다는 것을 알 수 있습니다.

불교의 사회참여적인 색채는 대승불교로 들어오면서 강해집니다. 대승의 《열반경》에는 부처님 법을 지키기 위해서는 무기를 들고서라도 방어 전쟁을 할 수 있다는 가르침이 나옵니다. 불법을 수호하고 중생을 보호하는 일에 굉장히 적극적이지요. 베트남 전쟁이 일어났을 때 전쟁을 반대하며 분신자살을 한 스님들 이야기를 한 번쯤은 들어보셨을 겁니다. 그처럼 다른 사람을 죽이는 것이 아니라 자기의 목숨을 끊음으로써 사람들의 경각심을 불러일으키는 행위도 일종의 보살행이라고 할 수 있습니다. 조금은 극단적인 방법이라고 말할 수도 있겠지만, 중요한 것은 결코 누구에 대한 미움이나 분노 등의 감정에 휘말려서 분신자살을 한 게 아니라는 사실입니다. 보살은 극악무도한 악행을 저지하기 위해서는 연민과 평온한 마음으로 살인을 할 수 있습니다. 물론 그 업의 과보는 자기가 받겠다는 각오가 있어야지요.

이런 보살행을 잘못 이해하면 자기의 이익을 위해서 자신의 행위를 정당화하며 악행을 저지를 수도 있습니다. 보살행은 자기의 이익보다 타인의 이익, 많은 사람들의 이익을 앞세웁니다. 하지만 보통 사람들은 보살의 마음보다 중생심이 훨씬 강하기 때문에 자기 이익을 위해서라면 수단과 방법을 가리지 않습니다. 대통령이 되면 국민을 위해 몸 바쳐 일하겠다고 공약해놓고 당선된 후로는 자기 이익만 챙기는 사람들을 우린 보아왔습니다. 결국엔 괴로운 과보를 받게 될 뿐이지요. 우리도 다를 바 없습니다. 자신의 행동이 말뿐 아니라 정말로 남을 위한 행위인지, 자기가 보살행을 할 수 있는 자세가 되어 있는지 잘 살펴야 합니다. 자기만을 위한 일을 하면서도 마치 남을 위해서 하는 것인 양 말한다면 보살행이 아니라 기만행위일 뿐입니다.

6. 욕망을 다스리려는 욕망으로

부처님은 우리에게 감각적 욕망, 즉 탄하를 극복하라고 끊임없이 말씀하십니다. 하지만 욕망이라고 해서 모두 나쁜 것은 아닙니다. 욕망을 버려야 한다고 해서 삶의 의지까지 버려야 하는 것은 아닙니다. 불교는 우리에게 자신의 긍정적인 덕목을 키움으로써 번뇌를 점차 다스려가라고, 좋은 행위를 위해 쉼 없이 정진하라고 가르칩니다. 그리고 선행에는 반드시 좋은 과보가 뒤따른다는 점을 강조하지요. 이처럼 불교는 긍정적인 측면을 강조하는 가르침입니다.

어떤 의미에서 욕망이란 가치중립적인 측면이 있습니다. 예를 들어 감각적 욕망을 없애려는 욕망을 일으킬 때, 이때 일어난 욕망은 반드시 필요한 것입니다. 욕망을 다스리기 위한 욕망을 좀 더 좋게 말하자면 의욕이라고 할 수 있겠지요. 이것을 팔리어로는 찬다(chanda)라고 합니다. 부처님의 가르침은 찬다에 대해 굉장히 강조합니다. 긍정적인 가르침이 들어 있는 찬다까지 모두 다 버린다면 우리는 아무것도 할 수 없습니다. 그냥 무기력하게 인생을 살아갈 수밖에 없겠지요. 이처럼 불교에서 욕망을 버리라고 말하는 것은 자기를 괴롭히고 남을 힘들게 하는 부정적인 감정 상태를 극복하라는 뜻이지, 긍정적으로 열심히 살려는 의지마저 버리라는 이야기가 아닙니다.

앙굿타라 니카야에는 아난다 존자가 "탄하에 의지하여 탄하를 버린다"고 법문하는 대목이 나옵니다. 주목할 것은 아난다 존자가 찬다라는 말 대신 탄하라고 표현했다는 점입니다. 앞에 나오는 탄하, 즉 갈망은 감각적 욕망을 없애기 위한 갈망입니다. 우리가 어떤 감각적 욕망에 휘둘릴 때 그 감각적 욕망을 없애기 위해서 강한 열의를 일으켜야 한다는 뜻이지요. 욕망이나 갈망이 좋은 의미로 쓰인 예입니다.

실제로 수행을 할 때도 갈망하는 마음, 갈구하는 마음이 있어야 됩니다. 선불교에서 말하는 대분심(大憤心)이 바로 그런 마음을 일컫는 것이라고 생각합니다. 대분심이라고 해서 크게 화를 내라는 말이 아닙니다. '부처님은 깨달았는데 나는 아직 깨닫지 못한 탓에 이렇게 고통을 받고 있다. 이 얼마나 분통한 일인가!' 하고 스스로 분한 마음을 일으키라는 겁니다. 다른 누구를 시기해서 화내는 것이 아니라 자기 삶에 대한 경각심을 일으켜 수행 의지를 고취시키라는 말이지요. 갈망에 의지해서 갈망을 버린다는 말씀도 그런 맥락에서 이해할 수 있습니다.

이처럼 불교의 수행을 들여다보면 굉장히 적극적인 측면을 발견하게 됩니다. 적극적으로 자기의 부정적인 요소들, 자신의 괴로움을 초래하는 부정적인 요소들을 극복하려는 강한 의지나 욕구를 강조하지요. 그렇게 보면 수행자들이야말로 굉장히 큰 욕망을 지닌 사람들임을 알 수 있습니다. 부처님은 열반에 드시기 전에 "형성된 것은 모두 소멸하는 성질을 가지고 있으니 방일하지 말고 부지런히 정진하라"고 하셨습니다. 정진의 힘으로 제행의 휘둘림에서 벗어나라고 하신 말씀입니다. 이 역시 긍정적인 욕망을 통해 정진하라는 뜻 아니겠습니까? 열망과 강한 의지가 없다면 부지런히 노력하는 것 자체가 불가능합니다.

천상도 지옥도 나의 의지로

앙굿타라 니카야에는 다음과 같은 부처님의 말씀이 나옵니다.

"비구들이여, 내가 행위라고 부르는 것, 업이라고 부르는 것은 바로 의지 작용인 체타나(cetana, 思)를 말한다. 사람들은 의지를 지니고 몸으로 말로 마음으로 행동한다. 그래서 비구들이여, 지옥에서 그 결과를 받아야 할 행위가 있고, 축생계에서 받아야 할 행위가 있으며, 아귀 세계에서 받아야 할 행위가 있고, 인간계에서 받아야 할 행위가 있으며, 천상에서 받아야 할 행위가 있다. 비구들이여, 행위의 결과에는 3가지가 있다고 나는 말한다. 현세에서 받는 것, 바로 다음 생에서 받는 것, 미래 생에서 받는 것 이 3

가지이다.”

　여기서 행위란 업이라는 뜻입니다. 흔히들 “업을 짓는다”고 말할 때의 업을 말하지요. 부처님께서는 행위가 의지 작용이라고 말씀하셨습니다. 실제로 우리는 의지를 바탕으로 행동을 일으키고 말을 하고 또 마음속에서 여러 가지 행위들을 만들어냅니다. 의지라는 정신적 현상이 육체적인 현상이나 언어적인 현상으로 나타나는 것이지요. 또 마음속에서도 의지 작용이 있기 때문에 다른 생각들을 자꾸 일으키게 됩니다. 이처럼 업이란 과거에 지은 것뿐 아니라 지금 내 마음에서 일어나는 의지 작용들까지 포함합니다. 불교가 절대 숙명론을 주장하는 종교가 아님을 드러내는 대목이기도 하지요.

　부처님은 이어서 지옥, 축생, 아귀, 인간, 천상의 5가지 세계를 언급하십니다. 초기경전은 물론 후대 경전에서는 ‘육도 윤회(六道輪廻)’라 하여 5가지 세계에다 아수라도(阿修羅道)를 더하기도 하지만, 여기서 부처님이 말씀하신 것처럼 5가지 윤회의 세계를 말하는 경우가 있습니다. 이럴 때 아수라 세계는 천상에 속합니다. 하지만 아수라들은 천계에 태어났어도 포악한 천성 탓에 늘 선한 천신들과 다툰다고 합니다. 보통 싸움 따위로 끔찍해진 현장을 말할 때 아수라, 아수라장이라고 하지 않습니까? 그처럼 아수라들은 천상에 태어나서도 분노를 못 이겨 툭하면 싸움을 일삼는다고 합니다. 이렇듯 아수라 세계는 천계에 속하기 때문에 인간계보다는 나은 곳이지만, 자신의 분노로 말미암아 괴로움을 받는 곳이라고 할 수 있습니다. 그래서 불교에서 3가지 악한 곳(三惡道)을 말할 때는 지옥, 축생, 아귀의 세계를 일컫지만, 여기에 아수라도를 합해 사악도라고 하기도 합니다.

우리는 끊임없이 행위, 업을 짓습니다. 그중에서도 지옥에 갈 행위가 있습니다. 데바닷타가 부처님 발가락에 피를 낸 죄로 지옥에 떨어졌다는 말씀을 드린 적이 있지요? 부처님 몸에 상처를 내는 것은 오역죄 가운데 하나입니다. 다시 한 번 말하자면, 오역죄란 부모, 아라한을 죽이는 것, 부처님 몸에 상처를 입히는 것, 승단의 화합을 깨는 것입니다. 오역죄는 죄 가운데서도 굉장히 극악한 것이어서 그 과보로 반드시 지옥에 떨어집니다.

또 축생계로 이끄는 행위도 있습니다. 짐승 같은 짓이나 짐승만도 못한 짓을 하면 축생계에 가겠지요. 실제로 부처님 당시에는 소나 개를 흉내 내며 고행하는, 짐승처럼 사는 사람들이 있었답니다. 그들은 그런 수행을 통해 자기 육신을 정화한다고 믿었지만, 부처님은 "개처럼 행동하면 개로 태어나고 소처럼 행동하면 결국 소로 태어난다"며 그처럼 잘못된 수행자들을 비판하셨습니다.

제 것만 챙길 줄 알고 남에게 베풀 줄 모르는 중생은 아귀 세계로 떨어집니다. 인색하고 질투심 많은 사람들, 가진 게 많으면서도 남을 위해서 쓸 줄 모르는 사람들, 자기 재산은 물론 지식이나 지혜를 나눌 줄 모르는 사람들이 죽어서는 아귀 세계에 태어나지요. 사실 이런 사람들은 살아서도 아귀인 셈입니다. 수백, 수천억을 가졌음에도 다른 이들을 위해서 베풀 줄 모르는 사람이라면 무일푼이지만 마음이 행복한 사람보다 훨씬 더 가난하다고 볼 수 있겠지요. 그래서 결국 배는 산더미만 한데 목구멍은 바늘 귀처럼 작아서 아무리 많이 먹어도 배고픔을 느끼는 아귀 세계에 태어나게 됩니다.

부처님 당시에 그런 사람이 있었답니다. 장군이었던 이 사람은 부처님 말씀을 믿지 않고 욕심만 부리며 살다가 결국 죽어서 아귀가 됩니다. 부처님의 가르침을 따르던 사람들은 보시행을 하고 계를 지키며 열심히 수행하는데, 이 장군은 그까짓 게 대수냐며 제멋대로 탐욕만 부리다가 아귀가 된 것이지요. 그러자 장군의 딸이 죽은 아버지를 위해서 스님들에게 공양을 올립니다. 그러면서 "이 보시의 공덕으로 우리 아버지가 행복하기를 기원합니다"라며 회향을 했답니다. 그러자 아귀로 태어나 있던 장군에게 별안간 음식이 우르르 쏟아져 내리는 게 아닙니까. 깜짝 놀란 장군이 무슨 일인가 싶어 보아하니 전생의 딸이 자기를 위해서 스님들에게 보시를 한 거였지요. 장군은 그제야 자기가 전생에 선행을 쌓지 않아서 아귀가 되었다는 것을 알고 후회를 합니다. 그리고 부처님의 가르침을 가까이 하게 되었다고 합니다.

팔리 삼장의 쿠타카 니카야에 속하는 경전 가운데 〈페타왓투(餓鬼事)〉라는 것이 있습니다. 죽어서 아귀가 된 존재들이 살아가는 모습 및 아귀가 된 부모나 친지를 위해 사람들이 공덕을 쌓는 이야기들을 설한 경전입니다. 우리가 지내는 천도재의 기원이 바로 이런 데 있다고 할 수 있습니다. 하지만 우리나라와는 달리 남방의 스리랑카나 태국, 미얀마 등지에는 천도재란 것이 없습니다. 단지 부모님이 돌아가신 날이라든가 그밖의 기념이 되는 날에 돌아가신 부모를 위해서 스님들께 공양을 올리지요. 그러면서 공양의 공덕이 부모에게 회향되기를 기원합니다. 저도 미얀마나 스리랑카에 갔을 때 돌아가신 아버님이나 조상들을 위해 스님들께 공양을 올린 적이 있습니다. 그렇게 공양하면서 마음속으로는 '돌아가신 아버지를 위해서 이 공양을 올립니다'라고 기원합니다. 그러면 식사하기 전에 스님께서 그러한 사유를 이야기하시며 공양을 올리는 공덕을 찬탄하는 말씀을 해주십니다. 그러면 그곳에 모인 대중이 "사두, 사두, 사두", 즉 "잘했습니다, 잘했습니다, 잘했습니다"라고 말하지요.

《위빠사나 성자 아짠문》(불광출판사)이란 책을 보면 비슷한 애기가 나옵니다. 아귀가 된 조상들은 자손들이 자기를 위해서 보시하는 날만 기다린답니다. 1년 내내 굶주리고 있다가 자손들이 자기를 위해서 보시를 하는 날엔 잔칫상을 받는다는 거예요. 그러니 그날을 얼마나 기다리겠습니까. 그러면서 그 책은 아귀가 된 조상을 위해서 보시하며 공덕을 쌓는 일을 불교에서 강조한다고 말합니다. 그러니까 우리도 천도재를 지낼 때는 참되게 수행하는 스님이나 수행자 들을 공양하면서 그 공덕이 돌아가신 부모님에게 돌아가기를 바라야 합니다.

조상이 아귀가 아니라 인간이나 천신으로 태어났다 해도 마찬가지입니다. 돌아가신 존재들을 위해서 행하는 선행의 공덕은 그 존재들에게 영향을 주거나, 그렇지 않을 경우 그 공덕은 자신에게 돌아온다고 합니다. 이처럼 자신이 행한 선행의 공덕이 다른 이에게 돌아가기를 바라는 마음을 일으키면 그 공덕이 그 대상에게 전해질 수 있다는 것이 불교의 회향 사상이지요.

그렇다면 악행의 과보는 어떤 식으로 받는 걸까요? 《밀린다팡하》는 "어떤 사람이 자신이 지은 악행의 과보가 없어지기를 바란다고 해도 악행의 과보는 없어지지 않는다"고 말합니다. 작은 돌이라도 물속에 던지면 가라앉는다는 거지요. 하지만 엄청난 악행을 지었더라도 선행의 힘으로 떠받칠 수가 있답니다. 아무리 큰 바위라 하더라도 배 위에 실어놓으면 바위가 물속에 가라앉는 일이 없듯이 말입니다. 선행의 좋은 과보를 받으면서 그 악행을 감수해나갈 수 있다는 뜻이지요. 이처럼 불교에서는 비록 악행을 지었다 하더라도 선행의 힘으로 악행의 과보가 나타나는 것을 지연시킬 수도 있고, 악행의 과보를 받더라도 그 선행의 힘으로 고통을 훨씬 완화시켜주고 격감시켜줄 수 있다고 말합니다. 앙굴리말라가 살인이라는 악행을 짓고도 아라한이 된 후에 그 과보를 받으며 편안하게 생을 마감할 수 있었듯 말이지요.

업은 부모와 같다

부처님께서는 다시 말씀하십니다.

"비구들이여, 모든 중생은 자신이 한 행위의 소유자이며, 행위의 상속자이고, 행위로부터 태어났으며, 행위에 묶여 있고, 행위를 피난처로 하고 있다. 선한 행위나 악한 행위나 그 어떤 행위라 하더라도 그 행위의 상속자가 된다."

인간으로 태어날 때는 부모가 있어야 되지요. 그러나 부모님은 나라는 존재의 조건일 뿐입니다. 나라는 존재의 원인은 나의 행위입니다. 그러니까 내가 가난하다고, 몸이 불편하다고, 남들보다 못생겼다고 부모 탓을 할 필요가 없습니다. 나는 내 행위의 상속자라는 가르침을 제대로 이해해야 어떤 행위의 과보를 받더라도 마음이 동요되지 않게 됩니다. 설령 그 과보가 매우 고통스럽다 하더라도 이겨낼 수 있습니다. 이런 생각 없이 평생을 부모 탓, 조상 탓, 남의 탓만 하며 산다면 자기 인생을 제대로 살아내지 못하는 겁니다. 하지만 우리는 업에 대해 너무 무지하지요. 내가 어떤 업을 지었기에 지금 이런 과보를 받는지 모릅니다. 비록 그렇더라도 지금의 결과들이 어떤 이유가 있어서 생겨났으며, 지금 자신의 행위로 미래가 만들어진다는 사실을 잊으면 안 됩니다.

우리는 굉장히 불공평하게 세상에 태어납니다. 어떤 사람은 부잣집에서 태어나 평생을 아무 걱정 없이 살아가지만, 어떤 사람은 아주 가난한 집에 태어나서 아무리 노력해도 가난을 면치 못합니다. 우리는 그 이유를 모르겠다고 늘 불평하지만 업설은 그 이유를 잘 설명해주고 있습니다. 우리의 잠재적인 성향뿐 아니라 우리 삶의 모든 행복과 불행이 우리 자신의 업에서 생겨난 것임을 설명해줍니다. 우리가 이렇게 태어난 이유는 자신의 몸과 입과 마음에서 행한 여러 가지 행위들 때문입니다. 이것이 바로 업이지요. 따라서 이 3가지 행위, 몸과 입과 마음의 삼업(三業)이 모든 존재의 성향과 운명을 결정한다는 것을 알 수 있습니다. 주의할 점은 여기서 업이라는 것은 오직 앞서 말한 행위만 의미하지, 그 행위의 결과를 의미하거나 포함하는 것은 아니라는 사실입니다.

하지만 업으로 인해 윤회한다고 해서 불변하는 존재를 상정할 필요는 없습니다. 폭풍우가 몰아치는 바다를 생각해봅시다. 바다의 표면을 휘몰아치며 흘러가는 것은 어떤 특정한 파도가 아닙니다. 다른 파도가 끊임없이 생겨났다 꺼지는 것일 뿐입니다. 이와 마찬가지로 생사의 바다를 떠다니는 것은 실재적인 어떤 실체가 아니라, 선과 악이라는 행위에 따라 이 생에서는 인간으로 저 생에서는 짐승으로 또 다른 곳에서는 눈에 보이지 않는 존재로 자신을 드러내는 단순한 생명의 파도일 뿐입니다. 생명의 흐름이 선과 악이라는 조건에 의해 끊임없이 흘러가고 있을 뿐입니다.

사실 업이란 것은 우리의 이해를 넘어서는 부분도 있습니다. 그리고 상당히 복합적으로 얽혀서 일어나기도 합니다. '나비효과(Butterfly effect)'라는 말을 들어보셨지요? 브라질에 있는 나비의 날갯짓 한 번이 미국 텍사스에서 일어나는 돌풍의 원인이 될 수도 있음을 말하는 이론으로, 하나의 현상이 일어나는 데는 엄청나게 많은 요인들이 작용한다는 의미도 담고 있습니다. 마찬가지로 인간의 의지적인 행동은 결과를 산출해내는데, 그 의지적인 행위를 총체적으로 업이라고 이해해야 합니다. 여기서 강조하는 것은 결과가 아니라 결과를 낳게 한 원인으로서의 업임을 알 수 있습니다. 실제로 능동적인 차원에서의 업을 이야기하는 것이지요. 부처님께서 그 업의 기본적인 의미를 두고 의지 작용이라고 하셨듯이, 우리의 끊임없는 의지들이 결국 우리의 업, 우리 삶을 이루고 있는 것입니다.

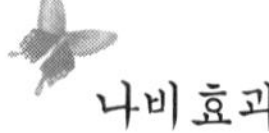

나비효과

나비효과는 혼돈(Chaos) 이론에서 초깃값의 미세한 차이에 의해 결과가 완전히 달라지는 현상을 뜻합니다. 이 표현은 미국의 기상학자 에드워드 로렌츠가 1972년에 미국 과학부흥협회에서 실시한 강연의 제목인 '예측가능성―브라질에서 한 나비의 날갯짓이 텍사스 돌풍을 일으킬 수도 있는가'에서 유래합니다. 나비효과에 따라, 기상 예측에는 시간이 지날수록 오차가 크게 나타나고, 따라서 장기적인 기상 예보는 불가능하다는 결론을 내립니다.

지금 여러분이 이 책을 읽는 것도 의지에 의해서입니다. 의지 작용이 일어난 다음에 책을 보는 행위를 하게 된 것이지요. 일상생활을 살펴보면 우리의 모든 행동과 말에는 의지가 작용하고 있음을 알 수 있습니다. 우리 의지에 의해 마음먹고 말하고 행동한다는 것을 알게 되면, 우리는 말과 행동을 더 조심하게 되고 나아가 말과 행동을 조절할 수 있게 됩니다.

위빠사나 수행은 끊임없이 자기의 행위와 그 행위의 원인이 되는 의지 작용을 관찰하는 일에서부터 시작합니다. 위빠사나 수행을 할 때는 좌선을 통해 호흡이나 마음에서 일어나는 현상들이나 몸에서 일어나는 여러 가지 감각들을 관찰합니다. 또 걸을 때는 걷는 동작들을 관찰하지요. 앉아있을 때나 걸을 때뿐 아니라 팔을 구부리고 숟가락을 잡고 음식을 먹고 얼굴을 씻을 때도 모든 동작들을 관찰하게 됩니다. 동작을 관찰하는 것과 동시에 동작을 가능하게 하는 마음의 의지도 관찰합니다. 이렇게 반복적으로 관찰하다 보면 어떠한 행동도 의도로 인해 일어나는 것임을 알게 됩니다.

우리가 반사적으로 눈을 깜빡일 때도 의식 작용이 개입됩니다. 눈을 뜨고 있는 것이 불편함을 느끼면 그 불편함을 없애려는 의지 작용이 일어나 눈을 깜빡이게 되는 것입니다. 자율적인 신경의 흐름에 의해서 일어나는 육체의 동작이나 현상들 또한 우리가 자신의 의도를 관찰하지 못한 채 일어나는 경우가 많습니다. 반복적으로 우리의 행동과 의도를 알아차리면서 의지 작용을 관찰하면 행동과 의지 작용의 인과관계를 이해할 수 있습니다.

이처럼 업은 의지 작용에 의해 능동적인 행위를 하기도 하지만 수동적으로 업력을 형성하기도 합니다. 이때 업력이란 습관력(習氣)이라고 볼 수 있는데, 업이 수동적으로 또 다른 업을 짓는 데 원인으로 작용한다는 뜻입니다. 이런 잠재적인 습관으로서의 업은 아라한이 되어도 남는다고 할 정도로 끈질기게 영향을 끼칩니다. 업의 습관력에서 완전히 벗어난 존재는 부처님뿐이라고 하지요. 부처님은 모든 잠재적인 업의 영향으로부터 벗어나 계십니다.

부처님 당시에 있었던 어떤 스님의 이야기입니다. 이 스님은 아라한이 되기 전에 말을 거칠게 하는 습관이 있었는데 아라한이 되고 나서도 그 버릇을 못 버렸다고 합니다. 하루는 그 스님의 말에 기분이 몹시 언짢아진 신도가 부처님을 찾아와서는 하소연합니다. 그러면서 그 스님이 거친 말을 쓰는 이유가 무엇인지, 그 스님이 정말 깨달은 분인지 묻습니다. 부처님께서는 그때 이렇게 말씀하시지요. 말을 거칠게 하는 습성이 남아서이지, 어떤 악의가 있어서 사람들에게 상처를 주려고 그렇게 말한 것은 아니라고요.

이처럼 부처님은 업의 의지적인 측면을 강조하면서도, 어느 정도는 벗어나기 힘든 습관화된 업이 있음을 말씀하십니다. 그러니 습관적으로 행동하는 것과 의도적으로 행동하는 것을 잘 구별할 필요가 있습니다. 자신이 하는 행동, 자신이 하는 말, 자신이 하는 사고의 방식이 습관적으로 나오는 것인지, 어떤 의도에 의해서 나오는 것인지 잘 살펴야 합니다.

이처럼 우리는 행위에 의해서 그 행위의 상속자가 됩니다. 어떤 행위를 하든 그 행위가 다음 순간의 자신을 만들어냅니다. 그런데 행위는 끊임없이 이어져왔고 지금도 존재하며 앞으로도 존재할 것입니다. 그리고 그 속에는 좋은 행위와 좋지 않은 행위가 뒤섞여 있지요. 항상 좋은 행위만 하고 산다면 말할 나위 없이 좋겠지만, 우린 아직 감각적 욕망을 다스리지 못했고 무지에 쌓여 있기 때문에 좋지 않은 행위들을 일으킬 때가 있습니다. 하지만 좋은 행위와 나쁜 행위 모두 그에 상응하는 결과를 반드시 받아야 된다는 것을 항상 마음속에 새기고 수행한다면 점차 악행을 줄이고 선행을 늘려갈 수 있습니다.

우리 자신은 내 업의 상속자이며, 조건이 있으면 생명이 태어난다고 생각한다면 생명을 보는 기본적인 패러다임 자체가 변할 수도 있습니다. 가령 체세포 복제를 통해서나 시험관을 통해서 태어나는 사람들이 있다 해도 이상한 일이 아닙니다. 체세포 복제나 시험관 수정이라는 조건 자체가 인간을 발생시키기에 충분한 요건이 되기 때문이지요. 단지 그 조건이 이제껏 우리가 생각해왔던 부모의 관계로 인해 맺어진 것이 아니라는 차이만 있을 뿐입니다.

우리는 자신이 지은 업의 소유자이자 상속자인 동시에 그 업을 피난처로 삼습니다. 내가 좋은 행위를 했다면 좋은 피난처가 될 테지만 나쁜 행위를 했으면 편히 쉴 수 없는 피난처, 가봐야 고생만 하는 피난처가 됩니다. 그래서 진정으로 자신의 피난처를 만들려면 선행을 하고, 그 선행도 모든 존재들에게 회향하는 마음으로 해야 합니다. 삼귀의에서 삼보에 귀의한다는 일종의 신앙고백을 하지요? 즉 삼보를 우리의 피난처로 의지한다는 것입니다. 삼보를 피난처로 삼는 이유는 결국 수행을 통해서 나 자신을 피난처로 만들기 위한 것이라고 설명한 적이 있습니다. 결국은 내 행위로 내 피난처를 만들기 위해서 부처님께 귀의도 하고 불교도 공부하고 절에도 가고 수행도 하는 것입니다.

그처럼 모든 행위는 나 자신을 만드는 작업에 불과합니다. 좋은 나를 만들기 위해서는 선행으로 연결되어야 합니다. 올바른 이해를 바탕으로 한 좋은 행위가 나 자신을 더욱더 행복하게 만들어줍니다. 그 행위 말고는 의지할 게 없습니다. 죽고 나서 가져갈 것은 행위의 과보밖에 없습니다. 그래서 부처님께서는 선업을 쌓으라고 강조하십니다. 그 방법도 매우 구체적으로 일러주셨지요. 남에게 베풀고 계를 잘 지키고 수행을 열심히 하라고 말입니다.

천상에서 태어나려면

행동과 언어와 마음으로 짓는 10가지 선업을 행하면 천상에 태어날 수 있습니다. 그 10가지 선업을 일러 십선업(十善業)이라고 합니다. 행동으로는 살생, 도둑질, 잘못된 음행을 하지 않는 것, 언어로는 거짓말, 거친 말, 이간질하는 말, 쓸모없는 말을 하지 않는 것, 마음으로는 탐욕, 분노, 잘못된 견해를 버리는 것이 십선업입니다.

십선업과 더불어 천상에 태어나는 또 한 가지 방법은 늘 자애심을 일으켜서 모든 존재들의 행복을 기원하는 것입니다. 사실 그렇게만 살아간다면 자애로운 마음을 일으키는 순간순간 천상의 존재들이 느끼는 것과 같은 행복과 평온함을 느낄 수 있기에 천상에서 사는 것과 진배없겠지요. 그처럼 자애심을 포함한 사무량심(四無量心 : 慈悲喜捨로 자애, 연민, 기뻐함, 평정을 뜻함)이나 여러 가지 선정 수행을 닦는다면 천상에 태어날 수 있습니다. 이는 굳이 불교를 믿지 않는다 하더라도 다른 이들을 위하고 선행을 베풀며 산다면 천상에 갈 수 있다는 뜻도 됩니다. 종교적 신념과 관련 없이 자신의 행위에 의해서 그 결과가 나타나는 것입니다.

천상에 태어나는 존재들에게는 부모가 없습니다. 마찬가지로 지옥이나 아귀 세계의 존재들도 부모에게서 태어나지 않습니다. 육도 윤회하는 가운데 부모가 있는 존재는 축생과 인간뿐입니다. 천상의 존재는 모두 화생의 방식으로 태어납니다. 천상에 태어날 업을 지은 인간은 죽어서 곧바로 천상에서 화생으로 태어나는 겁니다. 부처님의 모친인 마야 부인이 삼십삼천이라는 욕계 천상에서 다시 태어났다고 말씀드렸지요? 마야 부인도 그렇듯 화생으로 다시 천상에서 태어난 겁니다. 그리고 천상에 태어나는 존재는 젊은이의 모습으로 화생한다고 합니다. 젊은이의 모습으로 태어나 그 모습을 유지하며 쭉 살다가 죽기 일주일 전에 자기가 곧 죽게 된다는 사실을 알게 됩니다. 물론 우리로서는 이런 내용들을 확인할 방법이 없습니다. 하지만 경전을 보면, 현생에 인간으로 태어나 숙명통으로 전생을 기억한 수행자들이 전생 시절 천상에서 겪은 일들을 전해줍니다. 그런 내용들을 보면 천상에도 여러 가지 세계가 있다는 것을 확인할 수 있습니다.

하지만 천상에 태어났다 하더라도 문제는 있습니다. 불교에서는 천상을 궁극적인 종착점이라고 보지 않습니다. 천상이라는 세계도 윤회의 세계에 속하기 때문에 선업의 결과가 다 없어지면 이전에 지었던 악업의 과보를 받기 위해 또 다시 윤회를 시작해야 합니다. 은행에 저금해놓았던 돈을 야금야금 찾아내 다 써버리게 되면 다시 빈털터리가 되는 것과 같은 이치입니다. 따라서 불교는 천상에 가는 것보다 천상에 가는 행위를 굉장히 중시합니다.

저는 천상이라는 삶의 형태가 있다는 것을 마음속으로 받아들이면서부터 엄청난 안도감을 느꼈습니다. '인간의 삶보다 훨씬 나은 삶이 가능하구나', '그것이 내 노력으로 가능하구나' 하고 이해했기 때문이지요. 사실 우리가 인간으로 살아가면서 얼마나 행복할 수 있습니까? 여러 가지 복잡한 일도 많고, 각박한 세상에 이리 치이고 저리 치이고, 그렇게 바쁘게 살아도

해야 할 일은 항상 산더미처럼 남아 있고…. 그런데 이런 인간의 삶보다 더 나은 삶이 있다니 이 얼마나 반가운 소리입니까? 여러분도 자신의 행위로 인해 이 세상에서는 물론 내생에 천상의 행복을 느낄 수 있음을 경험하게 된다면 굉장한 위안을 얻게 될 것입니다.

그런 경험은 앞으로 삶에 굉장히 큰 디딤돌이 됩니다. 지금보다 훨씬 나은 삶이 내 노력을 통해서 가능함을, 결코 부처님이나 아라한만이 경험하는 일이 아님을 확신하고 살아가게 되지요. 물론 저도 제가 경험한 만큼밖에 이해하지 못하지만 적어도 '이 길로 가면 부처님이 말씀하신 궁극적인 행복인 열반에 이르겠구나' 하는 확신은 있습니다. 불교를 만나 가장 값진 보물을 얻은 셈이지요. 세상 어떤 일이 제게 그만한 보물을 가져다줄 수 있겠습니까? 아무리 비싸고 귀한 것이라도 부처님의 가르침에 비교하면 아무것도 아닙니다. 이런 확신을 갖고 세상을 살아가면 아무리 힘든 일에 부닥치더라도 크게 흔들리지 않게 됩니다.

천상에 태어나기 위해서 사무량심 등의 여러 가지 선정 수행을 닦아야 하는 것처럼 인간계로 태어나기 위해 지어야 하는 업도 있습니다. 바로 오계를 지키는 것이지요. 살생하지 않는 것, 도둑질하지 않는 것, 잘못된 음행을 하지 않는 것, 거짓말하지 않는 것, 정신을 혼미하게 하는 술이나 약물을 먹지 않는 것입니다. 십선업 중에서 가장 중요한 5가지가 인간으로 다시 태어나기 위한 가장 기본적인 조건이라고 합니다. 이것만 잘 지킨다면 불교도가 아니더라도 내생에 인간으로 태어날 기본적인 자질을 갖추었다고 볼 수 있습니다.

지옥에서 다시 인간계로 태어나기란 너무 어려워

지옥의 존재들도 화생으로 태어납니다. 인간으로 태어나도 자기의 업을 잘 모르는데, 지옥 중생들은 오죽하겠습니까? 자기 업에 대해 무지할뿐더러 쉼 없이 고통만 받다 보니 생각할 겨를도 없습니다. 끊임없이 팔다리가 잘려나갔다가도 다시 붙고, 이글이글 타는 불에 한없이 타오르는 고통을 받습니다. 그렇다고 죽지도 못합니다. 지옥에서 자신이 받을 업을 다 받아야 그 과보가 없어집니다. 그렇듯 끊임없이 고통만 받다가 그 업이 다하면 어렵사리 인간으로 태어날 수도 있고 축생으로 태어날 수도 있겠지요. 망망대해의 눈 먼 거북이가 100년에 한 번씩 수면 위로 떠오르는 판자 구멍에 머리를 끼우는 편이, 지옥에서 악행의 과보를 받다가 인간으로 태어나기보다 더 쉽다고 말씀드렸지요? 그렇듯 우리는 지옥에 태어나든 천상에 태어나든 자기 행위의 결과를 반드시 받게 됩니다.

세상의 종말이 와도 업은 남아

"대해도 말라버려 물 한 방울도 남지 않은 때가 올 것이다. 그리고 이 대지도 불에 타버려 파괴되어 온전히 사라져버릴 날이 올 것이다. 하지만 어리석음에 가린 채 갈애에 빠져 생사의 굴레에서 이리저리 바쁘게 헤매는 중생들의 괴로움은 다할 날이 없을 것이다."

부처님 말씀처럼 언젠가는 우리가 살고 있는 이 지구에 있는 물들도 다 말라버려 없어질 때가 오겠지요. 지구가 불에 다 타버려 파괴되는 날도 올 겁니다. 현대 과학에 의하면 태양계의 수명은 100억 년이라고 합니다. 그런데 지금 태양계의 나이가 50억 살쯤 되고 지구는 한 45억 살이라고 하지요. 태양은 수소가 헬륨으로 바뀔 때 발생하는 핵융합에너지를 발산합니다. 그 태양에너지에 의지해서 우리 지구의 생명체는 살고 있습니다. 그런데 50억 년이 지나면 태양이 폭발해서 태양계의 행성들이 모두 파괴된다고 합니다. 부처님께서 말씀하신 일이 앞으로 50억 년 안에 일어난다는 뜻입니다. 그렇게 되면 우리 중생들, 지구에 살던 생명체들은 어떻게 될까요? 불교는 그들 자신의 업으로 또 다른 세계를 형성하게 된다고 말합니다.

불교에서는 지구에 생명이 살 수 있게 된 것이 지금으로부터 몇 억 년 전이라고 합니다. 원시지구에서는 생명이 살 수 없을 정도로 환경이 척박했는데, 여러 가지 변화과정을 겪으며 원시생명체들이 나타나기 시작합니다. 그러면서 지금처럼 여러 생명체들이 살 수 있게 변해갔지요. 이는 결국 요즘 환경진화론자들이 말하는 것처럼 환경세계는 그 안에 사는 생명들과 함께 만들어간다는 뜻입니다.

〈세계기원의 경(世起經)〉에는 세상의 기원에 대한 내용이 실려 있습니다. 부처님께서 인간 세계의 발생 및 분화 과정에 대한 기원적인 말씀을 해주신 경이지요. 그곳에 보면 인간으로 태어날 존재들은 색계 천상에서 내려옵니다. 몸이 빛으로 되어 있어서 천상에서 노닐다가 이 지구상에 내려와 지상에서 나는 맛있는 음식을 먹습니다. 색계 천상에서는 음식이 아니라 기쁨을 먹고산다고 합니다. 기쁨이라는 것은 초선과 2선에서 경험할 수 있는 우리의 심리적인 상태를 말합니다. 희열이라고도 하지요. 이처럼 색계 천상에서는 기쁨만 먹고살다가 지구에 내려와 사람들이 먹는 거친 음식들을 맛보게 되는 겁니다. 그렇게 땅에서 나는 음식을 먹기 시작하면서 몸이 중력의 영향을 받기 시작합니다. 천상에서 기쁨만 먹고살 때는 중력의 영향을 받지 않아서 마음대로 날아다니고 공간이동도 자유롭게 했는

데, 음식을 먹기 시작하면서 몸이 굳기 시작합니다. 그러면서 점점 인간의
모양을 갖춰가지요.

그런 후 여러 가지 인간 사회의 분화가 일어납니다. 처음에는 먹을 것이
하도 많아서 농사를 지을 필요도 없고 일할 필요도 없이 자연 속에서 과일
이나 동물 등을 먹고삽니다. 그런데 점차 사람이 많아지고 남녀의 욕망이
생겨나면서 갈등이 일게 되지요. 농사를 짓거나 남는 음식을 저장해도 모
든 사람들을 충족시키기란 어려운 일입니다. 그러다 보니 남의 것을 빼앗
기도 하고 서로 간에 다툼이 일기도 하지요. 그래서 질서를 유지하기 위해
지도자를 선출합니다. 굉장히 민주적인 방법으로 왕을 뽑게 된 것입니다.
왕은 치안을 담당하고 일반 사람들은 왕의 생계를 유지시켜줍니다. 오늘
날 대통령이 국민의 세금으로 월급을 받는 것과 똑같지요? 이렇듯 그 옛날
에도 농사꾼, 장사꾼, 정치인 등이 있었다는 겁니다.

이상이 불교에서 말하는 인간 세계의 기원입니다. 여기서 중요한 것은
인간이 천상에서 내려왔다는 점입니다. 따라서 지구가 멸망하더라도 중생
은 다른 존재의 영역으로 옮겨간다는 것이지요. 무명에 가린 채 갈애에 빠
져 생사의 굴레에서 헤매는 중생은 계속해서 윤회를 반복해야 한다는 뜻
입니다. 어떤 종교에서 주장하는 종말론이나 개벽론과는 완전히 다릅니
다. 불교는 세상의 종말이 온다고 해도 업의 힘이 남아 있는 중생이 세상
과 함께 사라진다고 보지 않습니다. 종말이나 개벽 모두 불교에서 보면 우
주가 진행되는 하나의 과정일 뿐이지요. 그런데 어떤 종교들은 머지않아
세상이 종말할 거라며 사람들을 위협합니다. 심지어는 그를 빌미로 '종교
장사'를 하기도 합니다. 하지만 불교는 "세상에 종말은 온다. 그리고 세상

은 또 시작된다"고 말합니다. 그리고 더욱 중요한 사실을 덧붙이지요. 무엇보다 중요한 건 우리 행위라고 말입니다.

만약 인간들이 어리석은 탓에 핵전쟁을 일으켜 지구가 파멸되고 인류가 종말에 이를지라도, 우리가 업을 짓고 있는 한은 그 업의 결과로 어디든지 태어나게 됩니다. 그렇기 때문에 문제는 세계의 종말이 아니라 우리가 어느 순간에 어떤 업을 짓고 사느냐라는 것입니다. 세상이 비록 파괴되고 완전히 소멸한다 할지라도 그 세계를 만들어놓은 존재들은 어리석음의 업으로 또 다른 조건들을 만들어냅니다. 그러므로 세상에 종말이 온다 해도 그렇게 걱정할 필요는 없습니다.

〈투모로우(The Day After Tomorrow)〉라는 영화를 보면, 지구에 빙하기가 다시 돌아와 뉴욕이 꽁꽁 얼어붙는 장면이 나옵니다. 우리는 그런 환경 재앙이 남의 일이라고 생각하지만 환경학자나 기후학자들은 지구의 미래에 끊임없이 우려를 표합니다. 지구촌 곳곳에서 일어나는 태풍이나 가뭄, 홍수 같은 자연재해는 우리가 화학연료를 지나치게 사용해서 오존층이 파괴된 결과라고 하지 않습니까? 그런 환경의 변화는 인간이 만들어낸 것입니다. 그리고 지금도 우리는 끊임없이 그런 조건을 만들어내고 있지요. 하지만 그 영향을 가장 많이 받는 것 역시 우리 인간입니다. 결국은 어리석음과 갈망에 빠져 있는 한 우리는 끊임없이 업을 지으며 괴로움의 생존을 이어나갈 수밖에 없습니다.

불교는 세상의 종말을 이야기합니다. 그 의미는 우리가 사는 어떤 세계도 안전할 수 없다는 것입니다. 우리가 정말로 의지할 만한 것은 외부의 환경세계가 아니라는 뜻입니다. 그렇다고 환경세계를 파손하라는 말은 아닙니다. 환경과 조화롭게 살아가되 외적인 세계 속에서 우리의 피난처를 찾으면 안 된다는 뜻입니다. 허공에서도 바다 속에서도 산속의 바위 틈에서도 악한 행위의 과보를 피할 곳은 없습니다. 우리의 바깥세계가 아무리 안도감이나 편안함을 제공한다 하더라도, 그 속에서 우리 행위가 정화되지 않는다면 그 어떤 곳에서도 우리는 괴로움을 면할 수 없음을 알아야 합니다.

수행에 투자하라

우린 보통 수행을 굉장히 어렵고 힘든 일이라고 생각합니다. 하지만 수행은 우리 일상생활과 동떨어진 것도 아니며 그리 대단하고 힘든 일도 아닙니다. 우리가 가장 쉽게 할 수 있는 수행은 베푸는 일입니다. 남에게 주는 일은 그리 어렵지 않습니다. 평소에 조금씩 나눠줄 수도 있고 연말연시에 어려운 이웃들을 찾아가 쌀 한 말 팔아다 줄 수도 있습니다. 마음만 먹으면 착한 일을 할 수 있는 기회는 얼마든지 있습니다. 꼭 돈이나 어떤 물건을 주는 것뿐이 아닙니다. 만나는 사람들에게 따뜻한 말 한마디 건네는 것도 선행입니다. 아니면 잠들기 전에 몇 분간이라도 모든 존재들의 행복을 위해 자애 명상을 할 수도 있겠지요. 이처럼 작은 행위들이 모여 선행을 이룹니다. 하지만 우리는 그러기에 마음의 여유가 너무 없습니다. 돈 다 벌어놓고 보시하겠다, 자식들 다 키워놓고 수행하겠다고 생각하시지요? 정말 돈 다 벌고 나면, 자식들이 장성하면 보시나 수행이 가능할까요? 아닙니다, 그때 가면 또 할 일이 생깁니다.

저는 외국에서도 수행을 해보았지만 우리나라에서도 여러 사람들과 함께 수행할 기회가 많았습니다. 천안에 있는 '호두마을'에서 위빠사나를 지도하며 사람들과 함께 수행하며 지낸 적도 있고, 대학교에서도 자애 명상이나 위빠사나를 학생들과 함께 수행했지요. 그런데 우리나라 사람들은 왜 그렇게 바쁘고 할 일이 많은지, 1년에 일주일은커녕 2박3일도 시간을 내기 어렵답니다. 그러니 한 달에서 세 달가량 수행한다는 것은 직장인들에겐 거의 불가능한 일이지요. 자영업자들도 마찬가지입니다. 나중에 정년퇴직을 하거나 한가해지면 수행할 수 있을 것 같지요? 나이 먹으면 수행할 힘도 없어집니다. 이러니 언제 수행할 수 있겠습니까?

현대인들은 정말 바쁘게 살아갑니다. 살기 위해서 부지런히 노력합니다. 하지만 진정한 선행, 자신의 미래를 만들어나가는 선행으로서 수행을 하는 데는 너무도 인색합니다. 수행은 바로 자신을 위한 투자입니다. 이 투자는 어느 누구도 대신해줄 수 없고 어느 누구에게 시킬 수도 없으며 돈으로 살 수도 없습니다. 천상에 가기 위한 수행, 아니면 그것마저 넘어선 열반을 얻기 위한 수행을 하는 데 왜 그렇게 마음을 내기가 어려운지 모르겠습니다. 미얀마나 스리랑카, 태국 같은 곳에서는 사람들이 수행처를 많이 찾습니다. 1년에 적게는 열흘이나 한 달, 어떤 경우는 훨씬 긴 시간 동안 절에 살면서 수행을 합니다. 어쩌면 그 사람들은 우리보다 가진 것도 적고 한 달에 받는 월급도 적을지 모르지요. 그런데 자기 마음을 향상시키는 데는 우리보다 훨씬 많이 투자합니다.

다행히 요즘 우리나라에서도 간화선 운동이 새롭게 일어나고 위빠사나 역시 많은 사람들에게 각광을 받고 있습니다. 또 여러 사찰에서 템플스테이를 열어 염불 수행이나 기도 등 여러 가지 수행법들이 많이 활성화되고 있지요. 마음만 먹으면 수행하고 정진할 수 있는 곳이 요즘엔 많이 생겼습니다. 그런 곳에서 수행하는 데는 돈도 얼마 들지 않습니다. 얼마나 좋은 기회입니까? 하루 이틀 시간을 내서 그런 곳에 들러 산사의 삶을 경험하며 자기 업을 맑히고 오면 얼마나 좋겠습니까? 그런 일들이 모두 선행의 상속자가 되기 위한 행위라고 생각하시고 시간을 잘 쪼개서 한번 직접 경험해보세요. 세속에서 얻는 기쁨보다 부처님 법을 실천하면서 얻는 기쁨이 훨씬 크다는 것을 느끼실 겁니다.

그런데 불교 수행이 참 다양하다 보니 어느 것을 해야 할지 처음엔 난감할 수도 있습니다. 좋은 업을 짓는 방법에는 각자에게 가장 적합한 것이 있게 마련입니다. 어느 것이 자신에게 맞는 수행인지 알 수 있는 방법은 직접 해보는 수밖에 없습니다. 왜 우리 주변에는 내가 무엇을 하면 좋을지 알려주는 스승 하나 없느냐고 불평하는 사람도 있을 겁니다. 《초발심자경문》에는 이런 말씀이 있습니다.

"우리가 스승을 만나지 못한 것은 우리 복이 없어서이지 불법이 잘못되어서가 아니다."

부처님 세상에 태어나지 못한 것은 우리의 수행력이 약한 탓이지 불법 탓은 아닙니다. 그리고 불교의 역사 속에서 다양한 수행법, 선업을 쌓는 여러 방법들이 우리에게 이어져오지 않았습니까? 그중에서 자기에게 가장 적합한 방법을 찾는 것은 바로 자신의 몫이라고 생각해야 합니다.

남방의 큰스님들은 한 가지 수행법을 택해서 한 달 정도 열심히 해보라고 권합니다. 수식관이든 위빠사나든 아니면 자관이든 부정관이든 한 달 가량 집중적으로 열심히 해보라는 것이지요. 아침에 눈 떠서 잠들기 전까지 모든 시간을 바쳐서 열심히 해보면 그 수행법이 자기에게 적합한지 아닌지 알 수 있습니다. 자기에게 적합하다면 어느 정도 결과가 나타납니다. 만약 아무런 결실도 없으면 다른 수행법으로 바꿔도 좋다고 합니다.

하지만 한 달도 실은 짧습니다. 저는 한 철, 다시 말해 3개월간 수행에 정진해볼 것을 권합니다. 그래서 효과가 없다면 다른 수행법으로 바꿀 수도 있습니다. 우리가 현생에서 부처님 법을 만나고 수행할 수 있다는 것은 전생에 굉장한 선업을 지었다는 뜻입니다. 그런데 그러한 업이 지금 실천하는 수행법과 맞지 않을 수도 있습니다. 그렇다고 지금 닦는 수행의 효과가 완전히 없어지는 것은 아닙니다. 지금 열심히 정진한 만큼 며칠 후나 아니면 몇 년 후에 그 효과가 나타날 수 있습니다. 이렇게 생각하면 자신의 성향을 바르게 안다는 것이 얼마나 중요한지 이해할 수 있습니다.

그러나 애석하게도 우리는 자기의 성향도 잘 모르고 남의 성향은 더더욱 모릅니다. 제가 알기로 중생의 성향과 잠재된 번뇌를 분명히 꿰뚫어 아는 분은 역사상 고타마 부처님 한 분밖에 안 계십니다. 수많은 아라한, 선지식, 조사스님께서 깨달음을 얻고 열반을 경험했지만 부처님의 그런 능력을 지니지는 못했습니다. 그러니 우리도 내 성향에 어떤 수행법이 가장 맞는지 자꾸 시도해볼 수밖에 없겠지요.

제가 아는 어떤 사람은 가족의 만류도 뿌리친 채 무급휴가를 내고 1년간 미얀마로 가서 수행하기도 했습니다. 또 한 달가량 병원 문을 닫고 수행처로 들어간 의사도 있었지요. 그런 사람들은 집중 수행을 통해서 많은 이익을 얻었습니다. 그 이익이 자기 삶에서 커다란 재산이 된 것을 스스로 느끼며 다른 사람들에게 그러한 수행의 결실을 나누어주며 삽니다. 이처럼 집중 수행이 가져다주는 유익함은 이루 말할 수 없습니다.

부처님께서는 말씀하십니다.

"어떤 곳이든지 생명이 태어나는 곳에서는 그들의 행위가 결실을 맺는다. 행위가 결실을 맺는 곳에서는 어떤 곳이든지 그 행위의 결과를 맛보게 될 것이다. 그때가 현재가 되건 바로 다음 생이 되건 미래 생이 되건 간에."

우리가 심어놓은 좋은 씨앗은 맛있는 열매로 결실을 맺습니다. 이 사실을 명심한다면 결코 시간을 아깝게 생각할 수 없습니다. 수행에 시간을 내는 것은 투자하는 것과 같습니다. 그것도 나중에는 무한하게 거두어들이는 투자입니다. 그런데 우리는 수행에 하루 이틀 시간 내는 것조차 아깝다고 생각합니다. 그 시간에 조금이라도 돈을 버는 것이 이익이라 생각합니다. 하지만 정말로 급한 일은 따로 있습니다. 내 마음이 고통에서 벗어나 안정되는 방법을 찾는 일이지요. 좋은 업을 짓는 방법을 자기 것으로 익히는 일이 가장 급한 일입니다.

몸이 조금 불편하더라도 수행할 수 있습니다. 오히려 올바른 길로 열심히 수행하다 보면 몸의 건강이 회복되기도 합니다. 수행을 열심히 하면 마음이 안정되고 평화로워집니다. 그렇듯 마음이 평온해지면 우리 몸의 호르몬 분비가 조화를 이루게 됩니다. 그래서 신체 기관이 제자리를 찾게 되어 건강을 유지할 수 있습니다.

또한 수행을 하게 되면 만나는 사람들도 달라집니다. 지금껏 만나던 사람들이 아닌 수행을 하는 사람과 점점 가까워집니다. 유유상종이라고 하지 않습니까? 열심히 수행하는 사람들이 함께 모여 더욱 수행에 박차를 가합니다. 그리고 사람들과 나누는 대화의 주제도 바뀝니다. 우린 보통 친구를 만나 남의 사생활에 대해 근거 없는 이야기를 늘어놓기도 하고 다른 친구를 험담하기도 합니다. 나쁜 구업을 짓는 것이지요. 물론 이를 통해 스트레스를 푼다고 생각할 수도 있습니다. 하지만 스트레스는 끊임없이 내면을 성찰하는 수행을 통해서만 뿌리째 뽑혀나갑니다. 수행하는 모임에서 만난 사람들끼리는 일상사의 잡다한 이야기보다 수행에 도움이 되고 내 삶을 훨씬 안정시키는 대화를 많이 하게 됩니다.

1991년 여름, 제가 미얀마에서 위빠사나 수행을 처음 배울 때 우 판디타 사야도(U Pandita Sayadaw)는 늘 법문하시기 전에 이렇게 말씀하시곤 했습니다.

"우리는 오래도록 윤회하는 동안에 부처님 법으로 인연이 맺어졌기 때문에, 지금 이와 같이 법을 설하고 법을 듣는 가족이 되었습니다."

어찌 보면 여러분과 저는 부처님 법으로 인연을 맺은 법의 가족입니다. 부처님의 가르침을 앞에 놓고서 함께 법을 이야기하며 정말로 잘살 수 있는 길을 모색한다는 것만큼 소중한 인연이 어디 있겠습니까? 그러니 우리 모두 법의 가족이 되어서 함께 법을 닦아나가고 그 속에서 서로 진정한 즐거움과 행복을 맛볼 수 있게 되기를 바랍니다.

주석

1) 남방의 상좌불교 국가 스님들이 지니는 테라와다 율에 따르면 비구계는 227계이고 비구니계는 311계이다. 반면 중국의 남산 율종의 전통에 따라 출가하는 우리나라 스님들이 지니는 법장부 사분율에 의거하면 비구계는 250계, 비구니계는 348계이다. 편의상 앞으로는 비구계 250계, 비구니계 348계라고 한다.

2) 십바라밀에 대해서는 http://www.accesstoinsight.org/lib/study/perfections.html 참조.

3) 출가한 후 깨닫기 전까지의 부처님을 우린 보살이라고 부른다. 최상의 깨달음인 아누다라 삼먁삼보리를 얻기 위해 마음을 일으킨 사람을 보디사트바, 즉 보살이라고 하기 때문이다.

4) 《숫타니파타》 665번 게송, 777번 게송 및 법구경 395번 게송 등.

5) 나중에 우파카는 다시 부처님을 만나서 법을 듣고 제자가 되어 불환과를 얻게 되었다고 한다(《팔리 고유명사 사전》, pp. 387~388).

6) 부처님께서 우기의 안거를 지내신 곳은 주석문헌에서 확인할 수 있다.

7) 인도의 보리달마 스님이 중국에 건너가 시작된 불교로 육조 혜능(慧能)과 그 제자들에 의해 중국적인 수행 불교로 전해졌다. 신라말 고려초에 한국에 전해져 한국불교의 주류를 이루고 있다.

8) 디가 니카야 주석서(PTS) 2권, p. 549; 상윳타 니카야 주석서(PTS) 3권, p. 172; 《팔리 고유명사 사전》, p. 739.

9) 법구경 주석서(PTS) 2권, p. 99; 《팔리 고유명사 사전》, p. 264.

10) 앙굿타라 니카야 1권, p. 25.

11) 7가지 깨달음의 요인을 말한다. 마음챙김(念, sati), 현상에 대한 고찰(擇法, dhamma-vicaya), 노력(精進, viriya), 기쁨(喜, pīti), 평안(輕安, passaddhi), 마음집중(定, samādhi), 평정 또는 평온(捨, upekkhā).

12) 부처님 당시의 대표적인 신흥 사상 또는 신흥 종교 가운데 하나. 철저한 무소유의 원칙

에 의해 옷을 입지 않아 나형외도라고도 한다. 불교와 함께 현재까지 남아 있다.

13) 여섯 감각 기관(六根)과 여섯 감각 대상(六境)을 조건으로 생기는 6가지 법의 계열을 뜻
한다. 6가지 의식(六識), 6가지 접촉(六觸), 6가지 느낌(六受), 6가지 지각(六想), 6가지
의지(六思) 등을 말한다.

14) 앙굿타라 니카야 1권, p. 23; 상윳타 니카야 2권, p. 156; 《팔리 고유명사 사전》, p. 222.

15) 맛지마 니카야(PTS) 3권, pp. 267~268.

16) 《팔리 고유명사 사전》, pp. 791~799 참조.

17) 불교의 수행 체계를 3가지로 분류한 것. 윤리적 규범인 계학(戒學), 집중 명상인 정학
(定學), 지혜를 의미하는 혜학(慧學)을 말한다.

18) 물질이 없는 순수한 정신적 경지의 선정을 의미하는 무색계정의 첫 번째 단계로, 텅 빈
공간이 무한하게 펼쳐진 듯한 집중 상태.

19) 물질이 없는 순수한 정신적 경지의 선정을 의미하는 무색계정의 공무변처 다음에 오는 두
번째 단계로, 앞서 경험한 공무변처의 텅 빈 공간이 의식으로 가득 차는 듯한 집중 상태.

20) 인도 북부지역을 통해 티베트와 중국으로 전해진 불교 전통을 말한다. 인도 북방불교
의 주류는 설일체유부였으며, 티베트와 중국으로 전해진 불교는 대승불교가 주류를
이루었다.

21) 파티삼비다막가(PTS) 2권 p. 130 이하.

22) 초기불교 수행론으로 깨달음을 도와주는 37가지 법을 뜻한다. 사념처(四念處), 사정근
(四正勤), 사신족(四神足), 오근(五根), 오력(五力), 칠각지(七覺支), 팔정도(八正道).

23) 욕계 천상의 하나인 삼십삼천의 수장인 천신으로, 범어로는 인드라(indra)라고 한다.
제석천은 부처님의 법을 듣고 불법에 귀의했으며, 불법을 지키는 천신으로 등장한다.

24) 법구경 260게.

25) 앙굿타라 니카야 4법 157경.

26) 법구경 6게.

찾아보기

나오며

　2005년 10월 24일부터 2006년 6월 30일까지 250일 동안 BBS 불교방송에서 아침 6시에 〈불교 강좌, 초기경전에 나타난 부처님의 삶과 가르침〉이란 제목으로 방송을 했습니다. 방송에서 사용한 기본 교재는 《붓다의 말씀》(냐나틸로카 엮음, 김재성 옮김, 서울 : 고요한소리, 2003)과 《불교의 이해》(김재성·안성두 등 공저, 무우수, 2006), 《붓다의 러브레터》(사론 살스버즈, 김재성 옮김, 정신세계사, 2005) 등입니다.

　2006년 7월 방송이 끝난 후, 방송 내용을 책으로 엮으면 좋겠다고 청취자 몇 분이 제안해오셨습니다. 이러한 취지를 위빠사나 수행가이드 카페와 대원불교대학의 강의 시간에 알리자, 30분이 넘는 분들이 자원봉사로 녹취를 해주셨지요. 이 자리를 통해 녹취해주신 분들께 깊은 감사의 인사를 드립니다. 그분들이 녹취 봉사를 해주지 않으셨다면 이 책을 출판할 엄두를 내기 어려웠을 것입니다.

　돌이켜보면, 난생 처음 해보는 라디오 방송에서 혼자 마이크 앞에 앉아 강의를 한다는 것이 처음에는 무척이나 어색했습니다. 몇 차례 방송이 나가자 불교방송 홈페이지 게시판에 방송에 대한 격려, 소감, 질문 등이 실렸고, 개인적으로 전화도 받으면서 많은 분들이 방송을 관심 있게 듣고 계시다는 사실을 알게 되었습니다. 열흘 정도 지나고 나니 혼자서 녹음하는 방송실에 앉으면 마이크 건너편에서 아침 방송을 듣고 계신 청취자들이 떠올랐고, 청취자들에게 직접 이야기를 한다는 느낌이 들었지요. 이때부터 녹음실에서 원맨쇼를 하는 것이 부담스럽지 않았고 녹음이 즐거웠습니다.

당시에 1주일 분량을 하루 만에 녹음하곤 했는데, 교재 이외에 방송을 위한 사전 원고는 없었습니다. 게으른 탓에 별도로 강의안을 만들지 못했던 것이지요. 따라서 교재를 앞에 두고 해당 부분을 보면서 그 자리에서 떠오르는 내용을 중심으로 설명해나갔습니다. 교재를 읽는 것은 최소한으로 줄였고, 제가 이해하고 경험한 내용을 중심으로 편안한 마음으로 자연스럽게 이야기를 풀어갔습니다. 초기경전을 근거로 하여 불교 교리, 수행, 사회 문제에 대한 불교적 설명을 했던 것이지요. 따라서 제가 말한 내용에 실수나 잘못이 있을 수 있습니다. 이 글을 읽으시는 분들께서 그러한 잘못을 보시게 되면 연민의 마음으로 지도편달해주시길 부탁드립니다.

그리고 감사의 마음을 전하고 싶습니다. 먼저 이 방송을 계기로 인연이 닿은 LG인화원의 이병남 사장님께 감사드립니다. 녹취된 원고를 읽으면서 많은 조언을 해주셨지요. 녹취원고를 편집해주신 한언출판사의 한재희 씨와 출판을 결정해주신 김철종 사장님께도 감사드립니다. 편집된 원고를 읽으면서 수정을 해준 제 아내 천련화에게도 고마움을 표합니다. 그리고 예정보다 길어진 8개월간의 방송 인연을 주신 불교방송 담당자 여러분과 청취자 여러분께 무엇보다 깊은 감사 드립니다. 다음은 방송을 문자로 녹취해주시고 교정을 도와주신 분들입니다. 존칭은 생략하지만 수희(隨喜)

하는 마음으로 깊이 고마움을 전합니다.

고담, 구교영, 김명섭, 김지영, 김태화, 김혜전, 남병희, 박경희, 박현수, 박호준, 뻬망까라, 서주희, 송춘애, 신현진, 안성진, 양승호, 엄미선, 유월금, 윤성구, 윤정분, 윤종예, 이병남, 이병석, 이순주, 이임숙, 정연욱, 정지훈, 천련화, 허행선, 허효정(가나다 순).

이 방송을 하면서 누구보다 행복했던 사람은 저 자신이었을 것입니다. 순간순간 부처님의 말씀을 되돌아보는 소중한 계기가 되었기 때문입니다. 이 책을 엮어내는 공덕을 모든 존재들의 행복을 위해 회향합니다.

2010년 2월 正圓 김재성

삽베 삿타 바반투 수키타타

(sabbe satta bhavantu sukhitatta : 모든 존재들이 행복하기를 기원합니다).